좋은 운으로 바꾸는 성공 비결서 / 길흉근심걱정 고민거리해결서

만사형통 성공하는 사람들의
운세처방백과

징조와 주술과 비방법 / 淸山 白超백초스님

저자의 말

'운運'이란 한자풀이를 보면 '돌다, 길, 회전하다, 궤도'라고 나와 있는 것에서 알 수 있듯이 사람이 살아가는 길에 동행하며 같이 가는 것이 운명이라 할 수 있겠다. 그러므로 운이란 누구에게나 다 있는 것이며, 누구나 다 오는 것이며, 누구나 다 운에 따라서 살며, 운에 맞춰서 움직이며, 죽을 때까지 운과 같이 살아간다는 것을 알 수 있다. 한마디로 말해서 운에 따라 살아지고 있고, 죽을 운이 되면 죽는다고 보면 된다. 이렇게 살 운이니까 이렇게 사는 것이고, 부자로 태어날 운이니까 부자로 태어난 것이고, 서민으로 살 운이니까 이 모양으로 태어난 것이다. 그러니까 운이 우리의 삶을 조종하고, 우리는 운이 조종하는 대로 살아가고 있다는 의미이다. 그렇다면 운을 미리 알아 대비하고 살면 나쁜 일이나 위험한 일에서 피해갈 수 있을 것이다. 하지만 운의 움직임을 미리 알기란 신이 아닌 다음에야 알 수가 없다. 하지만 운이 오기 전에 힌트를 주는데 그 힌트를 알아차리기가 쉽지 않고 사람들은 그것을 쉽게, 또는 우습게 지나쳐 버린다. 그 힌트란 조짐이다. 어떤 운이 올 적에는 그 일 직전이나 며칠 전에 조짐이라고도 하고 징조라고도 할 수 있는 느낌을 준다. 하지만 미혹하고 미련한 중생들은 그것을 모르고 그냥 지나친다. 현명한 사람이라면 이 징조나 조짐에 관심을 가지고 할 일을 행한다면 실수도 적고 불행한 일도 덜 당할 것이다. 그 옛날 천재지략가로 유명한 제갈공명이나 성공한 사람들은 이 조짐이나 징조를 잘 알아차렸기 때문에 그들의 판단을 정확하게 만들었던 것이다. 이것을 보고 사람들은 삶의 지혜라고 한다. 우리 현대 사람들도 이 조짐이나 징조를 알아차리게 되면 지혜가 생겨 삶이 윤택해지고 행복에 가깝게 살아가는데 도움이 많이 될 것이다. 이런 취지에서 이 책을 쓰게 되었다.

좋은 일이 있을 때는 시작부터 순조롭다.
어떤 일을 시작할 때 걸림과 막힘이 있으면 그 일은 진행하는 내내 애를 먹게 되고 결국 실패하게 된다. 집안이 잘 되려면 다투는 소리나 아기 울음소리가 들리지 않는다. 집안에 우환이 들거나 불상사가 생기려면 아기가 유난히 칭얼거리고 울음소리가 끊이질 않는다.
얼굴빛이 검푸르게 변하거나 행동이 변했다면 흉사나 죽음의 그림자가 다가옴을 알 수 있다.

현재 자신이 어느 곳에 사느냐가 현재 운이다.
현재 자신이 무엇을 좋아하느냐가 현재 운이다.
현재 자신이 몇 시에 기상하느냐가 현재 운이다.
현재 자신이 몇 시에 취침하느냐가 현재 운이다.
현재 자신이 어디를 자주 가느냐가 현재 운이다.
현재 자신이 어느 부류를 만나느냐가 현재 운이다.
현재 자신이 어떤 음식을 주로 섭취 하냐가 현재 운이다.
현재 자신이 어떤 옷을 입느냐가 현재 운이다.
현재 자신이 어떤 교통편을 이용하느냐가 현재 운이다.
현재 자신이 건강한지 건강하지 않은지가 현재 운이다.
현재의 자신의 얼굴 형태나 혈색이 현재 운이고,
걸음걸이나 움직임 하나하나가 모두 현재 운이다.

운이란 결코 우연히 발생되는 것이 아니라 자신이 만들어 가는 것이라고도 볼 수 있다. 자신이 잘 가는 곳에서 누군가를 만나고, 그 사람을 만난 것도 운이고, 지금의 부모님을 만난 것 또한 커다란 운에 시작이었다. 내 의지와는 상관없이 자연스럽게 부모님이 사시는 도시에서 태어나 생활하게 되었고, 그 학교에 진학하게 되었고, 그런 친구들을 만나게 되었고, 그 학교를 졸업했기에 직업 또한 지금에 직업을 갖게 된 것이고 이 과정이 다 운인 것이다. 운으로 살아지는 운명을 부정할 수는 없다. 현재 살아지고 있으니까 - 운명을 인정한 다음 우리는 이 운명을 좀 더 나은 운명으로 창조하고 다스려 나가기 위해 노력하느냐가 현명한 인간으로서 중요한 과제이다. 이 중요한 과제를 풀기위해서는 운을 알면 된다. 앞으로 올 운을 미리 알고 행동하면 이로운 일이 많을 것이고 실패가 없을 것이니 삶을 즐겁고 행복할 것이다. 한치 앞도 모르고 살면 장님이 다리를 건너는 것처럼 위험하고 답답할 것이다.

모든 일에는 반드시 조짐이나 징조가 나타난다. 그 징조는 운의 시작이며 운이 어떻게 될 것인지 예시하는 것을 우리는 그 징조를 현명하게 알아차려야 하겠다. 이 책에서는 사람이 하는 일이나 하늘과 자연의 움직임에서 징조나 꿈의 예시를 알려드리고자 한다. 좋은 운은 잡아야 하고, 그 때를 놓치지 말고 행동으로 재빠르게 움직여야 하고, 나쁜 운이 올 때는 잠시 멈추고 피해가야 하는 것이다. 운명은 아는 만큼 좋은 쪽으로 바꿔서 살아갈 수 있는 것이다.

이렇게 다 알고 피했는데도 안 좋은 일이나 불행한 일을 당했다면 이제 어쩔 수 없이 해결책을 찾아야 할 것이다.

살면서 뜻한 대로 되지 않거나 자신의 마음대로 되지 않으면 괴롭게 된다. 괴롭다는 것은 고통이기 때문에 삶에 질과 건강에 도움이 되지 않는다. 이 책에서 나쁜 일에 직면했을 때나 고통스런 일을 당했을 때 피해 가는, 즉 피할 수 있는 비방법을 같이 소개 한다. 대책 없이 무작정 당하는 것보다 약을 써서 속히 고통에서 벗어나는 것이 현명한 처사라고 필자는 자신 있게 언지하면서 책을 내 놓는다.

丙申年 白露節 칠갑산방에서
清山 白超 백초스님

차례

저자의 말

1장 소원성취 · 직장출세성공 · 인기연예인

백사만사형통하여 소원성취하고 싶다 · 24
대선 출마하고자 공천 받고 싶다 · 24
관록을 얻어 권세와 명예를 누리고 싶다 · 25
자손들 고관대작 창성하여 부귀영화 누리고 싶다 · 26
직장에서 승진이나 스카우트를 원한다 · 27
모든 일에 승리할 수 있는 손자병법 · 28
연봉이나 월급이 오르길 바란다 · 29
좋은 행운의 기회를 잡고 싶다 · 30
상사의 마음에 들어 빠른 출세를 하고 싶다 · 31
윗사람이나 상사에게 총애를 받고 싶다 · 32
상대방의 마음을 꿰뚫어 보고 싶다 · 32
선거에 꼭 당선되고 싶다 · 33
현 직장에 오래 다니고 싶다 · 33
라이벌에게 늘 승리 이기고 싶다 · 34
시작하는 일에 따라 알 수 있는 징조 · 35
새롭게 나타난 라이벌을 물리치는 비법 · 36
대기업이나 큰 회사에 입사하고 싶다 · 36
사내에서 만인에게 인기를 끌고 싶다 · 37
직장인이 꼭 지켜야할 생활습관 · 38
학문연구가 잘 되어 박사학위를 받고 싶다 · 39
직장 취업 운이 좋거나 승진하고 싶다 · 39
시간은 나를 기다려 주지 않는다 · 40
예술가나 작가로 등단하고 싶다 · 40
공모전에 출품한 작품이 당선되고 싶다 · 41

논문이 합격하여 학위를 받고 싶다 · 42
연예계 인기스타가 되고 싶다 · 43
오디션에 꼭 합격하고 싶다 · 44
연예인이 되어 인기를 끌고 싶다 · 45
가수나 탤런트 연예인이 되는 것이 꿈이다 · 45
인기대박 나는 연예인이 되고 싶다 · 46
많은 사람에게 호감과 관심을 받고 싶다 · 47
인기 많은 운동선수로 최고가 되고 싶다 · 48
입단하고 싶은 선수단에 발탁 되고 싶다 · 49
시합이나 경쟁에서 이기고 싶다 · 50
도박이나 경마에서 꼭 승리하고 싶다 · 51

2장 사업번창 · 금전대박 · 영업재수

사업이 승승장구 번창하길 바란다 · 54
새 사업이 잘 되게 빌고 싶다 · 54
사업이 운수대통 대박나길 바란다 · 55
귀인협조로 계약성사 잘되길 바란다 · 55
사업확장 후 금전 원할 재수대박을 원한다 · 56
가게 장사가 손님이 들끓길 바란다 · 56
동업자와 협심화합이 잘 되길 바란다 · 57
경쟁업체보다 한발 앞서 잘 되길 바란다 · 57
금전운 재물복이 좋아지고 싶다 · 58
큰 돈을 벌어 부자가 되고 싶다 · 59
뜻밖의 재물이 들어오는 횡재수를 바란다 · 59
로또나 복권 등에 당첨되고 싶다 · 60
로또 복권에 꼭 당첨되고 싶다 · 61
주식증권으로 부자가 되고 싶다 · 61

부동산으로 큰돈을 벌고 싶다 · 62
음식점 장사로 크게 성공하고 싶다 · 62
커피점 술 물장사로 성공하고 싶다 · 63
지갑 속의 금전이 점점 늘어나길 바란다 · 63
나쁜 운을 좋은 운으로 바꾸고 싶다 · 64
조상님께 기도는 천살방향으로 한다 · 65
성황당이나 돌탑에 기도하면 좋다 · 65
가게 터(요사터)가 쎄서 장사가 안 될 때 · 66
기도의 힘으로 운 바꾸기 · 67
음력 5월 5일 단오 날 하면 좋은 것들 · 67
회사가 파산위기로 돈줄이 막혀 곤란하다 · 68
사업자금을 빌리러 가서 OK 대답을 바란다 · 69
거래처나 상부회사와 신용이 좋아지길 바란다 · 70
영업직 판매직 실적향상을 높이고 싶다 · 71
사기예방 도난방지 손재수를 막고 싶다 · 72
돈 빌리러가서 타협 원활하길 바란다 · 72
빌려준 돈 속히 돌려받고 싶다 · 73
수금이 잘 되길 바란다 · 74
손님이 들어오는 문턱 입구 청소방법 · 75
부자가 되고 재수가 생기는 상식들 · 76

3장 년 초 가정화평 · 가족소원성취 · 행운기원

사기예방 도난방지 손재수를 막고 싶다 · 82
신년 초에 온가족 무사무탈 안과태평을 바란다 · 82
연초 가족 각각 목적사를 성취하고 사업발전을 바란다 · 83
연중 대선이나 기관선거 출마자가 있어 당선되길 바란다 · 83
사업 확장이나 창업을 꿈꾸고 있어 잘 되길 바란다 · 84

일 년 내 금전이 풍요롭고 재산이 불어나길 바란다 · 84
하고 있는 사업이 잘 되어 금전재물이 쌓이길 바란다 · 85
가족 모두의 소원성취와 건강을 기원한다 · 85
연중 수험생이나 시험 보는 자가 있어 합격을 바란다 · 86
자신의 명예출세나 권세창성을 바란다 · 87
가족의 승진이나 진급과 재수소망과 귀인협조를 바란다 · 88
연 중에 경조사나 결혼할 자손이 있어 조심할 점 · 88
노부모의 한 해 무병장수를 기원한다 · 89
연중에 출산 할 산모가 있어 무사분만을 기원한다 · 89
가족 중 외국이나 타향에 나가있어 무사귀환하길 바란다 · 90
연예인이나 운동선수가 있어 인기가 향상되길 기원한다 · 91
국가대표나 선발팀에 발탁되길 기원한다 · 92
장사가 대박나길 꼭 바란다 · 93
증권 주식하는 자가 재수대길 부자 되길 바란다 · 93
자영업자가 성공하여 부자가 되길 기원한다 · 94
부모의 가업을 이어받아 사업번창을 기원한다 · 94
영업직원이 만사대길하여 실적이 향상되길 기원한다 · 95
소유한 부동산 값이 치솟길 기원한다 · 96
무주택자가 자신의 집을 소유하길 기원한다 · 97
입춘재일에 새해 신수평안 운맞이를 기원한다 · 97
새해 첫날 일어나는 일들에 대한 길흉 · 98
가족 중에 환자가 있어 신명가호로 속 쾌차를 바란다 · 99
가족 중에 가출자가 있어 무사무탈 속 귀환을 바란다 · 99
직업운전자의 교통사고나 비명횡액을 막고자 기원한다 · 100
오토바이나 위험 직종 근무자의 무사안전을 기원한다 · 100
바다나 물속에서 위험에 노출되어있는 자의 안전을 바란다 · 101
주변사람이나 이웃과 사이좋게 지내길 기원한다 · 102
연초 나쁜 징조들 · 103

4장 자손건강 · 교우교제 · 가출예방

어린 아기나 자녀로 인한 징조 · 106
어린 자녀가 밥을 잘 안 먹고 보챈다 · 108
밤마다 우는 아기 울음 멎길 바란다 · 108
임신 중 장애아 발생을 예방하기 원한다 · 109
자녀가 병약하여 잔병치레를 많이 한다 · 109
잠자면서 이(치아) 가는 것을 막고 싶다 · 110
어수선하고 산만하여 책을 싫어하는 아이 · 110
소심해서 사교적이지 못하고 친구와 어울리지 못한다 · 111
미아를 속히 찾고 싶을 때 · 112
어린 자녀의 유괴를 방지하길 기원한다 · 113
아이 머리 좋게 영재 만드는 식단 · 114
자녀가 학교생활에 적응 잘하기를 기원한다 · 115
자녀가 학업에 취미와 흥미를 갖길 기원한다 · 116
사교성이 좋아 친구 모두 친하길 기원한다 · 117
용기 있는 자녀로 만드는 법 · 118
친구들을 괴롭히고 때리지 않길 바란다 · 119
나쁜 친구와 사귀지 않길 기원한다 · 119
학교에서 괴롭힘을 당하지 않길 바란다 · 120
왕따나 학교폭력에 당하지 않길 기원한다 · 121
비행이나 탈선을 방지하길 원한다 · 121
자녀의 폭력을 멈추고 마음안정 시키는 법 · 122
선생님이 신경 쓰고 잘 봐주길 기원한다 · 123
자녀의 가출을 방지하고 싶다 · 123
가출자가 무사히 속히 돌아오길 기원한다 · 124
자녀의 도벽을 중지하길 기원한다 · 124
자녀의 게임중독을 막고 기원한다 · 125

자녀의 음주나 흡연을 막고 싶다 · 125
자녀가 매사 의욕이 없고 진로를 정하지 못한다 · 126
형제간의 대립을 해결하고 우애 좋길 바란다 · 126
부모에게 대항하고 반항심이 커서 걱정 된다 · 127

5장 자손출산 · 자녀학업 · 지혜총명 · 시험합격

임신이 잘 안되고 아기를 간절히 갖고 싶다 · 130
아들을 꼭 낳길 기원한다 · 130
임산부가 습관적 유산되는 것을 예방하고 싶다 · 131
자연유산과 난산을 예방하고 순산하길 바란다 · 131
임신부나 출산부의 길흉징조 · 132
시험관아기가 잘 되어 성공하기 기원한다 · 134
임신 중 무사하고 출산할 때 순통을 바란다 · 134
임신 중 태아를 건강하게 보호하고 싶다 · 135
씩씩하고 용기 있는 자녀로 키우고 싶다 · 136
아기 사주가 나빠 이름을 팔아줘야 할 때 · 136
예능에 재주나 끼가 있는 아이로 자라길 바란다 · 137
과학고나 국제학교나 특수학교에 합격을 원한다 · 137
예술고교나 예술대학에 합격하여 예술인이 되길 바란다 · 138
운동에 재능이 뛰어나 선수로 성공하길 바란다 · 138
체육대학에 꼭 합격을 기원한다 · 139
좋은 성적으로 대학수능시험에 합격하길 바란다 · 140
모든 시험에 합격을 원할 때 · 141
시험에 낙방하지 않게 하는 방법 · 141
직장 입사채용시험에 합격을 원한다 · 142
관직 공무원시험에 합격하길 바란다 · 143
행정고시나 사법고시에 합격을 원한다 · 144

교사가 되려 임명고시에 꼭 합격을 원한다 · 144
대기업이나 외국기업에 취업하길 원한다 · 145
현재 알바 회사에서 오래 다니고 싶다 · 146
각종 자격증 시험에 합격을 기원한다 · 147
현 일자리보다 더 좋은 곳으로 가길 바란다 · 148
승진시험에 꼭 합격하길 바란다 · 149
모든 시합 대회에서 승리 이기고 싶다 · 150
부정적 사고방식은 부정을 부른다 · 151
공부나 연구를 효과적으로 하는 법 · 152
입사시험 직장취업시험의 요령 · 153
마음자세와 행동으로 빚는 징조 · 154
매월마다 행운을 부르는 재수있는 보석종류 · 156
보석이 담고 있는 행운 · 157

6장 부부애정합심 · 사랑연애애인 · 친족가족화합

가정 가족 모두가 원만하길 바란다 · 160
부부가 장수하며 백년해로하길 바란다 · 160
애정이 깊어져 부부금슬이 좋아지길 바란다 · 161
부인이나 남편 한쪽의 건강이 나빠 불행하다 · 162
서먹한 부부간에 애정 합의 붙이고 싶다 · 162
권태기가 와서 부부 다툼이 많다 · 163
바람기 풍파로 부부이별 위기직전이다 · 164
부인이 방탕하여 자주 가출해 걱정이다 · 164
남편의 바람기로 가정이 위태롭다 · 165
여자의 바람기를 눌러 안정시키고 싶을 때 · 166
궁합이 나빠 부부생활이 곤란 할 때 · 167
부부간의 생활 좋은 징조 나쁜 징조 · 168

결혼으로 생긴 징조에 따른 일들 · 170
주벽이 심하고 의처증이 심하다 · 172
남편의 사랑을 더욱 받고 싶다 · 173
부부 자녀 친족들이 합심 잘 되길 원한다 · 173
부부간의 이혼 이별수를 방지하고 싶다 · 174
남편의 의처증이 극심해서 괴롭다 · 174
남편의 간통녀 첩 떼기를 간절히 바란다 · 175
은밀하게 사랑하는 사람들의 징조 · 176
좋아하는 이성에게 관심을 받고 싶다 · 177
좋아하는 상대가 먼저 접근해 오게 하고 싶다 · 177
사랑고백을 해서 상대의 마음을 얻는 법 · 178
단번에 청혼 신청해서 성공하고 싶다 · 178
결혼하고 싶은 인연자도 같은 마음이길 원한다 · 179
짝사랑하는 사람의 사랑을 얻고 싶다 · 179
떠나버린 애인을 다시 돌아오게 하고 싶다 · 180
애인이 만나는 다른 상대를 떼어내고 싶다 · 181
첫사랑 애인과 영원히 같이 하고 싶다 · 181
남자 여자 청춘 연애의 징조들 · 182
애인의 바람기를 잠재우고 나만 바라보게 하는 법 · 183
끈질기게 쫓아다니는 상대를 떼어내는 방법 · 183
부모의 결혼 반대를 허락받고 싶다 · 184
삼각관계를 속히 정리 청산하고 싶다 · 184
돌싱으로 좋은 인연과 재혼하고 싶다 · 185
남녀 이성에 대한 예감과 징조들 · 186
미혼자 이성에게 관심을 받고 싶다 · 187
노총각 노처녀가 결혼하여 가정을 꾸리고 싶다 · 187
변심한 사람 마음 다시 되돌리고 싶다 · 188
현실적으로 이뤄지기 힘든 애정관계 이루고 싶다 · 189

능력 있고 돈 많은 사람과 인연 맺길 원한다 · 189
싫은 사람과 교제단절하고 떼어내고 싶다 · 190
배신한 남자를 저주하는 주술 · 190
이웃집 교재 소통 인간관계 행동 · 191
헤어진 애인에게서 전화오길 바란다 · 192
돌아선 애인의 마음을 돌려 다시 만나고 싶다 · 193
사내에 퍼진 불륜관계 소문과 구설수 막고 싶다 · 193
이웃과 사이좋게 지내고 싶을 때 · 194
내 문제의 답은 나만 알 수 있다 · 195

7장 직장문제 · 상사화합 · 동료친목 · 이웃친구

좋은 직장이나 좋은 주인인 곳에 취직을 원한다 · 198
회사 사장이나 오너의 총애를 받고 싶다 · 199
현 직장에서 퇴출당하지 않고 오래 다니고 싶다 · 200
직장 동료들과 친목도모가 잘 되길 원한다 · 200
직장에서 왕따 당하지 않길 바란다 · 201
상사나 동료의 음모를 막고 싶다 · 202
너무 억울한 누명을 벗고 싶다 · 202
상부회사나 거래처의 신용을 얻고 싶다 · 203
상사에게 잘 보이고 마음에 들게 행동하고 싶다 · 203
직장 동료보다 빨리 승진 출세하고 싶다 · 204
업무에서 인정받고 업적성과를 올리고 싶다 · 205
성형이나 몸매 외모 콤플렉스에서 벗어나고 싶다 · 205
가까운 이웃과의 마찰 불화를 막고 싶 · 206
이웃으로부터 받는 훼방이나 방해를 막고 싶다 · 207
타인으로부터 부당한 위협을 받고 있다 · 207
좋은 운인 사람과 인연 맺고 싶다 · 208

자신의 생각대로 남을 움직이는 법 · 209
당당하게 남 앞에서 말을 잘하고 싶다 · 210
친구나 동료에게 배신을 당하고 싶지 않다 · 211
주변 라이벌을 재치고 싶다 · 211
주변 구설수로 고통스럽다 · 212
미운 상대가 잘 안되길 실수하길 바란다 · 213
타인이 건 주문이나 주술에 걸렸다 · 214
친한 친구가 내 애인에게 접근 한다 · 216
친구가 돈을 빌려가서 갚지 않는다 · 216
친한 친구와 같은 집에 살고 싶다 · 217

8장 마음과 신체변화 · 생활습관행동

듣기 잘하는 사람이 성공이 빠르다 · 220
포기는 세 번은 해보고 해야 한다 · 221
자신의 마음이 혼란하다면 · 222
일을 피하지 않고 도전하는 사람 · 222
긍정적인 사고를 갖은 사람 · 223
모든 일에 감사할 줄 아는 사람 · 223
위기를 찬스로 바꾸는 사람 · 224
무슨 일이든 전념하는 사람 · 224
남을 신뢰하는 사람 · 225
자기 자신을 존경하는 사람 · 225
말이나 생각을 행동으로 옮기는 사람 · 226
길게 보고 미래를 설계하는 사람 · 226
메모를 잘하는 사람 · 227
윗사람에게 굽실거리는 사람 · 228
실패로 바닥까지 추락한 사람 · 228

우유부단한 사람 · 229
따뜻한 마음의 소유자 · 229
권모술수가 능한 사람 · 230
눈썹이 꿈틀거리며 말하는 사람 · 231
자기 자랑을 많이 하는 사람 · 231
유머나 위트가 풍부한 사람 · 232
식사할 때 나타나는 습관 징조들 · 232
말하면서 나타나는 나쁜 습관들 · 233
앉는 모습에서 나타나는 운명징조들 · 234
걷는 모습에서 나타나는 운명징조들 · 235

9장 가족건강 · 자녀질병 · 낙태원령 · 악귀퇴치

가족 모두의 건강이 무탈하길 바란다 · 238
온 가족이 모두 장수하고 싶다 · 238
환자의 빠른 쾌유를 기원한다 · 239
신경성 노이로제를 치료하고 싶다 · 240
우울증을 예방하고 치료하고 싶다 · 240
부부간의 의처증 의부증을 치료하고 싶다 · 241
성형수술 잘 되고 빠른 회복을 원한다 · 242
단명한 사람 수명이 길어지게 하고 싶다 · 242
불치병이나 암투병자의 속 쾌차를 바란다 · 243
생사기로에서 의식이 깨어나질 않을 때 · 244
모든 암에 걸리지 않게 하고 싶다 · 244
가족의 자살을 예방하고 싶다 · 245
가족이 병명을 모르고 아플 때 · 245
상갓집 방문 후 병탈이 났을 때 · 246
꿈에 누군가에게 쫓기는 악몽에 꿈자리가 사납다 · 247

가위에 눌려 무서운 것에 쫓기거나 시달린다 · 247
불면증이 심해 마음 편히 잠을 못 잔다 · 248
귀신이 씌인 듯 혼잣말을 중얼 거린다 · 248
신굿이나 내림굿 받고 이유없이 아프다 · 249
주사 주벽이 심해 술을 끊게 하고 싶다 · 250
마약이나 상습도박을 끊고 싶다 · 250
간질병을 고치고 싶다 · 251
전염병이 돌 때 예방하고 싶다 · 252
기침을 멈추게 하고 싶다 · 253
부모의 병이 유전될까 염려스럽다 · 253
구역질을 멈추게 하고 싶다 · 254
딸꾹질을 멈추게 하고 싶다 · 254
부스럼을 빨리 낫게 하고 싶다 · 255
귀에서 소리가 나고 울려서 괴롭다 · 256
힘든 투병생활에서 이기고 싶다 · 256
낙태한 아기원령 극락왕생하길 바란다 · 257
상사병(마음의 병)을 치료하고 싶다 · 258
죽은 사람이 자꾸 꿈에 나타난다 · 259
질병으로부터 멀리 피하고 싶다 · 260
행동으로 질병을 부르는 징조들 · 261

10장 천재지변 · 동물식물 · 주변물류징조

개업하는 날 재수 있는 징조 · 264
집안이나 가세가 좋아질 징조 · 264
집안이나 가세가 나빠질 징조 · 265
청소하고 재수가 좋은 징조 · 266
출입구나 하수구의 재수 운 징조 · 267

집안 정돈이 부르는 징조 · 267
이사하는 것에 부작용들 · 268
초상집에 갈 때 부작용들 · 269
집안에 상喪을 당했을 때 처세법 · 269
제사 지내는 자세의 징조들 · 270
산소 관리로 부르는 징조들 · 271
지진이 일어날 징조들 · 271
천둥 번개 눈비의 징조들 · 272
무지개가 뜨면 생기는 징조들 · 273
별·달·유성이 보이면 생기는 징조들 · 274
태양의 변화가 주는 징조들 · 276
애완견이나 개에 관련 징후들 · 277
동물 고양이에 관련 징후들 · 278
가축 닭의 관련 징후들 · 279
소나 돼지의 관련 징후들 · 280
가축이나 동물들에 관련 징후들 · 281
까치·참새·제비·조류들에 관련 징후들 · 282
곤충들의 변화 징후들 · 284
파충류들의 변화 징후들 · 286
쥐들의 변화 징후들 · 287
꽃과 나무의 징후들 · 288
물에 대한 변화 징후들 · 289
된장 간장 맛 변화 징후들 · 290

 **11장** 관재구설·삼재팔란·사주신살흉살

억울한 관재 송사시비 재판에서 이기고 싶다 · 294
소송 재판에서 증인 증거가 없어 불리하다 · 295

재판에서 누명을 벗고 승소하고 싶다 · 295
겹치는 관재구설로 신수가 괴롭다 · 296
옴호사령으로 모든 관재에서 이기고 싶다 · 297
옥중 수감자가 빨리 출감하길 바란다 · 297
다툼이나 시비에서 무조건 이기길 바란다 · 298
삼재가 드는 해 삼재풀이를 하고 싶다 (입삼재) · 299
묵은 삼재일 때 삼재풀이를 하고 싶다 (출삼재) · 299
가족 중에 삼재가 둘 셋 이상 들었다 · 300
백호대살 삼형살 괴강살로 운세가 나쁠 때 · 301
현침살 양인살 육해살로 운세가 나쁠 때 · 302
원진살 고신살 과숙살로 운세가 나쁠 때 · 303
자궁살 음욕살로 팔자가 쎄 살풀이하고 싶을 때 · 303
역마살 가출살 주도살로 집밖으로 떠돌 때 · 304
현랑살 자액살로 자살을 유도할 때 · 305
손재수 사기수로 돈이 막 새나갈 때 · 306
나쁜 기운으로 재수가 없고 식구들이 아플 때 · 307
초상 치른 후 우환이 끓고 집안 싸움할 때 · 308
장사가 안 되고 돈이 마를 때 · 309
손님이 딱 끊기고 수금이 잘 안 될 때 · 310
방해자가 있어 훼방되고 불편할 때 · 311
배신자로 인해 망신당하고 위기에 처했을 때 · 311
매사가 답답하고 꼬일 때 · 312
사기나 보이스피싱을 예방하고 싶을 때 · 313
강도나 도적을 예방하고 싶을 때 · 313
경사 전 집안에 사고나 우환이 겹칠 때 · 314
줄초상이 나고 사고가 연이어 발생할 때 · 315
신차 구입 시 무사고를 바랄 때 · 316
운전면허증 처음 발급받고 무사고를 바랄 때 · 316

운전 영업 직업으로 늘 교통사고가 걱정될 때 · 317
급살 노상횡액 돌발 사고를 방지하고 싶을 때 · 318
오토바이나 위험 직종 자에 위험을 막고 싶다 · 319
여행 출장이 잦아 항공사고 예방하고 싶다 · 319

12장 집의 이사나 입주 · 점포매매 임대 · 가정동토재앙

새집으로 이사하고 우환이 생겼다 · 322
이사한 집이 터가 쎄 으스스 무섭다 · 323
집 고치고 병이 났거나 괴변이 발생한다 · 324
이사할 때 탈날까 미리 예방하고 싶다 · 325
대장군방 삼살방 흉방으로 이사해서 탈났다 · 325
오방신장에게 수호를 받고 싶다 · 326
천살방향으로 이사 갔을 때 예방하는 법 · 327
집이 장성살 문일 때 재앙 예방하는 법 · 328
땅을 빠른 시간 안에 팔고 싶을 때 · 330
상가 점포 매매가 잘 안 될 때 · 331
부동산이 속 매매되길 바랄 때 · 332
매매를 속히 성사시키는 양법 · 333
강도 도난 도둑을 예방하고 싶다 · 334
집안이나 영업장에 잡귀가 들끓는다 · 335
새집 짓기 전 터 비방하고 싶다 · 336
입춘 일에 악귀 쫓는 방법 · 337
집터가 부정이 타고 재수가 없다 · 338
이웃이 가하는 훼방을 막고 싶을 때 · 339
괘씸한 사람 벌주고 싶다 · 340
남들의 비난을 받고 궁지에 몰렸다 · 341
옆 가게로부터 해코지나 훼방을 당한다 · 342

기다리던 사람을 속히 오게 하고 싶다 · 343
싫은 사람을 빨리 보내고 싶다 · 343

13장 산소탈 처방 · 산소바람 이장 가묘 · 명당터 동기감응

산소 일하러 가기 전 예방하고 싶다 · 346
이장이나 가묘 쓰기 전 예방하고 싶다 · 347
산소바람 산소탈 묘탈 제거하고 싶다 · 348
산소나 납골당 안치 후 영가평안 바란다 · 349
조상 묘 명당터로 동기감응 받고 싶다 · 350
산소가 있는 경우 · 350
납골당에 모셨을 경우 · 351
산소도 없고 납골당도 없는 경우 · 351

14장 운명 알아차리기 · 운명의 인과응보 행복한 인생

운명을 바꾸는 돈오점수 · 354
운을 나쁘게 만드는 것이 무엇인가 · 358
지금의 운을 만드는 인과응보 죄와 복 현상 · 364

사용한 제품 설명서 · 376

만사형통 성공하는 사람들의 **운세처방백과**

1장
소원성취
직장출세성공
인기연예인

만사형통 성공하는 사람들의 **운세처방백과**

001 백사만사형통하여 소원성취하고 싶다
002 대선 출마하고자 공천 받고 싶다
003 관록을 얻어 권세와 명예를 누리고 싶다
004 자손들 고관대작 창성하여 부귀영화 누리고 싶다
005 직장에서 승진이나 스카우트를 원한다
006 모든 일에 승리할 수 있는 손자병법
007 연봉이나 월급이 오르길 바란다
008 좋은 행운의 기회를 잡고 싶다
009 상사의 마음에 들어 빠른 출세를 하고 싶다
010 윗사람이나 상사에게 총애를 받고 싶다
011 상대방의 마음을 꿰뚫어 보고 싶다
012 선거에 꼭 당선되고 싶다
013 현 직장에 오래 다니고 싶다
014 라이벌에게 늘 승리 이기고 싶다
015 시작하는 일에 따라 알 수 있는 징조
016 새롭게 나타난 라이벌을 물리치는 비법
017 대기업이나 큰 회사에 입사하고 싶다
018 사내에서 만인에게 인기를 끌고 싶다

019 직장인이 꼭 지켜야할 생활습관
020 학문연구가 잘 되어 박사학위를 받고 싶다
021 직장 취업 운이 좋거나 승진하고 싶다
022 시간은 나를 기다려 주지 않는다
023 예술가나 작가로 등단하고 싶다
024 공모전에 출품한 작품이 당선되고 싶다
025 논문이 합격하여 학위를 받고 싶다
026 연예계 인기스타가 되고 싶다
027 오디션에 꼭 합격하고 싶다
028 연예인이 되어 인기를 끌고 싶고 싶다
029 가수나 탤런트 연예인이 되는 것이 꿈이다
030 인기대박 나는 연예인이 되고 싶다
031 많은 사람에게 호감과 관심을 받고 싶다
032 인기 많은 운동선수로 최고가 되고 싶다
033 입단하고 싶은 선수단에 발탁 되고 싶다
034 시합이나 경쟁에서 이기고 싶고 싶다
035 도박이나 경마에서 꼭 승리하고 싶다

001

백사만사형통하여 소원성취하고 싶다

- 무량광황금불화를 거실에 걸어두던가, 금강저108염주를 거실에 보관한다.
- 스투파만달옴청을 거실에 걸어둔다.
- 황금비단이불과 베개를 만들어서 덮고 잔다.
- 천승목단청자에 생일과 이름을 써서 넣고 거실에 비치한다.
- 옹제신 안에 손톱 발톱 깎은 것과 머리카락 3올을 넣은 다음, 생일과 이름을 써서 강가에 가서 깨뜨린다.
- 응재착전목 3개와 성취원키 3개를 속옷 서랍에 넣어둔다.
- 오행목벽피를 1kg 구해서 베개 속에 넣고 잔다.

002

대선 출마하고자 공천 받고 싶다

- 무량광달마황금불화를 거실에 걸어둔다.
- 금강저108염주를 돌리며 매일 금강경을 염송한다.
- 염송할 때 응재착향을 피우면서 하면 더욱 효험이 크다.
- 금강팔괘목과 천통상향저폐를 12개 준비해서 선산 조부모 선영(묘를 중심으로 왼쪽에 6군데, 오른쪽에 6군데를 나누어)에 묻는다.
- 칠성제천저폐와 황가목저폐와 천통영신향을 싱크대 위 칸에 올려둔다.
- 옹제신 뒷면에 생일과 이름을 쓴 다음, 전국 팔도명산을 찾아다니며 곳곳에 깨버리고 온다.
- 동목호관직인에 생일과 이름을 새겨서 큰절 뒷산에 묻는다.

003
관록을 얻어 권세와 명예를 누리고 싶다

- 일월용승천도를 거실에 걸어둔다.
- 금강저108염주를 돌리며 매일 금강경을 염송한다. 염송할 때 제랑훠상향을 피우면서 하면 더욱 효험이 크다.
- 칠성제천저폐와 황가목저폐를 싱크대 위 칸에 올려둔다.
- 복용귀병 안에 원하는 금액을 흰 창호지에 쓰고, 그 아래로 증조부 → 조부 → 부친 → 자신의 이름을 순서대로 내려 쓴 다음, 잘 접어서 봉투에 넣어 봉해서 집어넣은 다음, 안방이나 거실에 둔다.
- 금강팔괘목과 보재원곤목 4개 준비해서 선산 조부모 묘 네 귀퉁이에 묻는다.
- 스투파만달옴청을 안방에 걸어 놓는다.
- 차 안에 스투파만달옴청을 걸고 다닌다.

004
자손들 고관대작 창성하여 부귀영화 누리고 싶다

- 무량광황금불화를 거실에 걸어두던가, 금강저108염주를 거실에 보관한다.
- 오동나무로 청제장군(왼쪽)과 적제장군(오른쪽)을 조각하여 거실에 잘 모셔 놓고, 매년 단옷날 정성껏 예후하면 좋다.
- 황제착응키 3개와 천통영신향을 창호지에 싸서 장롱 속에 넣어둔다.
- 천승목단청자 속에다 흰 창호지에 증조부 → 조부 → 부친 → 자신의 이름을 순서대로 내려 쓴 다음, 잘 접어서 봉투에 넣어 봉해서 집어넣은 다음, 안방이나 거실에 둔다.
- 거실 벽에 일월용승천도를 걸어둔다.
- 출입문 바깥쪽 화단에 금강팔괘목 3개를 묻고, 흙 위에 오색천사와 적광퇴치석을 뿌려둔다. (화분도 가능 함)

005

직장에서 승진이나 스카우트를 원한다

- 복용귀병 안에 원하는 자리나 회사명과 생일과 이름을 써서 넣고 생기명당토로 7부 채워서 거실에 둔다.
- 속옷 서랍에는 천통상향저폐와 무지개색은행알 21개, 백수정각 8개를 노란 주머니에 넣어 같이 넣는다.
- 동목호관직인 1개와 전승취승구 1개에 원하는 자리이름을 써서 그 회사 화단에 묻는다.
- 오행목벽피를 1kg 구해서 베개 속에 넣고 잔다.
- 차 안에 스투파만달옴청을 걸고 다닌다.
- 천호관 목걸이를 몸에 지니고 다닌다.
- 천기복팬티를 입고 다닌다.

직장생활에서 같이 입사한 동기도 모두 라이벌이라는 것을 숙지해야 한다. 남보다 빨리 승진하려면 자신의 실력을 쌓아 상사에게 인정 받든지, 라이벌을 끌어내리든지 둘 중 하나이다. 출세를 하기 위해서는 상사에게만 신경 써서는 안 된다. 아랫사람을 대하는 태도와 윗사람 대하는 태도에 차별을 두어서는 안 된다. 부하직원을 소중히 생각해야 한다. 부하를 소중히 하면 장기적인 안목으로 볼 때 반드시 자신에게 도움이 된다. 자신이 궁지에 몰렸을 때 도움이 되는 자는 상사보다 오히려 부하직원 쪽이다. 그리고 출세에서 뒤처지지 않으려면 공부를 게을리해서는 안 된다.
실력을 계속 보강하고, 마지막으로 잘 해야 될 것은 아부를 할 것이면 확실하게 하고 안 할 것이면 철저하게 선을 그어야 한다. 어중간해서는 욕만 먹는다.

006

모든 일에 승리할 수 있는 손자병법

인생사에서 특히 직장생활에서 손자병법을 활용해 봄직하다.
손자병법에는 네 가지의 공격법이 있다.

- 첫째, 아군과 적군의 힘이 같아 맞닥뜨릴 때 정면 공격하는 정공법이 있고,
- 둘째, 적군의 수가 1명일 때 10명의 아군이 에워싸서 공격하는 포위공격법이 있고,
- 셋째, 적군의 수가 1명일 때 아군의 2명이 양 측면을 공격하는 측면 공격법이 있고,
- 넷째, 적군의 수가 1명일 때 아군 5명이 에워싸서 단번에 공격하는 집중공격법이 있다.

우리가 살다 보면 아군의 입장보다는 적군의 불리한 사정에 놓일 때가 많을 것이다. 첫째의 경우는 정면 대결은 피할 수 없는 싸움이니 너 죽고 나 살자는 식으로 목숨 걸고 싸워 승리하는 것이 최선이다. 나머지 세 가지 경우에는 패배가 불 보듯 뻔한 승산 없는 싸움이다. 이럴 때는 피하는 것이 최선일 것이다.
그러나 피할 수 없는 상황에 놓인다면 깨끗이 산화하여 패배를 인정하는 것도 또한 인생살이다. 살면서 승리만 하고 영광만 있기를 바라는 것은 인지상정이나 그렇지 않은 것이 현실이다. 어찌 보면 지는 것이 살기 위한 승리법일 수도 있다. 살아남기 위해서는 그것이 최선인 것이다. 그러려면 지는 연습도 해두어야 할 듯하다. 져도 무덤덤하려면 마음이 흔들리지 말아야 한다.

007
연봉이나 월급이 오르길 바란다

- 황금래저폐와 수복금저폐를 싱크대 위 칸에 올려두고 응재착향을 피우며 기원한다.
- 복용귀병 속에 백수정각을 24개와 쌀 한 주발과 함께 넣고 한지로 봉한 후, 거실에 둔다.
- 속옷 서랍에는 응재착향 7개와 무지개색은행알 21개, 응재착전목 1개를 노란 주머니에 넣어 같이 넣는다.
- 응재착전목 3개와 성취원키 3개를 회사 서랍에 넣어둔다.
- 동목호관직인 1개와 전승취승구 1개에 원하는 금액을 써서 회사 화단에 묻는다.
- 천기복팬티를 입고 다닌다.
- 옹제신 안에 손톱 발톱 깎은 것과 머리카락 3올을 넣은 다음, 뒷면에 본인의 생년월일시, 이름, 필승이라고 쓴 다음, 산에 묻고 온다.

008
좋은 행운의 기회를 잡고 싶다

- 자기가 태어난 해에 발행된 지폐나 동전(외국 돈도 괜찮다)을 행운의 코인이라 한다. 행운의 코인을 구해서 지갑에 넣고 다니든지 액세서리로 만들어서 몸에 지니고 다니면 행운이 온다.
- 자기의 띠 동물형상의 옥돌이나 보석 액세서리를 몸에 지니면 행운이 온다.
- 요술 망치를 든 너구리 장식품을 거실에 장식하면 대길하다.
- 아침나절 거미를 잡아 병에 넣어가지고 다니면 예상치 않은 행운이 굴러 온다. 거미가 집안에서 보이면 손님이 올 징조이고 희소식이 올 징조이다.
- 방안에 작은 빗자루를 걸어 놓으면 행운을 끌어들이고, 불행은 쓸어나간다.
- 지갑 안에 춘화나 포르노 같은 사진이나 그림을 넣고 다니면 여유가 생기고 돈이 계속 들어와 부족함이 없게 된다는 속설이 있다.
- 집안의 창문에 새의 그림자가 비치면 좋은 일이 생길 징조이다.
- 작은 주사위를 지갑 안에 넣고 다니면 행운이 따르고 마귀나 액운을 막을 수 있다.
- U자 모양 말편자를 영업하는 가겟집 출입구 위에 걸어놓으면 마귀는 쫓고 행운을 부른다고 한다. 말은 행운을 부르는 신성한 동물로 취급한다. 고사를 지내거나 장을 담글 때 말날 행한다.
- 쏘고 난 후의 총알, 위험하지 않은 총알을 몸에 지니면 승부를 가리는 시합이나 게임이나 복권이나 경마나 도박에 승리를 적중시키는 행운이 따른다.

009
상사의 마음에 들어 빠른 출세를 하고 싶다

- 아무리 상사가 비리를 저지르고 본인을 미워하며 차별하는 것 같아도 상사와 대립하여 자신의 결백을 주장하고 인사과에 고발을 하는 짓은 옳지 않다. 직장생활은 냉정히 따져보면 계급제도 하에 운영된다는 사실을 잊어서는 안 된다.

- 상사에게 미움을 받으면 제아무리 능력 있고, 스팩이 좋아도 출세에 지장이 있다. 출세한 사람들에게 물어보면 100이면 다 좋은 상사를 만나서 운이 좋았다고들 한다. 그러니 상사에 마음에 들도록 노력해야 한다. 상사의 기분을 살피는 것은 잘못된 일이 아니다. 상사와 잘, 좋은 관계를 유지하려면 상사의 눈치를 살피는 것은 당연한 것이다.

- 상사에게 사랑받기 위해서는 첫째, 자신이 올린 공적을 상사에게 양보하는 것이다. 늘 입버릇처럼 '모두 상사님 덕분입니다'를 즐겨해라! 두 번째는 다른 직원이 저지른 작은 실패나 실수를 자신이 했다고 죄의 짐을 짊어질 줄 아는 아량이 필요하다.

세 번째는 상사보다 똑똑하다는 것을 내세워서는 안 된다. 다소 어리숙한 듯 한발 뒷전에서 상사를 따라가는 모습이 상사에게는 예뻐 보인다. 상사가 가장 싫어하는 것은 자신을 치고 위로 올라 서려는 부하이고, 이러한 행동은 괘씸죄에 걸린다. 그러면 칼자루는 상사가 쥐었기 때문에 칼질을 당할 수밖에 없다. 마지막으로 상사의 말에 늘 신경 쓰고 사소한 것도 기억했다가 불쑥 꺼내면 상사는 상당히 착실하고 성실한 사람으로 인정하게 된다. 주의할 것은 이 모든 방법이 가식적인 모습으로 보이지 않도록 진실한 마음으로 행한다.

010

윗사람이나 상사에게 총애를 받고 싶다

- 복용귀병 속에다 자신의 생년월일시와 이름을 써서 넣은 다음, 오색천사 5통으로 채운 후, 거실에 놓는다.
- 칠성제천저폐와 황가목저폐를 중요 서랍 안에 넣어둔다.
- 황제착응망을 요 밑에 깔고 잔다.
- 동목호관직인 1개와 전승취승구 1개에 원하는 자리이름을 써서 회사 화단에 묻는다.
- 오행목벽피를 1kg 구해서 베개 속에 넣고 잔다.
- 만통구 7개를 오색실로 묶어 본인 회사 서랍에 넣어둔다.
- 차 안에 스투파만달옴청을 걸고 다닌다.
- 천기복 팬티를 매일 입고 다닌다.

011

상대방의 마음을 꿰뚫어 보고 싶다

- 심리학이나 관상학은 사람을 한눈에 알아보는데 큰 도움이 된다. 그 사람이 생각하는 것이 곧바로 얼굴에 나타난다. 눈은 마음의 창이요, 눈썹은 마음의 커튼이요, 인당이 마음의 바탕이고, 이마는 마음의 넓이이고, 코는 마음의 표상이다.
- 상대의 마음을 꿰뚫고 싶으면 감(感)을 작동하라! 감은 두뇌에 비축된 경험의 산물이고 지혜이다.
- 눈을 똑바로 마주보지 못하는 사람은 사심을 품고 있는 사람이고 신뢰가 떨어지는 사람이니 신용하지 말라.
- 귀에 듣기 좋은 말에는 반드시 함정이 있다. 의심해 봐라!
- 목소리에 집중에 보라! 음색이 떨리면 거짓말을 하고 있는 것이다.

012

선거에 꼭 당선되고 싶다

- 무량광황금불화를 거실에 걸어두던가, 금강저108염주를 거실에 보관한다.
- 금강팔괘목과 천통상향저폐를 6개 준비해서 선산 조부모 선영(묘를 중심으로 왼쪽에 3군데, 오른쪽에 3군데를 나누어)에 묻는다.
- 칠성제천저폐와 황가목저폐를 싱크대 위 칸에 올려둔다.
- 옹제신 뒷면에 생일과 이름을 쓴 다음, 전국 명산을 찾아다니며 곳곳에 깨버리고 온다.
- 동목호관직인에 생일과 이름을 새겨서 큰절 뒷산에 묻는다.
- 동목호관직인에 생일과 이름을 새겨서 선거 열리는 건물 앞 화단에 묻고 생기명당토를 뿌려둔다.

013

현 직장에 오래 다니고 싶다

- 황금래저폐와 수복금저폐를 싱크대 위 칸에 올려두고 응재착향을 피우며 기원한다.
- 속옷 서랍에는 구계성향 7개와 무지개색은행알 21개, 구계성취목 1개를 파란 주머니에 넣어둔다.
- 동목호관직인 1개와 무지개색은행알 21개, 구계성취목 1개를 회사 화단에 묻고 생기명당토를 뿌려둔다.
- 오행목벽피를 1kg 구해서 베개 속에 넣고 잔다.
- 동목호관직인 1개와 전승취승구 1개를 회사 서랍에 넣어둔다.
- 벽사양류판에 생일과 이름을 새겨서 회사 안의 큰 나무 밑에 묻어둔다.
- 차 안에 스투파만달옴청을 걸고 다닌다.

014
라이벌에게 늘 승리, 이기고 싶다

- 아침마다 제랑훠상향을 피우며 천살방향을 향해 '이기게 해 주십시오.'라고 기도한다.
- 복용귀병 속에 백수정각을 24개와 무지개색은행알 21개를 넣고 침실에 둔다.
- 황금래저폐와 응제착전목을 창호지에 싸서 라이벌 집 가는 곳에 흙을 파고 묻는다.
- 훼골퇴복피를 1kg 구해서 베개 속에 넣고 잔다.
- 태백동목검을 신발장 위에 올려 둔다.
- 천기복 팬티를 매일 입고 다닌다.
- 옹제신에 이름을 써서 하루에 1개씩 하천에 가서 깨트린다. 7일간 계속해야한다.

015

시작하는 일에 따라 알 수 있는 징조

● 쉽게 끓는 물이 빨리 식고, 쉽게 끓는 냄비의 물이 빨리 넘쳐서 불을 꺼트린다. 일이 일사천리로 수월하게 이루어지면 그 일 가운데 반드시 한 가지는 문제가 있거나 완벽하지 못하고 허술한 점이 발생한다

세상 일 전부는 시작과 과정을 지나 결과에 이른다. 어떤 일이든지 시작과 과정 결과가 모두 순조로울 리는 만무하다. 여기서 하나 짚고 넘어가야 할 점은 시작에서부터 문제가 생기고 덜걱거린다면 그 일은 하지 말라는 징조이다. 그 일은 결코 끝까지 순조롭지 못하다. 저 넓고 긴 한강도 아무 일 없듯이 유유히 흐르는 것 같아도 무수히 많은 굽이굽이를 지나고 오르락내리락 수많은 걸림돌에 부딪치는 과정을 겪어야만 서해바다에 닿을 수 있다. 모든 일에는 마의 고비가 반드시 있다는 것이다. 개인이든, 회사든, 국가든 일의 순서는 이 원칙에서 벗어나지 못한다. 그러니까 마의 고비를 잘 넘기 위해 잘 나갈 때 준비와 대비를 철저히 해야 한다는 것이다. 매사 신중하고 점검하고 되돌아보는 자세가 극히 필요하다. 옛 성현들의 말씀에 '돌다리도 두들겨보고 건너라.' 하지 않는가.

016

새롭게 나타난 라이벌을 물리치는 비법

- 자기 나이 수만큼 계란 껍데기를 모으는데 글씨를 쓸 수 있는 크기를 1개로 본다. 모았으면 그 껍데기를 뜨거운 물로 씻는다. 말린 다음, 그 껍데기에 검은색 펜으로 'CURSE(저주)'라고 쓴다. 이것을 말려서 잘게 빻는다. 빻은 가루를 하룻밤 동안 이슬을 맞힌 후에 예쁜 주머니에 넣어서 다음 날 라이벌에게 선물이라고 준다.
- 호법태극망에 라이벌의 나이 수만큼 저주살못을 꽂아서 라이벌 집 주변에 묻고 온다.
- 태백동목검을 머리맡에 두고 잔다.
- 천기복 팬티를 매일 입고 다닌다.
- 옹제신에 생일과 이름을 써서 강가에 가서 깨뜨린다.

017

대기업이나 큰 회사에 입사하고 싶다

- 금강저108염주를 돌리며 매일 금강경을 염송한다. 염송할 때 응재착향을 피우면서 하면 더욱 효험이 크다.
- 천승목단청자 속에다 흰 창호지에 증조부 → 조부 → 부친 → 자신의 이름을 순서대로 내려 쓴 다음, 잘 접어서 봉투에 넣어 봉해서 집어넣은 다음, 안방이나 거실에 둔다.
- 칠성제천저폐와 황가목저폐를 싱크대 위 칸에 올려두고 응재착향을 피우며 기원한다.
- 벽사양류판에 생일과 이름을 새겨서 취업하고 싶은 회사 안의 큰 나무 밑에 묻어둔다.
- 천기복 팬티를 매일 입고 다닌다.
- 옹제신에 생일과 이름을 써서 강가에 가서 깨뜨린다.

018
사내에서 만인에게 인기를 끌고 싶다

- 팔괘만다라 그림을 집안에 걸어놓는다.
- 동목호관직인에 생일과 이름을 새겨서 큰절 뒷산에 묻고 오색천사를 3통 뿌리고 온다.
- 예귀루복피로 베개 속을 넣어 베고 잔다.
- **스투파만달옴청**에 생일과 이름을 새겨서 회사 책상 서랍에 넣어둔다.
- **스투파만달옴청**을 차안에 걸고 다닌다.
- 목걸이를 몸에 지니고 다닌다.
- **옌쮀따랑** 팬티를 입고 다닌다.
- **옌쮀애심목** 3개를 회사 화단에 묻고 흙 위에 생기명당토를 뿌린다.
- **옌쮀애심목** 1개를 주머니에 넣고 다닌다.

019
직장인이 꼭 지켜야 할 생활습관

첫째,	절제	필요 이상 먹고 마시지 않는다.
둘째,	침묵	자신이나 타인에게 이로운 말 이외에는 말하지 않는다.
셋째,	약속	예정된 일은 모두 시간을 정해두고 꼭 지켜라.
넷째,	결단	자신이 한번 결심한 일은 결코 결단을 내려야 한다.
다섯째,	검소	이롭지 않은 일에 금전을 쓰지 말라.
여섯째,	공부	시간을 헛되이 보내지 말고 유용하게 활용하라.
일곱째,	진실	남을 속이지 말며 올바르게 생각하고 진실을 말해라.
여덟째,	성실	일을 게을리 하여 남에게 피해를 주지 말라.
아홉째,	중용	만사에 극단적으로 판단하지 말고 중간을 지켜라.
열번째,	청결	몸이나 옷을 청결히 하고, 집안도 청결해야 한다.
열한번째,	침착	작은 일에 경망스럽게 놀라지 말고 태연해야 한다.
열두번째,	평화	스스로의 평화를 위해 안정하고, 남의 평화도 존중해라.

020

학문연구가 잘 되어 박사학위를 받고 싶다

- 금강저108염주를 돌리며 매일 금강경을 염송한다. 염송할 때 제랑훠상향을 피우면서 하면 더욱 효험이 크다.
- 금강팔괘목과 황제착응키 3개를 속옷 서랍에 넣어둔다.
- 천승산수백자 속에다 흰 창호지에 증조부 → 조부 → 부친 → 자신의 이름을 순서대로 내려 쓴 다음, 잘 접어서 봉투에 넣어 봉해서 집어넣은 다음, 안방이나 거실에 둔다.
- 슬지인목을 책가방 안에 넣고 다닌다.
- 오행목벽피를 1kg 구해서 베개 속에 넣고 잔다.
- 황제착응망을 요 밑에 깔고 잔다.
- 동목호관직인 4개에 생일과 이름을 새겨서 동서남북에 있는 큰절의 뒷산에 묻는다.

021

직장 취업 운이 좋거나 승진하고 싶다

- 출근하면서 들고 다니는 가방은 행동력을 나타낸다. 출세나 승진을 원한다면 가방에 신경을 써야 한다. 가방 속에는 불필요한 물건을 넣어두지 말고 가능하면 꼭 필요한 것만 가볍게 가지고 다닌다. 특히 휴대폰이나 자동차 키를 바로 꺼낼 수 없이 어수선하면 기회나 행동력에서 떨어지기 때문에 주의해야 한다. 가방을 놓을 때도 바닥에 닿지 않게 두는 것이 좋고, 올려놓을 때도 걸이에 걸거나 선반에 올려두는데 자기 허리보다 위로 올라오도록 두는 것이 좋다. 방향도 동쪽 방향에 두고, 벨 소리나 종 같은 소리가 나는 물건과 함께 두는 것이 좋다.

> 회사에서도 자신의 명함꽂이에 타인의 명함을 꽂아두는 것은 좋지 않다. 그 명함의 영향을 받는다. 지위가 높은 것은 좋게 본다.

022

시간은 나를 기다려 주지 않는다

인생이란 『창호지 문에 뚫린 바늘구멍 밖으로 세상을 볼 때 잠깐 사이 지나가는 경주마와 같다』라고 했다. 이렇게 찰나와 같은 시간 속에 '하고 싶지 않은 일이 내 앞에 있다면 하지 말라' 라는 의미이고, '하고 싶지 않은 공부가 있다면 그 공부는 하지 말라' 라는 의미이다. 반대로 '하고 싶은 일이 있다면 그 일은 하고 가라' 는 의미이고, '하고 싶은 취미가 있다면 그 취미를 살려 보라' 는 의미이고, '하고픈 공부가 있다면 열심히 하라' 는 의미이고, '만나고 싶은 사람이 있으면 만나고 가라' 는 의미이고, '사랑하는 사람이 있다면 사랑하고 가라' 는 의미이고, '아쉬움이 있다면 아쉬움을 해소하고 가라' 는 의미이다. 그러나 더 깊은 뜻은 '시간이 나를 기다려 주지 않고 마구 달려가니 부모에게 효도하고, 매사 성실하라' 라는 의미이다.

023

예술가나 작가로 등단하고 싶다

- 천승산수백자 안에 천통영신향을 넣어 거실에 두던가, 금강저108염주를 거실에 보관한다.
- 황제착응망을 요 밑에 깔고 잔다.
- 예귀루복피로 베개 속을 넣어 베고 잔다.
- 복용귀병 안에 되고 싶은 작가 명과 생년월일과 이름을 써서 넣고, 생기명당토로 7부 채워서 침실에 놓는다.
- 출입문 앞에 오벤전향과 퀄라화향을 노란 주머니에 넣어 걸어 놓는다.
- 팔괘만다라 그림을 벽에 걸어둔다.
- 동목호관직인 4개에 생일과 이름을 새겨서 동서남북에 있는 큰절의 뒷산에 묻는다.
- 천기복 팬티를 매일 입고 다닌다.

024
공모전에 출품한 작품이 당선되고 싶다

- 금강저108염주를 돌리며 매일 금강경을 염송한다. 염송할 때 제랑훠상향을 피우면서 하면 더욱 효험이 크다.
- 칠성제천저폐와 황가목저폐를 싱크대 위 칸에 올려둔다.
- 착라전응향을 하루에 3개씩 피운다. (아침, 점심, 저녁)
- 황제착응키 3개를 창호지에 싸서 장롱 속에 넣어둔다.
- 속옷 서랍에는 응재착향 7개와 무지개색은행알 21개, 응재착전목 1개를 노란 주머니에 넣어 같이 넣는다.
- 오행목벽피를 1kg 구해서 베개 속에 넣고 잔다.
- 옹제신에 생일과 이름을 써서 강가에 가서 깨뜨린다.
- 동목호관직인에 생일과 이름을 새겨서 큰절 뒷산에 묻는다.
- 천기복 팬티를 매일 입고 다닌다.

025
논문이 합격하여 학위를 받고 싶다

- 금강저108염주를 서랍에 넣어두고 하루에 1번씩 꺼내어 금강경을 외며 돌린다.
- 천통상향저폐와 황가목저폐를 싱크대 위 칸에 올려둔다.
- 슬지인목 3개와 황제착응키 3개를 창호지에 싸서 장롱 속에 넣어둔다.
- 천승산수백자 속에다 흰 창호지에 증조부 → 조부 → 부친 → 자신의 이름을 순서대로 내려 쓴 다음, 잘 접어서 봉투에 넣어 봉해서 집어넣은 다음, 안방이나 거실에 둔다.
- 동목호관직인 1개와 전승취승구 3개를 신발장 맨 위 칸에 놓는다.
- 구계성향을 하루에 3개씩 피운다. (아침, 점심, 저녁)
- 예귀루복피로 베개 속을 넣어 베고 잔다.

026

연예계 인기 스타가 되고 싶다

- 정신적으로 강해야 한다. 한두 번 오디션에서 떨어졌다고 해서 절망하면 안 되고 될 때까지 계속 도전해야 한다. 뻔뻔스러울 정도로 강한 성격이어야만 스타가 될 수 있다.
- 연예인으로 자신을 대중 앞에 내 세운다는 것은 자신이 잘났다는 자아도취자가 아니면 어렵다.
- 어떤 사람은 오디션에 발탁되어 바로 인기 스타가 되기도 하지만 어떤 사람은 오랫동안 무명시절을 거쳐 연예인으로 살아남는 이도 있다. 스타는 끈질긴 자기와의 투라고 볼 수 있다.
- 인기 스타가 꿈이라면 이를 악물고 죽기 살기로 도전해야 할 수 있는 것이니 마음가짐부터 단단히 먹고 도전해야 할 것이다.

연예계 스타가 되는 것은 무척 어려운 일이다. 얼굴이 잘 생겼다고 되는 것도 아니고, 돈이 많다고 되는 것도 아니고, 재주가 뛰어나도 연예인으로 스타가 되는 것은 알 수 없는 운이라고 말할 수 있다. 일반적으로 스타를 동경하는 젊은 사람들은 스타는 모두 미남 미녀라고 생각하고 있지만 그러나 탤런트나 방송계에서 일하는 인기를 먹고사는 사람들은 그렇지 않은 경우도 매우 많다. 연기자만을 생각해 보더라도 알 수 있듯이 연기자 전원이 미남 미녀라면 드라마나 영화를 만들 수 없다. 주인공이 있다면 악역도 필요하기 때문이다. 조연이 너무 예쁘면 종종 주연의 빛을 흐리게 한다고들 한다. 조연은 결코 미남미녀는 아니더라도 명연기를 보여주면, 다시 말해 재능만 있으면 누구나 탤런트나 연예계 스타가 될 수 있다. 운과 함께...

027
오디션에 꼭 합격하고 싶다

- 옌쮀애심목과 예귀착황목을 속옷 서랍에 넣어둔다.
- 황제착응망을 요 밑에 깔고 잔다.
- 예귀루복피로 베개 속을 넣어 베고 잔다.
- 롤모델 인기 스타 사진을 방에 걸어둔다.
- 출입문 앞에 오벤전향과 퀄라화향을 노란 주머니에 넣어 걸어 놓는다.
- 동목호관직인 4개에 생일과 이름을 새겨서 동서남북에 있는 큰절의 뒷산에 묻는다.
- 집 출입문 앞에 옌쮀애심목 1개와 호구투란 1개를 같이 화분이나 화단에 묻고 흙 위에 태백복피와 적광퇴치석을 뿌린다.
- 옌쮀따랑 목걸이를 몸에 지니고 다닌다.
- 옹제신 뒷면에 이름을 써서 산에 묻고 그 위에 생기명당토를 뿌리고 온다.
- 옌쮀따랑 목걸이와 전승취승구 3개와 예귀착황목 3개를 화장대 서랍에 넣어둔다.

028

연예인이 되어 인기를 끌고 싶다

- 옌쮀애심목과 예귀착황목을 이름을 쓰고 가까운 산에 묻는다.
- 금강팔괘목과 천통상향저폐를 12개 준비해서 선산 조부모 선영(묘를 중심으로 왼쪽에 6군데, 오른쪽에 6군데를 나누어)에 묻는다.
- 동목호관직인에 생일과 이름을 새겨서 큰절 뒷산에 묻는다.
- 오행목벽피를 1kg 구해서 베개 속에 넣고 잔다.
- 동목호관직인 1개와 전승취승구 3a개와 백수정각 21개와 무지개색은행알 21개를 노란 주머니에 넣어 속옷 서랍에 넣어둔다.
- 옌쮀따랑 목걸이를 몸에 지니고 다닌다.
- 예승쮀병 속에다 자신의 이름을 108번 적어서 넣고 거실에 소장한다.

029

가수나 탤런트 연예인이 되는 것이 꿈이다

- 칠성제천저폐와 황가목저폐를 싱크대 위 칸에 올려두고 착라전응향을 매일 피우고, 황제착응망을 요 밑에 깔고 잔다.
- 동목호관직인에 생일과 이름을 새겨서 큰절 뒷산에 묻는다.
- 예승쮀병 속에다 자신의 생일과 이름을 108번 적어서 넣고 침실에 둔다.
- 오행목벽피를 1kg 구해서 베개 속에 넣고 잔다.
- 옌쮀애심목과 예귀착황목 3개와 백수정각 21개와 무지개색은행알 21개를 노란 주머니에 넣어 속옷 서랍에 넣어둔다.
- 옌쮀애심목과 예귀착황목에 생일과 이름을 써서 동서남북으로 있는 명산에 가서 각각 묻고 오색천사를 뿌리고 온다.
- 옌쮀따랑 팬티를 매일 입고 다닌다.

030
인기대박 나는 연예인이 되고 싶다

- 뱀피 무늬로 된 물건을 일상에서 많이 사용한다.
- 예승쮀병 속에다 자신의 이름을 108번 적어서 넣고 거실에 소장한다.
- 나비촙 팬티를 매일 입고, 옌쮀따랑 목걸이를 걸고 다닌다.
- 옹제신 뒷면에 이름을 8번 써서 집을 중심으로 동쪽으로 가서 1개 깨버리고, 서쪽으로 가서 1개 깨버리고, 남쪽도, 북쪽도 같은 방법으로 한다.(산이나 개천이 좋다)
- 자신의 베갯속에 백수정각(나이 수)과 암여우 생식기와 연예인 기원 다라니를 넣어둔다.
- 뱀 껍질을 구해서 옷깃에 넣어 꿰매고 다닌다.
- 예귀착황저폐와 황가목저폐를 팬티에 싸서 옷장 안에 넣어둔다.
- 동목호관직인 4개에 생일과 이름을 새겨서 동서남북에 있는 큰절의 뒷산에 묻는다.

031

많은 사람에게 호감과 관심을 받고 싶다

- 예승꿰병 속에다 자신의 이름을 108번 적어서 넣고 거실에 소장한다.
- 옌꿰애심목과 예귀착황목에 생일과 이름을 써서 동서남북으로 있는 명산에 가서 각각 묻고 오색천사를 뿌리고 온다.
- 옌꿰따랑 목걸이를 몸에 지니고 다닌다.
- 옌꿰따랑 팬티를 매일 입고 다닌다.
- 예귀루복피로 베개 속을 넣어 베고 잔다.
- 자신의 베갯속에 백수정각(나이 수)과 암여우 생식기와 연예인 기원 다라니를 넣어 둔다.
- 오벤전향을 방안에서 피우면서 소원을 빈다.
- 옌꿰따랑 목걸이와 전승취승구 3개와 예귀착황목 3개를 화장대 서랍에 넣어둔다.
- 동네에서 가장 큰 나무 밑에 천선낭양연저폐에 생일과 이름을 새겨서 묻는다.
- 강가에 가서 하트 모양 조약돌을 주워 다가 이름을 써서 자주 가지고 다니는 가방 속에 넣고 다닌다.

032
인기 많은 운동선수로 최고가 되고 싶다

- 금강팔괘목과 천통상향저폐를 12개 준비해서 선산 조부모 선영(묘를 중심으로 왼쪽에 6군데, 오른쪽에 6군데를 나누어)에 묻는다.
- 금강팔괘목과 천통상향저폐를 싱크대 위 칸에 올려둔다.
- 금강저108염주를 돌리며 매일 금강경을 염송한다. 염송할 때 제랑훠상향을 피우면서 하면 더욱 효험이 크다.
- 옌쮀애심목과 예귀착황목에 생일과 이름을 써서 동서남북으로 있는 명산에 가서 각각 묻고 오색천사를 뿌리고 온다.
- 복용귀병 속에 원하는 운동종목과 생일과 이름을 써서 넣고 생기명당토로 7부 채워서 거실에 둔다.
- 전승취승구 3개와 성취원키 3개를 속옷 서랍에 넣어둔다.
- 오행목벽피를 1kg 구해서 베개 속에 넣고 잔다.
- 옹제신 안에 손톱 발톱 깎은 것과 머리카락 3올을 넣은 다음, 뒷면에 본인의 생년월일시, 이름, 필승이라고 쓴 다음, 산에 묻고 온다.
- 천호관 목걸이를 몸에 지니고 다닌다.

스포츠로 일류 인기스타가 되는 것은 보통 일이 아니다. 이것은 연예인 스타보다 더 어려운 일이다. 프로야구든, 축구든, 농구든, 스케이트든, 수영이든 간에 인기 많은 스타 선수가 되려면 첫째로 천성과 적성이 맞아야 하고, 둘째로 실력과 체력이 따라야겠고, 셋째로 끼와 재능과 노력 등 삼박자가 맞아야 하며, 인내력과 지구력도 있어야 하고 더욱 큰 것은 운까지 따라줘야 한다는 것이다.

033

입단하고 싶은 선수단에 발탁 되고 싶다

- 복용귀병 속에 원하는 운동종목과 생일과 이름을 써서 넣고 생기명당토로 7부 채워서 거실에 둔다.
- 칠성제천저폐와 천통상향저폐를 싱크대 위 칸에 올려둔다.
- 옹제신 안에 손톱 발톱 깎은 것과 머리카락 3올을 넣은 다음, 뒷면에 본인의 생년월일시, 이름, 원하는 선수 단명을 쓴 다음, 산에 묻고 온다.
- 동목호관직인에 생일과 이름을 새겨서 원하는 선수단 가까운 화단에 묻고 태백복피와 오색천사를 뿌리고 온다.
- 구계성취목에 원하는 선수 단명을 새겨서 동서남북으로 있는 명산에 큰절 뒷산에 묻는다.
- 전승취승구 3개와 성취원키 3개를 속옷 서랍에 넣어둔다.
- 예귀루복피로 베개 속을 넣어 베고 잔다.
- 천기복팬티를 입고 다닌다.
- 천호관 목걸이를 몸에 지니고 다닌다.

034
시합이나 경쟁에서 이기고 싶다

- 아침마다 천살방향에 제랑훠상향을 피우면서 '이기게 해주십시오'라고 기도한다.
- 예승쮀병 속에다 자신의 이름을 108번 적어서 넣고 거실에 소장한다.
- 옹제신 뒷면에 이름을 8번 써서 집을 중심으로 동쪽으로 가서 1개 깨버리고, 서쪽으로 가서 1개 깨버리고, 남쪽도, 북쪽도 같은 방법으로 한다. (산이나 개천이 좋다)
- 전승취승저폐에 소원을 써서 시합이 있는 부근 땅에 묻어둔다.
- 동목호관직인 1개와 전승취승구 3개와 백수정각 21개와 무지개색은행알 21개를 노란 주머니에 넣어 속옷 서랍에 넣어둔다.
- 태백동복지 3개와 압승구 3개를 오색실로 묶어서 신발장 위에 둔다.
- 차 안에 스투파만달옴청을 걸고 다닌다.
- 천호관 목걸이를 몸에 지니고 다닌다.
- 천기복 팬티를 매일 입고 다닌다.

035

도박이나 경마에서 꼭 승리하고 싶다

- 아침마다 천살방향에 제랑훼상향을 피우면서 '이기게 해주십시오'라고 기도한다.
- 예승꿰병 속에다 자신의 이름을 108번 적어서 넣고 거실에 소장한다.
- 칠성제천저폐와 전승취승저폐를 싱크대 위 칸에 올려둔다.
- 옹제신 뒷면에 이름을 8번 써서 집을 중심으로 동쪽으로 가서 1개 깨버리고, 서쪽으로 가서 1개 깨버리고, 남쪽도, 북쪽도 같은 방법으로 한다. (산이나 개천이 좋다)
- 전승취승저폐에 소원을 써서 시합이 있는 부근 땅에 묻어둔다.
- 동목호관직인 1개와 전승취승구 3개와 백수정각 21개와 무지개색은행알 21개를 노란 주머니에 넣어 속옷 서랍에 넣어둔다.
- 오벤전 목걸이를 목에 걸고 다닌다.
- 나비촙 팬티를 일주일에 3번 이상 입는다.
- 금강저108염주와 백수정각을 108개 빨간 주머니에 넣어 속옷 서랍에 넣어둔다.

만사형통 성공하는 사람들의 **운세처방백과**

2장
사업번창
금전대박
영업재수

036 사업이 승승장구 번창하길 바란다
037 새 사업이 잘 되게 빌고 싶다
038 사업이 운수대통 대박나길 바란다
039 귀인협조로 계약성사 잘되길 바란다
040 사업확장 후 금전 원할 재수대박을 원한다
041 가게 장사가 손님이 들끓길 바란다
042 동업자와 협심화합이 잘 되길 바란다
043 경쟁업체보다 한발 앞서 잘 되길 바란다
044 금전운 재물복이 좋아지고 싶다
045 큰돈을 벌어 부자가 되고 싶다
046 뜻밖의 재물이 들어오는 횡재수를 바란다
047 로또나 복권 등에 당첨되고 싶다
048 로또 복권에 꼭 당첨되고 싶다
049 주식증권으로 부자가 되고 싶다
050 부동산으로 큰돈을 벌고 싶다
051 음식점 장사로 크게 성공하고 싶다
052 커피점 술 물장사로 성공하고 싶다

053 지갑 속의 금전이 점점 늘어나길 바란다
054 나쁜 운을 좋은 운으로 바꾸고 싶다
055 조상님께 기도는 천살방향으로 한다
056 성황당이나 돌탑에 기도하면 좋다
057 가게 터(요사터)가 쎄서 장사가 안 될 때
058 기도의 힘으로 운 바꾸기
059 음력 5월 5일 단오 날 하면 좋은 것들
060 회사가 파산위기로 돈줄이 막혀 곤란하다
061 사업자금을 빌리러 가서 OK 대답을 바란다
062 거래처나 상부회사와 신용이 좋아지길 바란다
063 영업직 판매직 실적향상을 높이고 싶다
064 사기예방 도난방지 손재수를 막고 싶다
065 돈 빌리러가서 타협 원활하길 바란다
066 빌려준 돈 속히 돌려받고 싶다
067 수금이 잘 되길 바란다
068 손님이 들어오는 문턱 입구 청소방법
069 부자가 되고 재수가 생기는 상식들

036

사업이 승승장구 번창하길 바란다

- 복용귀병 속에다 사업하는 자의 생년월일시와 이름을 써서 넣은 다음, 사업장에 놓아둔다.
- 금강저108염주를 돌리며 매일 금강경을 염송한다. 염송할 때 응재착향을 피우면서 하면 더욱 효험이 크다.
- 천승산수백자 안에 생일과 이름을 써서 넣고 거실에 비치한다.
- 스투파만달옴청을 안방에 걸어 놓는다.
- 칠성제천저폐와 재원곤곤저폐를 싱크대 위 칸에 올려둔다.
- 옹제신 뒷면에 본인의 생년월일시와 이름을 쓴 다음, 산이나 공원 같은 청결한 곳에 가서 깨버리고 온다.
- 동목호관직인에 생일과 이름을 새겨서 큰절 뒷산에 묻는다.

037

새 사업이 잘 되게 빌고 싶다

- 황금래저폐와 수복금저폐를 빨간 한지에 싸서 사업장 안, 빛이 안 들어오는 곳에 깊숙이 넣어둔다.
- 천승산수백자 안에 500원짜리 동전을 108개 넣어둔다.
- 황제착응망을 요 밑에 깔고 잔다.
- 보재원곤목 3개를 오색실로 묶어 금고 안에 넣어둔다.
- 황금래저폐와 수복금저폐를 자신의 땅에 묻는다. (아파트이면 안방 바닥에 깐다)
- 21일 동안 절에 가서 108배를 한다. (절에 갈 시간이 없으면 집의 조용한 곳에서(반안살 방향) 해도 된다. 밤 11시가 좋다)

038

사업이 운수대통 대박나길 바란다

- 황금비단이불과 베개를 만들어서 덮고 잔다.
- 황금래저폐와 수복금저폐를 가게에 높은 곳에 올려두고 응재착향을 하루에 1개씩 피운다.
- 슬지인목 3개를 속옷 서랍에 넣어 놓고, 1개는 주머니에 넣고 다닌다.
- 금강팔괘목과 보재원곤목 4개 준비해서 선산 조부모 묘 네 귀퉁이에 묻는다.
- 나비촙 팬티를 일주일에 3번 입는다.
- 황제착응망을 요 밑에 깔고 잔다.
- 옹제신에 이름을 써서 하루에 1개씩 하천에 가서 깨트린다. 7일간 계속해야한다.

039

귀인협조로 계약성사 잘되길 바란다

- 칠성제천저폐와 황가목저폐를 싱크대 위 칸에 올려둔다.
- 착라전응향을 매일 피우고, 황제착응망을 요 밑에 깔고 잔다.
- 산수목단액자를 거실에 걸어둔다.
- 금강저108염주를 속옷 서랍에 넣어둔다.
- 백수정각을 나이 숫자만큼 구해서 붉은 주머니에 넣어 안 입는 옷 속에 넣어둔다.
- 동목호관직인에 생일과 이름을 새겨서 큰절 뒷산에 묻는다.
- 자작나무로 인형을 두 개 만들어 1개에는 자신의 이름을 쓰고, 다른 1개에는 '귀인상봉급급여율령'이라고 쓴 다음, 두 개를 오색실로 꼭 묶어 침대 밑에 넣어둔다.

040

사업확장 후 금전 원할 재수대박을 원한다

- 황금색 봉투나 참파탑봉투에 뱀 껍질을 넣어 출입구 쪽에 놓는다.
- 산수목단액자를 거실에 걸어둔다.
- 금강저108염주를 속옷 서랍에 넣어둔다.
- 응재착전목을 붉은 주머니에 넣어 안 입는 옷 속에 넣어둔다.
- 가게 출입문 앞에 오벤전향과 퀄라화향을 노란 주머니에 넣어 걸어 놓는다.
- 옹제신 뒷면에 대표의 생년월일시를 쓴 다음, 산이나 공원 같은 청결한 곳에 가서 깨 버리고 온다.
- 천기복 팬티를 매일 입고 다닌다.
- 화장실과 하수구를 깨끗하게 청소한 다음, 퀄라화향을 피운다.

041

가게 장사가 손님이 들끓길 바란다

- 가게에 금고 안이나 중요 서랍 안에 응재착전목을 넣어둔다. 음식점이라면 주방 찬장 위에 놓는다.
- 금강저108염주와 백수정각을 108개 빨간 주머니에 넣어 속옷 서랍에 넣어둔다.
- 천승산수백자 안에 500원짜리 동전을 108개 넣어둔다.
- 복용귀병 안에 벌고 싶은 목표금액을 써서 넣고 진열대에 놓는다.
- 새 사업장 터에 황금래저폐와 수복금저폐를 깐다. 큰 화분을 놓고 그 안에 넣어도 된다.
- 복돼지돈부적 액자를 걸어둔다.
- 천기복 팬티를 매일 입고 다닌다.

042

동업자와 협심화합이 잘 되길 바란다

- 팔괘만다라 그림을 벽에 걸어둔다.
- 호법동복백자 속에 두 사람의 생일과 이름을 3번씩 써서 넣고 사무실에 비치한다.
- 착라전응향을 매일 피우고, 황제착응망을 요 밑에 깔고 잔다.
- 금강저108염주를 서랍에 넣어두고 하루에 1번씩 꺼내어 금강경을 외며 돌린다.
- 칠성제천저폐와 황가목저폐를 집 싱크대 위 칸에 올려둔다.
- 옹제신 뒷면에 두 사람 생년월일시, 이름, 필승이라고 쓴 다음, 산에 묻고 온다.
- 동목호관직인에 회사 이름을 새겨서 두 집 사이에 있는 산에 묻는다.

043

경쟁업체보다 한발 앞서 잘 되길 바란다

- 정월 초하룻날, 칠성제천저폐와 황가목저폐를 싱크대 위 칸에 올려둔다. 매일아침 오벤전향을 피우면서 소원을 빈다.
- 금강저108염주와 백수정각을 108개 빨간 주머니에 넣어 속옷 서랍에 넣어둔다.
- 회사 출입문 앞에 만통구 1개와 호구투란 1개를 같이 화분이나 화단에 묻고, 흙 위에 태백복피와 적광퇴치석을 뿌린다.
- 칠성제천저폐와 황가목저폐에 회사이름을 새겨서 큰절 뒷산에 묻고 온다.
- 보재원곤목 3개를 오색실로 묶어 금고 안에 넣어둔다.
- 차 안에 스투파만달옴청을 걸고 다닌다.

044

금전운 재물복이 좋아지고 싶다

* 사용하지 않는 액세서리나 귀금속들을 처분하면 의외로 금전 운이 풀린다. 처분하는 시간은 오후 3시~5시가 좋다. 특히 헤어진 연인에게서 받은 반지 같은 거나 좋지 않은 인상을 남긴 사람의 물건은 빨리 없애는 것이 좋다. 바닷물에 던지는 것이 좋다.

* 집안의 장롱이나 옷 수납장은 운을 모으는 저금통이라 할 수 있다. 그 안이 정리가 잘 되어 있으면 운이 차곡차곡 쌓이고 들어오는데 만약 어수선하다면 운이 들어오질 못하고 도로 나간다. 불필요한 물건은 정리하여 버리고 쌓아두지 않는 것이 좋다.

* 금전운은 오래된 물건, 차가운 물건, 어두운 물건을 싫어한다. 집안을 밝거나 따뜻하게 또는 새롭게 변화를 주는 것이 좋다.

* 천호관 목걸이를 몸에 지니고 다닌다.

045

큰돈을 벌어 부자가 되고 싶다

- 무량광황금불화를 거실에 걸어두던가, 금강저108염주를 거실에 보관한다.
- 금강팔괘목과 보재원곤목 4개 준비해서 선산 조부모 묘 네 귀퉁이에 묻는다.
- 천승산수백자 안에 500원짜리 동전을 108개 넣어둔다.
- 동목호관직인에 생일과 이름을 새겨서 큰절 뒷산에 묻는다.
- 복용귀병 안에 벌고 싶은 목표금액을 써서 넣고, 거실에 놓는다.
- 출입문 잎에 오벤전향과 퀄라화향을 노란 주머니에 넣어 걸어 놓는다.
- 호법팔진목과 훼골퇴복피로 베개 속을 넣어 베고 잔다

046

뜻밖의 재물이 들어오는 횡재수를 바란다

- 정월 초하룻날, 칠성제천저폐와 황가목저폐를 싱크대 위 칸에 올려둔다.
- 황금색 봉투나 참파탑 봉투에 뱀 껍질을 넣어 출입구 쪽에 놓는다.
- 천승산수백자 안에 500원짜리 동전을 108개 넣어둔다.
- 동목호관직인에 생일과 이름을 새겨서 속옷에 싸서 서랍에 둔다.
- 훼골퇴복피를 1kg 구해서 베개 속에 넣고 잔다.
- 옹제신에 이름을 써서 하루에 1개씩 하천에 가서 깨트린다. 7일간 계속해야 한다.
- 오벤전 목걸이를 목에 걸고 다닌다.

047
로또나 복권 등에 당첨되고 싶다

- 무량광황금불화를 거실에 걸어두던가, 금강저108염주를 거실에 보관한다.
- 복용귀병 속에 원하는 금액과 생일과 이름을 써서 넣고 거실에 둔다.
- 천승산수백자 안에 500원짜리 동전을 108개 넣어둔다.
- 황금래저폐와 수복금저폐를 자신의 땅에 묻는다.(아파트이면 안방 바닥에 깐다)
- 호법팔진목과 훼골퇴복피로 베개 속을 넣어 베고 잔다.
- 착라전응향을 매일 피우고, 황제착응망을 요 밑에 깔고 잔다.
- 전승취승구 3개와 성취원키 3개를 속옷 서랍에 넣어둔다.
- 나비좁 팬티를 일주일에 3번 이상 입는다.

048

로또 복권에 꼭 당첨되고 싶다

- 신발장 앞에 오벤전향과 퀄라화향을 노란 주머니에 넣어 걸어 놓는다.
- 집 출입문 앞에 망래랍전 3개와 압승구 3개를 같이 화분이나 화단에 묻고 흙 위에 태백복피와 적광퇴치석을 뿌린다.
- 황금래저폐와 수복금저폐에 생일과 이름을 새긴 후, 명산에 가서 계곡 쪽에 묻어둔다.
- 링첸향수로 샤워를 하고 천기복 팬티를 입고 나간다.
- 오벤전 목걸이를 목에 걸고 다닌다.
- 성취원키를 주머니에 넣고 다닌다.
- 복용귀병 안에 원하는 금액을 흰 창호지에 쓰고, 그 아래로 증조부 → 조부 → 부친 → 자신의 이름을 순서대로 내려쓴 다음, 잘 접어서 봉투에 넣어 봉해서 집어넣은 다음, 안방이나 거실에 둔다.

049

주식증권으로 부자가 되고 싶다

- 칠성제천저폐와 황가목저폐를 싱크대 위 칸에 올려둔다.
- 복용귀병 안에 원하는 금액을 흰 창호지에 쓰고, 그 아래로 증조부 → 조부 → 부친 → 자신의 이름을 순서대로 내려 쓴 다음, 잘 접어서 봉투에 넣어 봉해서 집어넣어서 안방에 둔다.
- 금강저108염주와 백수정각을 108개 빨간 주머니에 넣어 속옷 서랍에 넣어둔다.
- 천기복 팬티를 매일 입고 다니고, 성취원키를 주머니에 넣고 다닌다.
- 차 안에 스투파만달옴청을 걸고 다닌다.

050

부동산으로 큰돈을 벌고 싶다

- 금강팔괘목과 보재원곤목 4개 준비해서 선산 조부모 묘 네 귀퉁이에 묻는다.
- 무량광황금불화를 거실에 걸어두던가, 금강저108염주를 거실에 보관한다.
- 천기명당백자 안에 원하는 금액을 흰 창호지에 쓰고, 그 아래로 증조부 → 조부 → 부친 → 자신의 이름을 순서대로 내려쓴 다음, 잘 접어서 봉투에 넣어 봉해서 집어넣은 다음, 안방이나 거실에 둔다.
- 복용귀병 속에다 사업하는 자의 생년월일시와 이름을 써서 넣은 다음, 사업장에 놓아둔다.
- 출입문 바깥쪽에 화분이나 화단에 응재착전목 3개를 넣고 흙 위에 금화퇴석과 흑회월석을 뿌려둔다.
- 천기복 팬티를 매일 입고 다닌다.

051

음식점 장사로 크게 성공하고 싶다

- 칠성제천저폐와 황가목저폐를 주방싱크대 위 칸에 올려둔다.
- 복용귀병을 카운터 옆에 둔다.
- 건해삼을 주머니에 넣어 조왕에 걸어둔다.
- 금강팔괘목과 보재원곤목 4개를 가게 네 구석에 놓는다.
- 동목호관직인 1개와 전승취승구 3개와 백수정각 21개와 무지개색은행알 21개를 노란 주머니에 넣어 속옷 서랍에 넣어둔다.
- 옹제신 뒷면에 생일과 이름을 쓴 다음, 사람 왕래가 많은 사거리에서 깨버린다.
- 호법팔진목을 신발장 맨 위 칸에 놓는다.
- 오벤전 목걸이를 목에 걸고 다닌다.

052

커피점 술 물장사로 성공하고 싶다

- 스투파만달옴청을 사업장에 걸어 놓는다.
- 망래랍전 7개에 상호를 써서 출입문 앞 길가에 묻는다.
- 금강팔괘목과 보재원곤목 4개를 가게 네 구석에 놓는다.
- 오벤전 목걸이를 목에 걸고 다닌다.
- 착라전응향을 매일 피우고, 황제착응망을 요 밑에 깔고 잔다.
- 응재착전목 3개와 성취원키 3개를 속옷 서랍에 넣어둔다.
- 훼골퇴복피를 1kg 구해서 베개 속에 넣고 잔다.
- 링첸향수로 샤워를 하고, 나비춉 팬티를 매일 입는다.
- 가게 출입문 바깥쪽, 화분이나 화단에 무지개색은행알 21개와 응재착전목 3개를 넣고, 흙 위에 금화퇴석과 생기명당토를 뿌린다.

053

지갑 속의 금전이 점점 늘어나길 바란다

- 지갑은 침실 북쪽에 두던가, 침대 머리맡에 두는 것이 가장 좋다. 외출 후에 집에 돌아온 후에 가방 속에 넣어둔 채로 두거나 남의 눈에 쉽게 띄는 곳에 두면 금전운이 새나가게 된다.
- 쉽게 주방, 부엌에 지갑을 두는 것도 주의해야 한다. 부엌은 火 기운이 강한 곳이므로 金 운을 녹이므로 들어온 금전운을 날려 보낼 수 있다. 제일 피해야 할 것은 전자제품 위나 주변에 지갑을 두는 것도 같은 원리로 금물이다. 가장 좋은 곳은 서랍이나 수납장 안에 넣어두면 약했던 금전 운도 좋아지게 되고, 되도록 눈높이보다 낮은 장소가 안전하다. 방향은 서쪽이 다음으로 좋다. 지갑의 수명은 3년이다. 3년이 지나면 운이 다 빠져 금전운을 부르지 못한다.

054

나쁜 운을 좋은 운으로 바꾸고 싶다

* 운수가 사납거나 소원하는 것이 있어 운을 바꾸고 싶을 때 자신이 맨몸으로 할 수 있는 가장 좋은 방법은, 단식을 하면서 소원을 비는 것이다. 기도하고 싶은 날짜, 기간을 정해놓고 단식을 하면 좋고, 그럴 수 없다면 소식이나 육식, 술을 삼가고, 청결한 몸과 마음으로 밤 11시에서 12시경 기도하는 것이 가장 바람직하다.

* 가까운 산에 있는 절에 가서(가기 전에 목욕재계와 3일 전부터 고기와 생선을 먹지 않고) 108배를 간절하게 하면서 소원을 빈다.

* 이도 저도 갈 시간이 없고, 다급하게 궁지에 몰렸다면 이 방법을 쓴다. 두 손을 모으고 '급급여율령急急如律令'을 7번 외운다. 이것은 하나의 주문으로서 '나를 해치는 모든 마귀는 속히 물러가라' 라는 의미이다. 간절할 때만 사용해야 함부로 장난삼아 남발하면 오히려 마귀를 불러들일 수 있으니 신중히 사용해야 한다.

* 금강저108염주를 돌리며 매일 금강경을 염송한다. 염송할 때 제랑훠샹향을 피우면서 하면 더욱 효험이 크다.

055

조상님께 기도는 천살방향으로 한다

* 부처님 상이나 성모마리아 상이나 달마 그림이나 종교 물건은 천살방향을 피하는 것이 좋다. 申子辰生은 남서쪽, 巳酉丑生은 동남쪽, 寅午戌生은 북동쪽, 亥卯未生은 서북쪽이 천살방향이다. 이 방향은 조상님 계시는 방향이기에 종교 물건을 두면 자신의 운을 방해하는 역현상이 발생할 수 있다. 그럼 반대 방향에 두면 좋다.
* 집에 둔 부처님 상이나 성모마리아 상이나 달마 그림의 색이 흉하게 낡았다거나 눈물을 흘리는 것처럼 얼룩이 졌다면 집안에 큰 재앙이나 흉사가 발생할 조짐이니 없애는 것이 바람직하다.
* 조상을 위해 천살방향에 제단 상을 만들고 매일 같은 시간에 기도를 하면 만사형통해진다.
* 집안에서 천살방향에 칠성제천저폐와 황금래저폐를 올려둔다.

056

성황당이나 돌탑에 기도하면 좋다

* 산이나 시골길을 지나다가 성황당이나 당산나무나 돌탑을 만나면 가볍게 목례를 하고 경건한 마음으로 돌을 올려놓고 가면 건강도 좋아지고 재수 있는 일이 생긴다.
* 절에 시주를 잘하거나 길가의 어려운 사람에게 보시를 잘하면 그 공덕은 몇 백배의 커다란 복으로 자신에게 돌아온다. 이것이 복福의 씨앗이다. 복의 씨앗을 여기저기 뿌려놓으면 그 수확은 반드시 자신이 거두게 된다.
* 자신이 가지고 있던 염주나 묵주나 십자가 등 성물이 끊어지거나 잃어버리면 예상치 않았던 불행이 닥치고 마음 고통이 생긴다. 서둘러 새것으로 준비해 지니면 괜찮아진다.

057

가게 터(요사터)가 쎄서 장사가 안 될 때

◉ 금강저108염주를 노란 한지에 싸서 금고 안에 넣어둔다.

◉ 금강팔괘목과 보재원곤목 4개 준비해서 가게 네 구석에 놓는다.

◉ 복용귀병 속에 백수정각 12개와 쌀 한 주발을 넣고 가게 카운터 주변에 놓는다.

◉ 황금래저폐와 수복금저폐를 가게 바닥에 깐다. 큰 화분을 놓고 그 안에 넣어도 된다.

◉ 훈치퇴향과 퀄라화향을 삼 일간 계속 피운다.

◉ 옹제신에 이름을 써서 하루에 1개씩 하천에 가서 깨트린다. 7일간 계속해야한다.

◉ 태백동복지 3단을 손님이 안 보이는 곳에 둔다.

◉ 약쑥부정풀이를 하고 태상팔방귀목을 가게 4구석에 놓는다.

058

기도의 힘으로 운 바꾸기

- 매일 아침마다 자신이 믿는 신神께 기도하면 그날 하루 운이 평안해지고 불행 운이 오려다가 물러난다.
- 여행이나 출장이나 먼 길을 떠나기 전에 기도하고 떠나면 위험한 사고나 돌발적인 일에서 피할 수 있다. 기도하고 떠나면 집에 돌아올 때까지 자신의 수호신이 따라다니면서 지켜주기 때문이다.
- 평소에 하심 하는 마음으로 자신을 낮추면서 늘 참회하며 산다면 이런 사람에게는 불행이 왔다가 도망가고 행복의 신이 좋은 일만 가져다준다. 겸허와 겸손함을 신은 외면하지 않는다.
- 부처님을 믿느니, 예수님을 믿느니 하며 입으로만 떠들고 다니면서 남에게 피해를 주고 나쁜 행동을 일삼는 신앙인에게는 행운은 멀리 달아나고 오히려 불행과 마귀만 달라붙는다.

059

음력 5월 5일 단오 날 하면 좋은 것들

- 단옷날 조상께 제사를 지내면 집안이 평안하고 오곡이 풍년들고, 자손이 번창한다.
- 단옷날에 창포를 뜯어다가 출입문 위에 걸어두면 집안이 화목해지고 행운이 찾아와 경사스러운 일이 생긴다. 있던 나쁜 액운들도 모두 내몰아낸다.
- 단옷날 오시(午時)에 쑥을 뜯어 떡을 지어먹으면 무병하고 건강해진다. 또 이 쑥을 처마 끝에 매달면 액운이 물러간다고 전한다.
- 창포 삶은 물에 머리를 감고, 창포뿌리로 비녀를 만들어 꽂으면 우환을 물리치고 액을 물리칠 수 있다.

060

회사가 파산위기로 돈줄이 막혀 곤란하다

* 칠성제천저폐와 황가목저폐를 싱크대 위 칸에 올려두고 착라전응향을 하루에 3개씩 피운다(아침, 점심, 저녁).
* 금강저108염주를 서랍에 넣어두고 하루에 1번씩 꺼내어 금강경을 외며 돌린다.
* 옹제신 뒷면에 생일과 이름을 쓴 다음, 사람 왕래가 많은 사거리에서 깨버린다.
* 금강팔괘목과 보재원곤목 4개 준비해서 생일과 이름을 쓴 후 동서남북에 있는 명산에 묻고 온다.
* 출입문 바깥쪽에 화분이나 화단에 응재착전목 3개와 금화퇴석과 생기명당토를 뿌려 둔다.
* 차 안에 스투파만달옴청을 걸고 다닌다.
* 나비촙 팬티를 매일 입고 다닌다.

만사형통 성공하는 사람들의
운세처방백과

061
사업자금을 빌리러 가서 OK 대답을 바란다

- 팔괘 만다라 그림을 집 거실 벽에 걸어둔다.
- 보재원곤목 3개를 오색실로 묶어 금고 안에 넣어둔다.
- 동목호관직인에 생일과 이름을 새겨서 큰절 뒷산에 묻는다.
- 전승취승구 3개와 성취원키 3개를 속옷 서랍에 넣어둔다.
- 황금래저폐와 수복금저폐를 가게 바닥에 깐다. 큰 화분을 놓고 그 안에 넣어도 된다.
- 성취원키를 주머니에 넣고 간다.
- 차 안에 스투파만달옴청을 걸고 다닌다.
- 천호관 목걸이를 몸에 지니고 다닌다.
- 옹제신에 생일과 이름을 써서 강가에 가서 깨뜨린다.

2장 사업번창 · 금전대박 · 영업재수 | **69**

062
거래처나 상부회사와 신용이 좋아지길 바란다

- 거래처나 상부 회사와의 사이에 있는 산에 황가목저폐를 묻는다.
- 복용귀병 속에 두 회사 이름을 써서 넣고 사무실에 둔다.
- 회사 출입문 바깥쪽에 화분이나 화단에 구계성취목과 금화퇴석과 생기명당토를 뿌려둔다.
- 동목호관직인 4개에 생일과 이름을 새겨서 동서남북에 있는 큰절의 뒷산에 묻는다.
- 상재흥왕대통부에 자신의 이름을 쓴 후 암여우 생식기를 부적에 싸서 잘 접은 다음, 베개 속이나 이불 속에 넣는다.
- 옹제신 뒷면에 두 회사 이름을(각각1 개씩) 써서 산에 묻고 그 위에 생기명당토를 뿌리고 온다.
- 천기복 팬티를 매일 입는다.

063
영업직 판매직 실적향상을 높이고 싶다

- 예승꿰병 속에 소원과 생일과 이름을 써서 넣고 거실에 둔다.
- 금강팔괘목과 보재원곤목 4개 준비해서 집을 중심으로 동서남북으로 50m 안쪽에 있는 나무 밑에 묻어둔다.
- 상향호관키 3개와 호구투란 2개를 회사 내 화단에(못 들어가면 최대한 가까운 곳에) 묻어둔다. 이름을 새기면 더욱 좋다.
- 차 안에 스투파만달옴청을 걸고 다닌다.
- 훼골퇴복피를 1kg 구해서 베개 속에 넣고 잔다.
- 천호관 목걸이를 몸에 지니고 다닌다.
- 옹제신 뒷면에 자신의 이름을 써서 산에 묻고 그 위에 생기명당토를 뿌리고 온다.

064

사기예방 도난방지 손재수를 막고 싶다

- 복용귀병 속에다 흰 창호지에 증조부 → 조부 → 부친 → 자신의 이름을 순서대로 내려 쓴 다음, 잘 접어서 넣고 봉해서 안방이나 거실에 둔다.
- 속옷 서랍에는 호구투란 3개와 무지개색은행알 21개, 전승취승구 1개를 노란 주머니에 넣어 같이 넣는다.
- 옹제신 뒷면에 본인의 생년월일시와 이름을 쓴 다음, 산이나 공원 같은 청결한 곳에 가서 깨버리고 온다. (일주일 간격 3번 계속한다)
- 훼골퇴복피로 베개 속을 넣어 베고 잔다.
- 착라전응향을 매일 피우고, 황제착응망을 요 밑에 깔고 잔다.
- 출입문 바깥쪽 화단에 저주살못 21개와 같이 묻고, 흙 위에 태백복피와 흑훼월석을 뿌려둔다.(화분도 가능 함)

065

돈 빌리러가서 타협 원활하길 바란다

- 무량광달마황금불화를 거실에 걸어두던가, 금강저108염주를 거실에 보관하면서 염송도 한다.
- 금강팔괘목과 보재원곤목을 명산 큰 절 뒷산에 묻고 온다.
- 링첸향수로 목욕하고 난 후, 타협원활부를 싱크대에서 불로 태운다. 재를 잘 모아서 꿀로 반죽을 해서 흰 창호지에 싼다. 이것을 돈 빌리러 갈 때 주머니에 넣고 가서 그 집 거실이나 화장실에 끼워 놓고 난 뒤 본론으로 들어간다.
- 속옷 서랍에는 응재착향 7개와 무지개색은행알 21개, 응재착전목 1개를 노란 주머니에 넣어 같이 넣는다.
- 속에 나비춥 팬티를 입고 간다.

066

빌려준 돈 속히 돌려받고 싶다

- 복용귀병 안에 받을 금액과 돈 빌려 간 자의 이름을 흰 창호지에 써서 넣고, 생기명당토를 채워서 안방이나 거실에 둔다.
- 금강팔괘목과 보재원곤목을 4개 준비해서 상대방 집과 내 집 중간에(거리는 4등분으로 나눠서) 묻고 오색천사를 뿌려둔다.
- 오랫동안 못 받은 돈이라면 그 집 앞이나 사업장 앞에 응재착전목과 부적 세트를 묻고 생기명당토를 뿌린다.
- 예귀루복피로 베개 속을 넣어 베고 잔다.
- 만통구 7개를 오색실로 묶어 본인 회사 서랍에 넣어둔다.
- 속옷 서랍에는 응재착향 7개와 무지개색은행알 21개, 응재착전목 1개를 노란 주머니에 넣어 같이 넣는다.
- 벽사양류판에 돈 받을 자의 이름을 새겨서 근처 큰 나무 밑에 묻어둔다.
- 옹제신 뒷면에 대표의 생년월일시를 쓴 다음, 산이나 공원 같은 청결한 곳에 가서 깨버리고 온다. 동서남북으로 한다.

067

수금이 잘 되길 바란다

- 금강저108염주와 전승취승구 3개와 성취원키 3개와 백수정각을 18개를 빨간 주머니에 넣어 속옷 서랍에 넣어둔다.
- 보재원곤목을 금고 속에 넣어둔다.
- 동목호관직인에 생일과 이름과 받을 금액을 새겨서 큰절 뒷산에 묻는다.
- 칠성제천저폐와 황가목저폐를 싱크대 위 칸에 올려두고 착라전응향을 매일 피우면서 기원한다.
- 훼골퇴복피를 1kg 구해서 베개 속에 넣고 잔다.
- 3일간 링첸향수로 출입문 앞을 뿌리고 난 후, 전승취승구를 주머니에 넣고 간다.
- 링첸향수로 샤워를 하고 천기복 팬티를 입고 나간다.

068

손님이 들어오는 문턱 입구 청소방법

* 사람이 출입하는 현관은 기氣의 통로이다. 좋은 기만 들어오게 하고 나쁜 기는 차단해야 할 것이다. 좋은 기를 들어오게 하려면 우선 청소를 해서 청결하게 해야 한다. 우선 문부터 닦는데 흰 걸레로 닦는 것이 좋고, 실내에서부터 시작하여 바깥쪽을 나중에 닦는다. 많은 사람이 출입하니 손잡이도 꼭 닦는다.

* 바닥은 물청소를 하는 것이 가장 좋다. 악운의 火 기운을 水 기운으로 깨끗이 몰아내는 역할을 한다.

* 현관 입구에는 움직이는 물건을 두지 않도록 하는 것이 좋다. 기의 통로에 움직이는 물건(자전거, 유모차, 쇼핑카트 등)을 두면 큰 소리가 나던가, 자칫 사고로 이어질 수 있어 좋은 운이 들어오다가 놀라서 달아날 위험이 있어서이다. 반면 사고가 생기면 나쁜 기운이 배가 되어 들어오기까지 한다.

* 현관 발판이나 매트는 나쁜 기운이 들어오는 것을 차단시켜주는 필터 역할을 한다. 항상 청결하게 관리하는 것을 잊으면 안 된다.

069
부자가 되고 재수가 생기는 상식들

* 잠자는 방향은 운의 움직임과 직결된다. 침실에서 가장 중요한 것은 잠자는 방향이다. 어느 쪽으로 두침을 하느냐가 가장의 사업운과 직업운은 물론이고 집안 전체의 기운을 좌우한다.

* 두침으로 가장 좋은 것은 자신의 띠로 보아서 반안살 방향으로 하는 것이 가장 좋다. 반안살이란 申子辰生은 북동쪽, 巳酉丑生은 서북쪽, 寅午戌生은 남서쪽, 亥卯未生은 동남쪽을 말한다.

* 혹시 이 방향이 곤란하면 차선책으로 방향에 관계없이 침실 창문 쪽으로 침대 머리를 두거나 침실 방문을 약간 대각선으로 바라보는 것이다. 이때는 반드시 창문 쪽 벽과 침대 사이에 공간을 띄어 협탁이나 스탠드 같은 것을 두는 것이 좋다.

* 반드시 피해야 하는 방향은 출입문 쪽과 주방 쪽, 화장실 쪽, 북쪽으로 침대머리를 두는 것인데 출입문을 향해 머리를 두고 자면 건강이나 진로에 문제가 생길 수 있고, 뜨거운 기운을 지닌 주방 쪽으로 두침을 하면 화나는 일이 생기고, 화장실 쪽은 더럽고 지저분한 일이 생긴다. 북쪽은 깊은 잠을 이루지 못하고 꿈자리가 사납다.

* 침실에는 텔레비전이나 오디오나 컴퓨터나 게임기 등 가전제품을 놓지 않는 것이 좋다. 이런 가전제품은 머리와 눈으로 온 생각을 집중하게 되므로 잠자리에 충실할 수가 없기 때문이다.

* 침대커버는 화려하지 않고 무난하고 은은한 색상이 좋다. 화려하거나 향기가 너무 진하면 현혹되는 마음이 커져서 부부간에 마음이 진실할 수가 업고 딴 생각을 갖게 할 수 있기 때문이다.

* 침실 방문을 열었을 때 남편이 침대 안 쪽에서 자는 것이 좋다. 침대 안쪽은 생기가 솟는 지점이기 때문에 집안을 이끄는 가장이 잠자는 동안 생기를 충분히 받도록 해야 집안의 대들보가 든든해진다는 의미와 같다.

* 침실 벽에 장식을 한두 개가 족하다. 벽에 못 자국이 많으면 자식의 진로에 문제가 생긴다는 속설이 있다. 그러므로 시계나 액자 등도 가급적 걸지 않는 것이 좋다.

- 침실에는 세워놓는 옷걸이를 놓지 않는 것이 좋다. 세워놓는 옷걸이에는 외출하고 돌아온 외투나 겉옷이 걸리기 마련인데 그것은 외부의 나쁜 기운이 묻어 들어왔기 때문이다. 가장 좋은 방법은 현관에서 먼지를 털고 들어온 후, 외출복은 장롱 속에 넣고 문을 꼭 닫는 것이 좋은 방법이다.

- 반면에 외출하고 돌아온 후 코트나 가방을 현관 주변에 놓는 것도 좋은 방법이 아니다. 제자리에 놓는 것이 가장 좋은 방법이다.

- 침대 옆이나 테이블 위, 화장대 위, 서랍장 위 등에 물건을 쌓아두는 것은 나쁘다. 특히 장롱 위에 빼곡히 쌓아두면 기가 순환을 못해 가족에 건강에 문제가 생긴다. 조금 빈 듯한 공간이 풍수 인테리어 적으로 최고 좋다.

- 좁은 집엔 가급적 무거운 가구나 부피가 큰 가구는 놓지 않는 것이 좋다. 가구 무게가 사람을 치기 때문이다.

- 현관 다음으로 중요한 곳이 베란다이다. 베란다에 잡 물건들을 쌓아놓으면 기(氣) 소통이 안 되어 재수도 없고 건강도 나빠진다.

- 거실 테이블을 유리테이블로 놓는 것은 바람직하지 못하다. 그 뿐 아니라 테이블 위에 유리를 까는 것은 좋지 않다. 만약 유리테이블이라면 천을 씌우는 것이 좋다. 이유는 유리의 성질상 사람이 노력해서 살아가려는 의욕을 빼앗아가는 성질이 있기 때문이다.

- 거실에 관상식물을 2~3개 키우는 것이 좋다. 집안 전체적인 기운을 활발하게 돌려주기 때문이다. 참고로 햇볕이 잘 들지 않거나 구석진 곳에 놓는 것이 포인트이다. 주의할 점은 수분이 마르지 않도록 물도 자주 주고 잎의 먼지도 자주 닦아줘야 생기를 유지할 수 있다.

- 집안의 가전제품, 흔히 사용하는 TV나 오디오 컴퓨터, 전화기 등에 먼지가 쌓이는 것도 신경 써야 한다. 먼지는 100% 나쁜 기운에 속하기 때문이다.

※ 그렇다고 한 여름만 사용하는 에어컨을 덮개로 덮어놓는 것도 안 된다. 장기간 덮어두면 흉한 기운이 발생하여 가족에게 해를 준다. 보이는 것이 싫다면 차라리 파티션이나 가리개를 세우는 것이 좋다.

※ 화장실은 습기와 더러움만 없도록 신경 쓰고, 거울이나 타일과 수도꼭지 등은 윤기가 나게 닦아두는 것이 좋다.

※ 사용한 욕조 물은 곧바로 빼내는 것이 좋고, 샤워 후 문을 열어 환기시키는 것이 좋은 방법이다.

※ 욕실 조명은 환하게 하는 것이 좋다. 그렇잖아도 습기를 머금은 음기가 강한 곳인데 조명을 환하고 밝게 해서라도 음기를 쫓아야겠다.

※ 욕실 안의 매트나 타월 등 자칫 젖어있기 쉬운 것들을 신경 써서 건조해야 한다. 자주 햇빛에 건조해줌이 좋다. 타월 색상은 화이트나 밝은 계통이 좋다.

만사형통 성공하는 사람들의
운세처방백과

2장 사업번창 · 금전대박 · 영업재수 | 79

만사형통 성공하는 사람들의 **운세처방백과**

3장

연초 가정화평
가족소원성취
행운기원

070 사기예방 도난방지 손재수를 막고 싶다
071 신년 초에 온가족 무사무탈 안과태평을 바란다
072 연초 가족 각각 목적사를 성취하고 사업발전을 바란다
073 연중 대선이나 기관선거 출마자가 있어 당선되길 바란다
074 사업 확장이나 창업을 꿈꾸고 있어 잘되길 바란다
075 일 년 내 금전이 풍요롭고 재산이 불어나길 바란다
076 하고 있는 사업이 잘 되어 금전재물이 쌓이길 바란다
077 가족 모두의 소원성취와 건강을 기원한다
078 연중 수험생이나 시험 보는 자가 있어 합격을 바란다
079 자신의 명예출세나 권세창성을 바란다
080 가족의 승진이나 진급과 재수소망과 귀인 협조를 바란다
081 연중에 경조사나 결혼할 자손이 있어 조심할 점
082 노부모의 한 해 무병장수를 기원한다
083 연 중에 출산 할 산모가 있어 무사분만을 기원한다
084 가족 중 외국이나 타향에 나가있어 무사귀 환하길 바란다
085 연예인이나 운동선수가 있어 인기가 향상되길 기원한다
086 국가대표나 선발팀에 발탁되길 기원한다
087 장사가 대박나길 꼭 바란다
088 증권 주식하는 자가 재수대길 부자 되길 바란다
089 자영업자가 성공하여 부자가 되길 기원한다
090 부모의 가업을 이어받아 사업번창을 기원한다
091 영업직원이 만사대길하여 실적이 향상되길 기원한다
092 소유한 부동산 값이 치솟길 기원한다
093 무주택자가 자신의 집을 소유하길 기원한다
094 입춘재일에 새해 신수평안 운맞이를 기원한다
095 새해 첫날 일어나는 일들에 대한 길흉
096 가족 중에 환자가 있어 신명가호로 속 쾌차를 바란다
097 가족 중에 가출자가 있어 무사무탈 속 귀환을 바란다
098 직업운전자의 교통사고나 비명횡액을 막고자 기원한다
099 오토바이나 위험 직종 근무자의 무사안전을 기원한다
100 바다나 물속에서 위험에 노출되어있는 자의 안전을 바란다
101 주변사람이나 이웃과 사이좋게 지내길 기원한다
102 연초 나쁜 징조들

070

사기예방 도난방지 손재수를 막고 싶다

❋ 무량광달마황금불화를 거실에 걸어 둔다.
❋ 오동나무로 청제장군(왼쪽)과 적제장군(오른쪽)을 조각하여 거실에 잘 모셔놓고, 음력 5월 5일 단옷날 응재착향을 7개 피우면서 정성껏 소원을 빌면서 예후하면 좋다.
❋ 호법동복백자를 거실에 놓고 안에 가족들 이름을 써넣는다.
❋ 만통구를 7개 오색실로 묶어 속옷 서랍에 넣어둔다.
❋ 국화주를 설날에 마시면 수명이 길어지고, 사기나 도적 등 액운을 물리친다.
❋ 정월 초하룻날, 일찍 일어나면 일 년 내내 부지런해져서 성공과 출세가 빠르다.

071

신년 초에 온가족 무사무탈 안과태평을 바란다

❋ 입춘 일에 버드나무 가지 3개를 출입문 위에 꽂아 놓는다.
❋ 동쪽으로 뻗은 복숭아 나뭇가지 3개를 출입문 위에 꽂아 놓는다.
❋ 입춘 일에 창포를 현관문에 걸어두면 악운이 퇴치된다.
❋ 입춘 들어오는 시간에 볶은 콩이나 오곡 볶은 것을 집 안팎으로 뿌린다.
❋ 위험직종 일하는 사람의 속옷 서랍에 칠성제천저폐를 넣어두면 일 년간 무사하게 위험을 물리칠 수 있다.
❋ 입춘일 날 출입문 앞 화단에 호법팔진목을 가족 수만큼 묻으면 집안의 액운과 재앙을 물리칠 수 있다.
❋ 정월 초하룻날, 물건 사입 할 때 제일 먼저 해삼을 사면 금전운이 좋고 재수가 있다.

072

연초 가족 각각 목적사를 성취하고 사업발전을 바란다

※ 정월 초하룻날, 천승목단청자 속에다 자신의 이름을 100번 적어서 접은 다음, 청자 안에 넣고 거실에 놓아둔다.
※ 스투파만달옴청을 안방에 걸어 놓고, 매달 음력 초하루 날 응재착향을 3개 피우면서 정성껏 예후하면 좋다.
※ 년 초에 재물용 두꺼비를 거실에 소장한다.
※ 달리는 말 그림이나 조각상을 거실에 소장한다.
※ 정월 초하룻날, 흰 뱀(백사)를 보면 경사스러운 일이 생긴다. 사업이 발전하고 재물운이 좋아진다.
※ 천호관 목걸이를 몸에 지니고 다닌다.
※ 정월 초하룻날, 부채를 줍던가 꿈을 꾸면 살림이 풍족해진다.

073

연중 대선이나 기관선거 출마자가 있어 당선되길 바란다

※ 정월 초하룻날, 칠성제천저폐와 황가목저폐를 싱크대 위 칸에 올려둔다.
※ 정월 초하룻날, 스투파만달옴청을 안방에 걸어놓는다.
※ 복용귀병 속에다 백수정각 108개와 압승구를 나이 숫자만큼 핑크색지에 싸서 이름을 쓴 다음 그 안에 넣어 거실에 놓는다.
※ 천기복 팬티에 출마자 이름을 써서 태백동목 부적을 싼 다음, 명산에 큰절 뒷산에 묻으면 당선된다.
※ 복용귀병 안에 원하는 금액을 흰 창호지에 쓰고, 그 아래로 증조부 → 조부 → 부친 → 자신의 이름을 순서대로 내려쓴 다음, 잘 접어서 봉투에 넣어 봉해서 집어넣은 다음, 안방이나 거실에 둔다.
※ 선거운동을 주관하는 참모진을 자신의 반안살 되는 띠로 책정하라.
※ 훼골퇴복피로 베개 속을 넣어 베고 잔다.

074

사업 확장이나 창업을 꿈꾸고 있어 잘 되길 바란다

※ 일월용승천도를 거실에 걸어둔다.
※ 복용귀병 속에다 이름을 써서 넣은 다음, 거실에 놓아둔다.
※ 정월 초하룻날, 금강저108염주를 돌리며 금강경을 염송하면 좋다.
※ 정월 초하룻날, 스투파만달옴청을 안방에 걸어 놓는다.
※ 칠성제천저폐와 수복금저폐를 싱크대 위 칸에 올려 둔다.
※ 정월 초하룻날, 신발을 잃어버리거나 신발이 망가지면 재수가 없고, 되는 일이 없고 불행해진다.
※ 사업장 입구에 버드나무 가지를 단으로 묶어서 걸어놓는다.
※ 예귀루복피로 베개 속을 넣어 베고 잔다.
※ 정월 초하룻날, 싸우다가 종이돈을 찢게 되면 손재수가 생긴다.

075

일 년 내 금전이 풍요롭고 재산이 불어나길 바란다

※ 자신의 음력 생일날, 바닷가에 가서 물가의 젖은 모래를 퍼 온다. 널빤지를 가로 1m × 세로 1m 크기로 만들어서 널빤지 위에 젖은 모래를 평평하게 펼쳐놓은 다음, 꼭 머리빗으로 '錢(돈전)' 글자를 자기 나이 수만큼 쓴다. 마지막으로 쓴 글씨의 모래가 마르기를 기다렸다가 자기 나이 수만큼의 흰 봉투를 준비해 나누어 담는다. 그 봉투를 친구와 친척들에게 선물이라 하고 나누어준다. 그런 후에 흰 봉투만 돌려받는데 받을 때, 봉투에 '錢(돈전)' 자를 크게 써달라고 해야 보다 효험이 있다.
※ 성취원키를 나이 수만큼 침대 밑에 넣어둔다.
※ 금강팔괘목과 보재원곤목 4개 준비해서 선산 조부모 묘 네 귀퉁이에 묻는다.

076

하고 있는 사업이 잘 되어 금전재물이 쌓이길 바란다

※ 재원곤곤저폐를 1개는 싱크대 위에 놓고, 1개는 사업장 서랍에 넣어둔다. 속옷 서랍 안에 보재원곤목을 넣어둔다.

※ 칠성제천저폐와 황가목저폐를 싱크대 위 칸에 올려둔다.

※ 호두 열매를 자기 나이 수만큼 준비해서 껍질을 벗긴다. 안에 있는 껍질까지 깨끗하게 벗겨낸 다음, 자신의 소원을 그 호두에 담아 주변의 친한 사람들에게 나누어주며 선물한다. 선물한 후엔 상대로부터 대가(代價)로 적은 금액이라도 지폐나 동전을 한 개씩 받아야 한다. 이때 교환의 상대로 가장 좋은 사람은 조부모이다. 주의할 점은 연하인 사람과는 절대 동전을 교환해서는 안 된다.

※ 베란다와 화장실에 링첸향수를 하루에 1병씩 뿌린다.

077

가족 모두의 소원성취와 건강을 기원한다

※ 정월 초하룻날, 금강저108염주를 돌리며 매일 금강경을 염송한다.

※ 슬지인목 3개를 속옷 서랍에 넣고, 1개는 주머니 속에 놓고 다닌다.

※ 건해삼을 주머니에 넣어 조왕에 걸어둔다.

※ 금강팔괘목을 가족 숫자대로 준비해 각자 속옷 서랍에 넣어둔다.

※ 오행목벽피(복숭아, 소나무, 버드나무, 가래나무, 느티나무)를 각 방마다, 신발장 위에 올려놓는다.

※ 호법팔진목과 훼골퇴복피로 베개 속을 넣어 베고 잔다.

※ 링첸향수로 샤워를 하고 천기복 팬티를 입고 나간다.

※ 천호관 목걸이를 몸에 지니고 다닌다.

※ 스투파만달옴청을 안방에 걸어 놓는다.

078
연중 수험생이나 시험 보는 자가 있어 합격을 바란다

* 입춘 날, 거실과 공부방에 구계성향을 3개 피운 후, 오행목벽피 주머니를 4개 만들어 집안 네 귀퉁이에 놓은 다음, 광득명합격저폐와 천승팔괘출세탑을 싱크대 맨 위 칸에 놓는다.
* 백수정각 12개와 무지개색은행알 21개, 구계성취목 1개를 주머니에 넣어 수험생 속옷 서랍에 넣는다.
* 공부하는 책상 위에서도 전승완취향을 피우면 더욱 좋다.
* 몸이 약하거나 재수가 없는 때이거든 **예승쮀** 팬티를 입는다.
* 매일 가지고 다니는 가방 안에 슬지인목과 구계성취목을 넣고 다닌다.
* 광득명합격저폐와 구계성취목을 공부하는 책상 서랍에 넣어둔다.
* 예귀루복피로 베개 속을 넣어 베고 잔다.
* 갓난아기의 배냇저고리를 가슴속에 넣고 시험장에 간다.
* 시험 보는 당일, 남자는 왼쪽 손바닥, 여자는 오른쪽 손바닥에 날日자를 쓰고 간다. 가능하면 경면주사로 쓰면 좋고, 없으면 먹물로 쓴다.
* 시험 합격 구계성목을 주머니에 넣고 시험장에 간다.
* 산이나 강가, 또는 바닷가에서 깨끗한 차돌을 주워다가 왕소금을 넣고 펄펄 3분간 끓인 후, 식힌 다음, '문창제군'을 외우면서 – 학생이름 시험합격 급급여율령 – 이라고 쓴 뒤, 생기명당토가 담긴 상자에 묻어둔다.
* 옹제신 뒷면에 학생의 이름을 적고 – 필합격성취발원 – 이라 쓴 뒤, 광득명합격저폐와 함께 합격하고 싶은 학교의 화단에 묻는다.

079

자신의 명예출세나 권세창성을 바란다

※ 금강저108염주로 매일 금강경을 염송한다.

※ 일월용승천도를 거실에 걸어 둔다.

※ 용이나 호랑이 그림 중 본인이 좋아하는 걸로 하나만 걸어놓는다.

※ 스투파만달옴청을 거실에 걸어둔다.

※ 정월 초하룻날, 칠성제천저폐와 황가목저폐를 싱크대 위 칸에 올려둔다.

※ 질주하는 말 그림을 거실에 걸어둔다.

※ 전승취승구 7개를 오색실로 묶어 속옷 서랍에 넣어둔다.

※ 요술 망치를 손에 든 너구리 형상의 장식물을 소장하면 부자가 된다.

※ 매월 음력 5일, 15일, 25일 날, 천기복팬티를 입는다.

※ 황제착응망을 요 밑에 깔고 베개 속에 오행목벽피를 넣어 베고 잔다.

※ 황제심향을 매일 한 개씩 집안에 피운다.

080

가족의 승진이나 진급과 재수소망과 귀인협조를 바란다

* 출입문 앞에 문창귀인벽사목을 걸어 놓는다.
* 동복지(태백동복지) 3개를 출입문 위에 꽂아 놓는다.
* 천통상향저폐를 중요 보관 서랍 안에 넣어둔다.
* 황제착응망을 잠자리 요 밑에 깔고 잔다. 100일 후에 꺼내어 물가에 가지고 가서 태운다.
* 털이 붙어있는 사슴 가죽을 손바닥만 하게 자른 뒤, 그 가죽으로 작은 주머니를 만들어 안에 재수부적을 넣어 몸에 지니고 다닌다.
* 재원곤곤저폐를 신발장 위에 올려두고, 집 앞 화단에 본인의 이름을 써서 묻고 생기명당토를 뿌려둔다.

081

연중에 경조사나 결혼할 자손이 있어 조심할 점

* 입춘일 날, 가족 수대로 옹제신을 준비해서 1인 한 개에 각각 이름을 쓴 뒤에 산이나 강가에 가서 깨버린다.
* 동남쪽으로 뻗은 돌 복숭아 나뭇가지를 구하여 신발장 위에 걸어놓던지, 호법팔진목을 신발장 위에 올려놓는다.
* 가족들의 방마다 수복금저폐를 빛 안 비치고, 손 안 닿는 부분에 놓는다)
* 집 출입문 앞에 만통구 1개와 호구투란 1개를 같이 화분이나 화단에 묻고 흙 위에 태백복피와 적광퇴치석을 뿌린다.
* 동목호관직인 4개에 생일과 이름을 새겨서 동서남북에 있는 큰절의 뒷산에 묻는다.

082

노부모의 한 해 무병장수를 기원한다

※ 무량광달마황금불화를 거실에 걸어 둔다.

※ 화타통치병 속에 가족 모두의 이름을 써서 참파탑봉투에 넣어 거실에 보관한다.

※ 호법태극망을 부모님 잠자리 요 밑에 깔아놓았다가 백중날 태우고, 다시 새 것을 깔아드린다.(반복 3번 하면 좋다)

※ 옹제신 뒷면에 부모님 이름을(각각 1개씩) 써서 산에 묻고 온다.

※ 벼락 맞은 대추나무를 구하여 아픈 부위를 마사지한다.

※ 명의로 이름을 떨친 고인의 묘를 찾아가서 정중히 인사를 하고, 주변의 흙 한줌을 흰 봉투에 담아 와서 그 봉투를 부모님 베개 밑에 넣어둔다

083

연중에 출산 할 산모가 있어 무사분만을 기원한다

※ 태백동복피 종이컵 5개 분량과 무지개색은행알 21개를 주머니에 넣어 베개 속에 넣어둔 다음, 주 1회 링첸향수로 샤워를 한다.

※ 순천성모저폐를 신발장 맨 위 칸에 놓는다.

※ 옹제신 안에 손톱 발톱을 깎은 것과 머리카락 3올을 넣은 다음, 가까운 물가에 가서 깨버린 후, 붉은 팥 세 주먹을 뿌리고 온다.

※ 신발장 위쪽에 태백동복지 3가지를 걸어둔다.

※ 석류나무 가지와 뿌리를 구해서 자손임신취생부와 같이 오색실로 묶어 침대 머리 위쪽에 걸어 놓는다. 응제착향을 집안에 피우고, 부인은 석류차를 지속적으로 끓여 마신다.

084

가족 중 외국이나 타향에 나가있어 무사귀환하길 바란다

※ 귀면인매병 속에 귀환할 자 생일과 이름을 써서 넣은 다음, 태백복피 7통으로 채워서 거실에 둔다.

※ 옹제신 뒷면에 생일과 이름을 쓴 다음, 가까운 물가에 가서 깨버린다.

※ 금강저108염주를 돌리면서 소원을 빌면 속히 성취된다.

※ 싱크대 맨 위 칸엔 칠성제천저폐를 올려놓고 훼이치향을 매일 1개씩 피우면서 기도하면 좋다.

※ 흰 창호지에 귀환할 자의 이름을 108번 써서 작게 접은 후, 호법팔진목과 함께 동쪽에 있는 산에 가서 묻고 온다.

※ 압승구 3개를 속옷 서랍에 넣고, 1개는 주머니 속에 놓고 다닌다.

※ 태백동목검에 생일과 이름을 새겨서 큰절 뒷산에 묻는다.

085
연예인이나 운동선수가 있어 인기가 향상되길 기원한다

※ 백수정각 나이 수만큼과 무지개색은행알 108개와 예귀착황목 7개를 함께 색 주머니에 넣어 침대 밑에 둔다. (머리 쪽으로)

※ 스투파만달옴청을 차에 걸고 다닌다. 예귀착황목 7개를 차안 사물함 안에 넣어둔다.

※ 옌쮀따랑 목걸이를 몸에 지니고 다닌다.

※ 옌쮀따랑 팬티를 입고 다닌다.

※ 뱀피 무늬로 된 물건을 일상에서 많이 사용한다.

※ 예귀루복피로 베개 속을 넣어서 베고 잔다.

※ 자신의 베갯속에 백수정각(나이 수)과 암여우 생식기와 연예인 기원 다라니를 넣어둔다.

※ 정월 초하룻날, 칠성제천저폐와 황가목저폐를 싱크대 위 칸에 올려둔다.

※ **예승쮀병** 안에 원하는 금액을 흰 창호지에 쓰고, 그 아래로 증조부 → 조부 → 부친 → 자신의 이름을 순서대로 내려쓴 다음, 잘 접어서 봉투에 넣어 봉해서 집어넣은 다음, 안방이나 거실에 둔다.

※ 옹제신 뒷면에 이름을 8번 써서 집을 중심으로 동쪽으로 가서 1개 깨버리고, 서쪽으로 가서 1개 깨버리고, 남쪽도, 북쪽도 같은 방법으로 한다.(산이나 개천이 좋다)

※ 예귀착황저폐와 황가목저폐를 팬티에 싸서 속옷 서랍에 넣어둔다.

※ **예승쮀병** 속에다 자신의 이름을 108번 적어서 넣고 거실에 소장한다.

※ 집 출입문 앞에 호구투란 3개와 성취원키 3개를 같이 화분이나 화단에 묻고 흙 위에 링첸향수를 매일 뿌린다.

086
국가대표나 선발팀에 발탁되길 기원한다

※ 복용귀병 속에다 흰 창호지에 자신의 이름을 100번 적고, 원하는 선발팀도 33번 쓴 다음, 넣어서 거실에 소장한다.

※ 스투파만달옴청을 차에 걸고 다닌다. 전승취승구 7개를 차 안 사물함 안에 넣어둔다.

※ 금강저108염주를 서랍에 넣어두고 하루에 1번씩 꺼내어 금강경을 외며 돌린다.

※ 백수정각 나이 수만큼 과 무지개색은행알 108개와 전승취승구 7개를 함께 색 주머니에 넣어 침대 밑에 둔다. (머리 쪽으로)

※ 예승쮀 목걸이를 몸에 지니고 다닌다. 몸이 약하거나 재수가 없는 때이거든 예승쮀 팬티도 같이 입는다.

※ 동목호관직인에 생일과 이름을 새겨서 큰절 뒷산에 묻는다.

087
장사가 꼭 대박나길 바란다

※ 정월 초하룻날, 칠성제천저폐와 황가목저폐를 싱크대 위 칸에 올려둔다.
※ 황금색 봉투나 참파탑 봉투에 뱀 껍질을 넣어 금고 안에 넣는다.
※ 가게 출입문 앞에 오벤전향과 퀄라화향을 노란 주머니에 넣어 걸어 놓는다. (화장실도 가능)
※ 옹제신에 이름을 써서 하루에 1개씩 하천에 가서 깨트린다. 7일간 계속해야한다.
※ 금강저108염주와 백수정각을 108개 빨간 주머니에 넣어 속옷 서랍에 넣어 둔다.
※ 황금비단이불과 베개를 만들어서 덮고 자고, 나비촙 팬티를 매일 입는다.

088
증권 주식하는 자가 재수대길 부자 되길 바란다

※ 황금래저폐와 수복금저폐를 자신의 땅에 묻는다. (아파트이면 안방 바닥에 깐다)
※ 전승취승구 3개와 성취원키 3개를 속옷 서랍에 넣어둔다.
※ 말편자와 소 코뚜레를 출입문 쪽에 걸어놓는다.
※ 황금두꺼비를 소장하던지 용귀 두꺼비를 거실에 놓는다.
※ 태상팔방귀목에 생일과 이름을 새겨서 명산에 가서 묻는다.
※ 백수정각을 108개 빨간 주머니에 넣어 속옷 서랍에 넣어둔다.
※ 귀면인매병 속에 생일과 이름을 써서 넣은 다음, 태백복피 7통으로 채워서 거실에 둔다.
※ 천호관 목걸이를 몸에 지니고 다닌다.

089
자영업자가 성공하여 부자가 되길 기원한다

* U자 모양 말편자를 가게 출입문 위에 걸어놓는다.
* 가게 출입문 잎에 오벤전향과 퀄라화향을 노란 주머니에 넣어 걸어 놓는다.
* 생기명당토와 오색천사를 뚝배기에 반반씩 가득 담아 집안 네 구석에 놓는다.
* 황금래저폐와 수복금저폐를 자신의 땅에 묻는다.(아파트이면 안방 바닥에 깐다)
* 천기복 팬티를 항상 입고 다닌다.
* 복용귀병 속에 생일과 이름을 써서 넣고 생기명당토로 가득 채워서 거실에 소장한다.
* 태백동복목부적을 집안 네 구석에 세워둔다.

090
부모의 가업을 이어받아 사업번창을 기원한다

* 무지개색은행알을 각 색깔별로 700개씩 구하여 한 알 한 알마다 자신의
* 이름을 모두 쓴다. 이것을 삼베 주머니에 넣어 자신의 속옷 서랍에 깊이 넣어둔다. 단 남몰래 해야 한다.
* 금강저108염주를 침실에 놓거나 금고 안에 넣어둔다.
* 전승취승구 3개와 성취원키 3개를 속옷 서랍에 넣어둔다.
* 붉은 목단 꽃 그림을 거실에 걸어 둔다.
* 집 출입문 앞에 상향호관키 3개와 압승구 2개와 같이 화분이나 화단에 묻고 흙 위에 태백복피와 적광퇴치석을 뿌린다.
* 태백동목부적에 생일과 이름을 새겨서 명산에 묻고 온다.

091
영업직원이 만사대길하여 실적이 향상되길 기원한다

※ 입춘 당일, 옹제신에 이름을 써서 강가에 가서 깨버린다.
※ 나비촙 팬티를 입고 다니면 사람이 붙고 재수가 좋다.
※ 프라나옴청과 무지개색은행알 21개와 여우 생식기 1개를 주머니에 넣어 침대 밑에 넣어둔다.(머리 쪽으로)
※ 매일 아침 동쪽을 바라보고 '복덕재신사업대감속래급급여율령' 외친다.
※ 만통구 3개와 응재착전목 1개를 늘 가지고 다니는 가방에 넣고 다닌다.
※ 프라나옴청과 무지개색은행알 21개와 여우 생식기 1개를 주머니에 넣어 침대 밑에 넣어둔다.
※ 무지개색은행알 49개와 백수정각 24개와 동목호관직인 1개와 전승취승구 3개를 빨간 주머니에 넣어 회사 화단에 묻어둔다.

092
소유한 부동산 값이 치솟길 기원한다

※ 입춘일 날, 오행목벽피 주머니를 4개 만들어 집안 네 귀퉁이에 놓은 다음, 수복금저 폐를 거실 선반 위에 올려놓는다.

※ 정월 초하룻날, 칠성제천저폐와 황가목저폐를 싱크대 위 칸에 올려둔다.

※ 무량광달마황금불화를 거실에 걸어두면 소원이 속히 이뤄진다.

※ 성취원키 7개를 오색실로 묶어 신발장 앞에 걸어둔다. (복조리 안에 넣어도 됨)

※ 옹제신에 이름을 쓰고 받고 싶은 금액을 쓴 다음 그것을 소유한 땅에 남몰래 묻는다. 옹제신을 4개 더 만들어 이름을 써서 동서남북으로 가서 깨뜨린다.

※ 천승목단청자 속에다 흰 창호지에 증조부 → 조부 → 부친 → 자신의 이름을 순서대로 내려쓴 다음, 잘 접어서 봉투에 넣어 봉해서 집어넣은 다음, 안방이나 거실에 둔다.

093

무주택자가 자신의 집을 소유하길 기원한다

* 금강저108염주를 돌리면서 소원을 빌면 속히 발복한다.
* 옹제신 뒷면에 이름을 쓴 뒤 갖고 싶은 집 동네 부근 산에 가져가서 묻고 생기명당을 뿌리고 온다.
* 옹제신에 이름을 써서 동서남북 사방팔방으로 가서 깨뜨린다.
* 복용귀병 안에 소유하고 싶은 집을 써서 넣고 침실에 놓는다.
* 매월 음력 5일, 15일, 25일 날, 나비츕 팬티를 입는다.
* 집 출입문 앞에 상향호관키 3개와 압승구 3개와 같이 화분이나 화단에 묻고 흙 위에 태백복피와 응재착향을 부수어 뿌린다.
* 벽사양류판에 생일과 이름을 새겨서 동네에서 제일 큰 나무 밑에 묻어둔다.

094

입춘재일에 새해 신수평안 운맞이를 기원한다

* 칠성제천저폐와 황가목저폐를 싱크대 위 칸에 올려둔다.
* 복용귀병 속에 가족 모두의 이름을 써서 참파탑봉투에 넣어 거실에 보관한다.
* 입춘 날, 가장家長의 잠자리 요 밑에 호법태극망을 깔아놓았다가 백중날 태우면 좋다.
* 무슨 일이 잘 풀리지 않거나 큰일을 시작할 때에는 우선 머리부터 청결하게 감는다. 그리고 하수구 거름망에 잡부산물을 제거한다.
* 정월 초하루에 버드나무 가지를 문이나 출입구 위쪽에 꽂아놓고, 무지개색은행알을 700개를 주머니에 넣어 출입구에 매달아 놓으면 어떠한 악귀잡귀도 침범하지 못하므로 좋은 대운을 들게 할 수 있다.

095
새해 첫날 일어나는 일들에 대한 길흉

❋ 정월 초하룻날부터 보름 간, 검은콩을 자신의 나이 수만큼 먹으면 건강이 좋아진다.

❋ 정월 초하룻날 아침에 일찍 일어나면 일 년간 부지런해져서 성공할 수 있다.

❋ 정월 초하룻날, 버드나무 가지를 세 가지 꺾어다가 집안 출입구 위에 걸어두면 잡귀가 침범하지 않고 좋은 운이 들어온다.

❋ 정월 초하룻날, 쓸 돈은 미리 빼놓고 돈지갑을 열쇠로 잠글 수 있는 서랍에 넣고 잠그면 금전 운이 좋아진다.

❋ 새해 첫 물건 구입을 대합(조개류)을 하면 부부 사이가 좋아진다.

❋ 새해 첫날 길에서 부채를 주우면 눈먼 돈이 들어오거나 재물이 늘어나서 부자가 될 운이다.

❋ 새해 첫날 산이나 들에서 백 사(흰뱀)를 보면 재물이 늘고 행운이 따른다는 길조징조이다.

❋ 새해 첫날 밥상으로 문을 막아놓으면 불상사가 생기고 집안싸움이나 우환 질병이 생긴다.

❋ 새해 첫날 아궁이의 불을 꺼뜨리면 일 년 재수가 없고 집안에 재앙이나 액화가 닥친다.

❋ 새해 첫날 유리나 거울이나 그릇을 깨면 일 년 재수가 없고 집안에 가족들이 싸움과 언쟁이 끊이질 않는다.

❋ 새해 첫날 머리를 자르거나 손톱 발톱을 자르면 좋은 복은 나가고, 나쁜 운은 들어온다.

❋ 새해 첫날 장난으로라도 절름발이나 병신 흉내를 내면 재앙이 따르고 하는 일이 뜻대로 되지 않는다.

096

가족 중에 환자가 있어 신명가호로 속 쾌차를 바란다

※ 환자가 누워있는 요 밑에 호법태극망을 깔아 놓았다가 100일 후에 태운다.
※ 옹제신 뒷면에 가족 이름을(각각 1개씩) 써서 산에 묻고 그 위에 생기명당토를 뿌리고 온다.
※ 화타통치병 안에 환자의 이름을 써서 넣고 침실에 놓는다.
※ 금강저108염주를 돌리면서 소원을 빌면 속히 성취된다.
※ 개체가 다른 종의 동물 뼈, 가능한 齒 치를 다섯 종류를 모아서 붉은 주머니에 넣고 항상 가지고 다니면 건강이 회복된다.
※ 벼락 맞은 대추나무를 구하여 주소 · 이름 · 생년월일을 새긴 뒤, 천승목단청자 속에 넣어둔다.

097

가족 중에 가출자가 있어 무사무탈 속 귀환을 바란다

※ 집 나간 사람의 신발을 세워 놓고 소금을 가득 부어 놓는다.
※ 옹제신 뒷면에 가출자의 생년월일시와 이름을 쓴 다음, 대문 앞에 묻는다.(아파트이면 화단에 묻고, 곤란한 곳은 화분에 묻어 문 앞에 놓음)
※ 집 나간 사람이 즐겨 입던 바지 안에 가출방지부와 망래랍전을 넣고 부엌 주방에 거꾸로 걸어 놓는다.
※ 흰 창호지에 돌아오길 바라는 자의 이름을 108번 써서 작게 접은 후, 호법팔진목과 함께 동쪽에 있는 산에 가서 묻고 온다.
※ 백수정각 15개와 망래랍전 3개를 같이 싸서 신발장 위에 놓는다.
※ 호법신동복백자 속에 가족의 이름을 써서 넣고 거실에 놓는다.

098

직업운전자의 교통사고나 비명횡액을 막고자 기원한다

* 위험한 일하는 자의 헌 옷에 오행목벽피를 수북이 쏟아 잘 묶은 다음 3일간 침대 밑에 두었다가 산에 가서 묻는다.
* 호법신동복백자 속에 가족의 이름을 써서 넣고 거실에 놓는다.
* 옹제신 뒷면에 생일과 이름을 쓴 다음, 사람 왕래가 많은 사거리에서 깨버린다.
* 탑천팔문신장목을 속옷 서랍에 넣어둔다.
* 가방 속이나 주머니에 호법팔진목을 넣고 다닌다.
* 차 안에 금강저108염주를 사물함에 가지고 다닌다.
* 직업 차의 네 바퀴에 한 달에 1번씩 링첸향수를 뿌려준다.
* 환자의 팬티에 저주살 못을 나이 수만큼 꽂아서 호법태극망에 싸서 오색실로 꼭꼭 묶은 후, 태백동복지 5단 위에 올려놓고 불로 태운다.

099

오토바이나 위험 직종 근무자의 무사안전을 기원한다

* 귀면인매병 속에 생일과 이름을 써서 넣은 다음, 태백복피 7통으로 채워서 거실에 둔다.
* 옹제신 뒷면에 생일과 이름을 쓴 다음, 가까운 물가에 가서 깨버린다.
* 태상팔방귀목에 생일과 이름을 새긴 후, 명산에 가서 묻는다.
* 사물함에 천수관음만해달을 넣고 다닌다.
* 훼골퇴복피로 베개 속을 넣어 베고 잔다.
* 천호관 목걸이를 몸에 지니고 다닌다.
* 출입문 앞에 호구투란 3개와 압승구 3개와 같이 화분이나 화단에 묻고 흙 위에 태백복피와 적광퇴치석을 뿌린다.

100
바다나 물속에서 위험에 노출되어있는 자의 안전을 바란다

* 무량광달마황금불화를 거실에 걸어두고, 금강저108염주를 돌리면서 소원을 빌면 속히 성취된다.
* 동목호관직인에 생일과 이름을 새겨서 큰절 뒷산에 묻는다.
* 옹제신 뒷면에 생일과 이름을 쓴 다음, 가까운 물가에 가서 깨버린다.
* 귀면인매병 속에 생일과 이름을 써서 넣고 거실에 둔다.
* 탑천팔문신장목 3개를 속옷 서랍에 넣어둔다.
* 안췌훠샹 목걸이를 항상 지니고 다닌다.
* 프라나옴청 차 걸이를 차 안의 잘 보이는 곳에 걸어놓는다.
* 천기복팬티를 입고 다닌다.
* 태백동복지를 3가지 현관 입구에 걸어둔다.

101
주변사람이나 이웃과 사이좋게 지내길 기원한다

※ 복용귀병 속에 생일과 이름 써서 넣고 생기명당토(5통정도)로 ¾ 채운 다음, 자는 방에 둔다.

※ 백수정각 21개와 무지개색은행알 21개와 구계성취목 1개를 빨간 주머니에 넣어 속옷 서랍에 같이 넣는다.

※ 동목호관직인에 생일과 이름을 새겨서 큰절 뒷산에 묻는다.

※ 옹제신에 생일과 이름을 써서 강가에 가서 깨뜨린다.

※ 천호관 목걸이를 몸에 지니고 다닌다.

※ 훼골퇴복피를 1kg 구해서 베개 속에 넣고 잔다.

※ 베란다와 화장실에 링첸향수를 하루에 1병씩 뿌린다.

102

연초 나쁜 징조들

※ 연초에 돈을 찢거나 함부로 다루거나 뿌리면 금전 운이 막혀서 큰돈이 나가고 손재수가 생기고 재앙을 입는다.

※ 새해 첫날 벽이나 문에 못질을 하면 가족 친족들에게 상처가 생기던가, 집안이 발칵 뒤집힐 재앙이 닥친다.

※ 새해 첫날 울면 재수가 없고, 일 년 내내 울 일만 생긴다.

※ 새해 첫날 신발을 잃어버리면 직장을 그만두게 되거나 하는 일에 문제가 생긴다.

※ 새해 첫날 남과 다투던가, 집안싸움을 하면 일 년 동안 관재구설에 시달리고, 교통사고나 근심거리가 생긴다.

※ 새해 첫날 양팔을 벌려 문을 막으면 뜻하는 일이 불성사 되고, 하는 일이 중단되고, 고통이 따른다.

※ 새해 첫날 살아있는 생명을 죽이면 가족 중에 비명횡사나 돌발 사고 등 재앙이 닥치고 흉한 일이 생긴다.

만사형통 성공하는 사람들의 **운세처방백과**

4장
자손건강
교우교제
자녀탈선
가출예방

만사형통 성공하는 사람들의 **운세처방백과**

103 어린 아기나 자녀로 인한 징조
104 어린 자녀가 밥을 잘 안 먹고 보챈다
105 밤마다 우는 아기 울음 멎길 바란다
106 임신 중 장애아 발생을 예방하기 원한다
107 자녀가 병약하여 잔병치레를 많이 한다
108 잠자면서 이(치아) 가는 것을 막고 싶다
109 어수선하고 산만하여 책을 싫어하는 아이
110 소심해서 사교적이지 못하고 친구와 어울리지 못한다
111 미아를 속히 찾고 싶을 때
112 어린 자녀의 유괴를 방지하길 기원한다
113 아이 머리 좋게 영재 만드는 식단
114 자녀가 학교생활에 적응 잘하기를 기원한다
115 자녀가 학업에 취미와 흥미를 갖길 기원한다
116 사교성이 좋아 친구 모두 친하길 기원한다
117 용기 있는 자녀로 만드는 법

118 친구들을 괴롭히고 때리지 않길 바란다
119 나쁜 친구와 사귀지 않길 기원한다
120 학교에서 괴롭힘을 당하지 않길 바란다
121 왕따나 학교폭력에 당하지 않길 기원한다
122 비행이나 탈선을 방지하길 원한다
123 자녀의 폭력을 멈추고 마음안정 시키는 법
124 선생님이 신경 쓰고 잘 봐주길 기원한다
125 자녀의 가출을 방지하고 싶다
126 가출자가 무사히 속히 돌아오길 기원한다
127 자녀의 도벽을 중지하길 기원한다
128 자녀의 게임중독을 막고 기원한다
129 자녀의 음주나 흡연을 막고 싶다
130 자녀가 매사 의욕이 없고 진로를 정하지 못한다
131 형제간의 대립을 해결하고 우애 좋길 바란다
132 부모에게 대항하고 반항심이 커서 걱정 된다

103

어린 아기나 자녀로 인한 징조

- 아버지가 쓰시던 지팡이를 자식에게 물려주면 자식의 앞날이 막혀 운이 막히고, 노력을 해도 출세하기 힘든 재앙이 따른다.

- 부모 없는 고아를 잘 돌봐 주면 내 자식에게 복이 돌아와서 큰 벼슬을 하게 되고 명예도 따른다.

- 탯줄을 목에 걸고 태어난 아기는 마음이 넓고 활달하고 천운이 따른다. 하는 일마다 대성하고 큰 인물이 될 징조이다.

- 아이들을 귀여워하고 사랑하면 따뜻한 마음의 소유자이다. 하늘의 도움을 받아 인덕 있고 좋은 사람을 만나게 된다.

- 갓난아기에게 함부로 입을 맞추면 병을 옮길 수 있다. 또 갓난아기에게 살이 쪘다거나 무겁다는 말을 하면 살이 오르지 않는다.

- 아기에게 거울을 보여주면 부끄러움을 많이 타고 낯가림을 하게 된다.

- 처음 외출을 하는 아기의 이마에 숯검정을 묻히면 아기가 커가면서 당할 흉사를 피할 수 있다는 속설이 있다. 숯검정은 민간신앙에서 부뚜막 신神에 해당함에, 즉 불의 신이 수호한다는 의미이다.

- 아기가 태어난 지 7일 안에 문구멍을 바르거나 문을 고치면 아기의 시력이 나빠지거나 아기에게 좋지 않은 일이 생긴다.

- 아기가 태어난 지 7일 안에 검은콩이나 참깨를 볶으면 아기 피부가 좋지 않거나 얼굴에 주근깨나 잡티가 생긴다.

- 아기의 돌잔치에 떡을 해주지 않으면 아기가 자주 다치거나 넘어지고 병치레를 많이 하게 된다.

- 백일 된 아기에게 작은 돌을 핥게 하면 이가 튼튼해지고 건강한 아기로 자란다.

- 백일 된 아기의 장래를 알려면 아기 앞에 돈, 실, 책, 국수, 쌀, 먹, 공, 붓, 악기 등을 놔두고 아기가 어느 것을 선택해서 먼저 집느냐에 따라 예상해볼 수 있다.
- 어린 아기가 엄지손가락을 자주 빨면 남동생이 태어날 징조라는 속설이 있고, 뭔가 부족함이 있어서이다.
- 아침마다 아기가 울면 집안에 흉사가 생기거나 불운이 닥칠 징조이다.
- 아직 다 자라지 않은 아기를 베개처럼 배고 누우면 재앙이 생기거나 아기에게 흉한 일이 생긴다.
- 남의 자식을 귀하게 여기면 내 자식에게도 영화가 있고, 사회생활에서 입신출세의 길이 열려 성공하게 된다.
- 아기가 집안의 땅을 자꾸 파면 부모에게 흉한 일이 생길 징조이고, 우환이 끓게 된다.
- 아기를 대나무로 때리면 몸이 허약해지고 바짝 마른다.
- 첫돌 날, 쌀이나 돈, 떡을 쥐면 부자가 될 운이고, 학용품을 쥐면 학자가 될 것이고, 실이나 국수를 쥐면 장수할 것이고, 활이나 칼을 잡으면 군인이나 경찰이 되든지, 권력을 쥐는 우두머리가 된다 한다.
- 아이를 때릴 때 빗자루나 신발짝으로 때리면 가출을 하거나 삐뚤어지거나 방탕한 사람이 된다는 속설이 있다.
- 자식에게 매를 아끼면 어려움을 모르고 버릇도 없으며, 위 어른을 분간 못해 남에게 욕을 먹고 탕아가 될 수 있다.

104

어린 자녀가 밥을 잘 안 먹고 보챈다

- 화타통치병 안에 자녀의 생일과 이름을 흰 창호지에 써서 넣고, 오행목벽피로 7부 채워서 싱크대 위에 올려둔다.
- 동남쪽으로 뻗은 돌 복숭아 나뭇가지를 구하여 신발장 위에 걸어놓는다. 없으면 태백동복지로 대신한다. 훈치퇴향을 3개 피운다.
- 순천성모저폐에 생일과 이름을 새겨서 큰절 뒷산에 묻는다.
- 옹제신에 생일과 이름을 써서 강가에 가서 깨뜨린다.
- 복용귀병 속에 쌀과 참깨를 한 공기씩 넣은 후에 장독 위에 하룻밤을 재운 후(장독이 없으면 베란다 창가에 놓는다) 믹서에 갈아서 끓여 먹이면 잘 먹는다.

105

밤마다 우는 아기 울음 멎길 바란다

- 금강저108염주를 돌리면서 금강경을 독송한다.
- 구천위성모목 1개와 백수정각 15개를 함께 거실에 둔다.
- 옹제신 두 개에 각각 뒷면에 아기의 생일과 이름을 쓴 다음, 1개는 가까운 물가에 가서 깨버리고, 1개는 산에 가서 깨버린다.
- 태백동목검에 자녀의 생일과 이름을 새겨서 산에 가서 묻는다.
- 오행목벽피를 4통을 준비해서 뚜껑을 연채로 집안 네 귀퉁이에 놓는다.
- 집 출입문 앞에 화분을 놓고 그 안에 호법팔진목 2개를 묻고 오색천사와 생기명당토를 뿌려둔다.

106

임신 중 장애아 발생을 예방하기 원한다

- 프라나옴청에 부부의 이름을 써서 동서남북 네 군데에 걸어둔다. 이때 부인의 속옷 서랍에 순천성모저폐 1개와 백수정각을 부인의 나이 수만큼 같이 넣어둔다.
- 구천위성모목과 순천성모저폐를 싱크대 위 칸에 올려두고 매일 아침 훈치퇴향을 피우면서 기원한다.
- 오행목벽피를 4통을 준비해서 뚜껑을 연채로 집안 네 귀퉁이에 놓는다.
- 귀면인매병 속에 부부의 생일과 이름을 써서 넣은 다음 5백 원짜리 동전을 15개를 넣고 재패퇴사 백색으로 가득 채운 뒤, 산에 가지고 가서 묻고 온다.
- 집 출입문 앞에 화분을 놓고, 그 안에 금강팔괘목 1개를 묻고 오색천사와 생기명당토를 뿌려둔다.

107

자녀가 병약하여 잔병치레를 많이 한다

- 귀면인매병 속에 자녀의 생일과 이름을 써서 넣은 다음, 생기명당토 5통으로 채워서 거실에 둔다.
- 오동나무로 깎은 동자 인형 3개에 자녀 이름을 새겨서 거실에 진열해 놓으면 좋다.
- 구천위성모목 1개와 만병불침목 1개와 백수정각 21개와 무지개색은행알 21개를 배냇저고리에 싸서 자녀 옷 서랍(자녀 손닿지 않게)에 넣어둔다.
- 태백동목검에 자녀의 생일과 이름을 새겨서 산에 가서 묻는다.
- 자녀에게 천기복 팬티를 입힌다.

108

잠자면서 이(치아) 가는 것을 막고 싶다

✣ 만병불침목 1개와 압승구 1개와 무지개색은행알 21개를 당사자 팬티에 싸서 당사자 옷 서랍(자녀 손닿지 않게)에 넣어둔다.

✣ 시골의 옛집에 구들장 밑에 흙을 구해서 곱게 부순 다음, 1T 스푼 정도 이 가는 사람이 잠들었을 때 알아채지 못하게 입속에 집어넣는다. 만약 구들장 밑에 흙을 구하기 힘들면 차선책으로 이를 가는 당사자의 침대 밑을 손바닥으로 훑어서 먼지를 수거한 다음, 이 먼지를 이 가는 사람이 잠들었을 때 알아채지 못하게 입속에 집어넣는다.

✣ 오동나무로 깎은 동자 인형 3개에 입을 테이프로 붙여 막은 다음, 이 가는 사람 이름을 새겨서 침실에 놓는다.

109

어수선하고 산만하여 책을 싫어하는 아이

✣ 칠성제천저폐와 순천성모저폐를 싱크대 위 칸에 올려두고 매일 아침 훈치퇴향을 피우면서 기원한다.

✣ 구천위성모목 1개와 슬지인목 3개와 백수정각 21개와 무지개색은행알 21개를 배냇저고리에 싸서 자녀 옷 서랍(자녀 손닿지 않게)에 넣어둔다.

✣ 오동나무로 깎은 동자 인형 3개에 자녀 이름을 새겨서 거실에 진열해 놓으면 좋다.

✣ 옹제신 뒷면에 자녀의 생일과 이름을 쓴 다음, 가까운 물가에 가서 깨버린다.
(6개월에 한 번씩 한다)

✣ 태백동목검에 이름을 써서 공부방 위쪽에 올려 둔다.

110

소심해서 사교적이지 못하고 친구와 어울리지 못한다

- 무량광달마황금불화를 거실에 걸어두고, 금강저108염주를 돌리면서 소원을 빌면 속히 성취된다.
- 귀면인매병 속에 자녀의 생일과 이름을 써서 넣은 다음, 생기명당토 5통으로 채워서 거실에 둔다.
- 호법태극망에 싸서 자녀 자는 요 밑에 6개월 간 깔아놓는다.
- 오동나무로 깎은 동자 인형 3개에 자녀 이름을 새겨서 거실에 진열해 놓으면 좋다.
- 태백동목검에 자녀의 생일과 이름을 새겨서 산에 가서 묻는다.
- 자녀에게 천기복 팬티를 입힌다.
- 천호관 목걸이를 몸에 지니고 다니게 한다.
- 옹제신 뒷면에 자녀의 생일과 이름을 쓴 다음, 사람 왕래가 많은 사거리에서 깨버린다.

111

미아를 속히 찾고 싶을 때

❁ 팔괘음양화 그림을 벽에 걸어둔다.

❁ 잃어버린 아이가 남자아이면 찾는 사람의 왼쪽 허리에 길이를 측량할 때 쓰는 尺(척)자를 꽂고, 여자아이면 찾는 사람의 오른쪽 허리에 대나무 자를 꽂고 찾으면 곧바로 찾을 수 있게 된다. 어린아이와 복잡한 곳을 갈 때 미리 자를 준비해서 다녀도 좋을 듯하다.

❁ 잃어버린 지 시간이 흘렀다면 태상팔방귀목에 아이 생일과 이름을 써서 사방팔방에 묻고 흑훼월석을 뿌려두면 속히 찾을 수 있다.

❁ 황금래저폐와 순천성모저폐를 싱크대 위 칸에 올려두고 매일 아침 퀄라화향을 피우면서 기원한다.

❁ 동목호관직인에 생일과 이름을 새겨서 큰절 뒷산에 묻는다.

❁ 금강팔괘목과 보재원곤목 4개 준비해서 선산 조부모 묘 네 귀퉁이에 묻는다.

❁ 귀면인매병 속에 자녀의 생일과 이름을 써서 넣은 다음, 생기명당토 5통으로 채워서 거실에 둔다.

112

어린 자녀의 유괴를 방지하길 기원한다

- 금강저108염주를 돌리며 매일 금강경을 염송한다. 염송할 때 응재착향을 피우면서 하면 더욱 효험이 크다.

- 구천위성모목 1개와 동목호관직인 1개와 전승취승구 3개와 백수정각 21개와 무지개색은행알 21개를 노란 주머니에 넣어 자녀의 속옷 서랍에 넣어둔다.

- 귀면인매병 속에 아이의 생일과 이름을 써서 넣은 다음, 생기명당토 5통으로 채워서 거실에 둔다.

- 천호관 목걸이에 이름을 써서 몸에 걸어준다.

- 호법태극망을 요 밑에 깔고 잔다.

- 전승취승저폐에 소원을 써서 집 앞 출입문 바깥쪽에 화분이나 화단에 묻고 금화퇴석과 흑회월석을 뿌려둔다.

- 출입문 앞에 오벤전향과 퀄라화향을 노란 주머니에 넣어 걸어 놓는다.

113

아이 머리 좋게 영재 만드는 식단

❖ 영양식단으로 아이의 머리를 영재로 만든다.

① 탄수화물은 집중력과 민첩성을 키워준다. 신체와 두뇌의 연료로 쓰이는 포도당은 정신집중과 기민함을 향상시키고 특히 두뇌활동을 위한 중요 에너지를 만든다.

② 단백질은 감정 느낌을 조절한다. 두뇌의 신경 물질을 생성하여 감정을 조절하고, 소화과정에서 아미노산으로 분해되어 신경전달물질의 기본 성분을 만든다.

③ 지방은 두뇌의 60%를 차지하고 있다. 필수지방산인 오메가 6와 오메가 3는 신경계 구성과 정신활동에 결정적 역할을 하여 학습능력을 향상시키기 때문에 매우 중요하다.

④ 비타민은 음식물로만 섭취해야 하는데 이것이 부족하면 정신집중이 안되어 집중력이 무기력해져서 적절히 잘 맞추어야 한다.

❖ 뇌세포를 키우는 식품으로는 토마토, 양파, 견과류, 붉은 고추 등

❖ 기억력을 높여주는 식품으로는 수수, 당근과 고구마, 블루베리, 크린베리, 버섯, 콩, 아보카도, 시금치, 등 푸른 생선, 연어, 참치 등

❖ 모든 영양소와 함께 수분 또한 인체에 빠져서는 안 될 중요한 음식으로서 신체활동 과정에서 핵심적인 역할을 수행함으로 좋은 물, 신선한 물을 하루 섭취량 1~2L 정도 공급해 마시는 것이 좋다.

❖ 위의 좋은 영양식단으로 잘 먹어야만 아이의 두뇌가 똑똑해진다. 일단 적게 먹는 아이보다 잘 먹는 아이가 뇌의 발달에 도움을 준다. 뇌세포는 끊임없이 죽고 새로 만들어지기 때문이다.

114
자녀가 학교생활에 적응 잘하기를 기원한다

- 팔괘음양화 그림을 벽에 걸어둔다.
- 귀면인매병 속에 513부에 자녀의 생일과 이름을 써서 넣은 다음, 생기명당토 5통으로 채워서 거실에 둔다.
- **옌쮀애심목**과 예귀착황목을 싱크대 위 칸에 올려둔다.
- 예귀루복피로 베개 속을 넣어 베고 잔다.
- 오동나무로 깎은 동자 인형 3개에 자녀 이름을 새겨서 거실에 진열해 놓으면 좋다.
- 구천위성모목 1개와 압승구 3개와 백수정각 21개와 무지개색은행알 21개를 입었던 티셔츠에 싸서 자녀 옷 서랍(자녀 손닿지 않게)에 넣어둔다.
- 나비춉 팬티를 일주일에 3번 이상 입는다.
- 천호관 목걸이를 몸에 지니고 다닌다.

115

자녀가 학업에 취미와 흥미를 갖길 기원한다

❖ 아이가 학교에 가기 싫어하는 것은 부모의 문제가 가장 크다. 부모의 좋지 못한 습관으로 아이에게 정신적, 영적 문제가 생긴 것이다. 우선 부모가 먼저 회개하고 반성해야 하고, 바르게 깨닫고 바르게 행동해야 한다. 다음으로 누군가와 원한을 맺고 있다면 이것들을 다 풀어버려야 한다. 여기서 한 가지 꼭 챙겨야 할 부분은 소홀한 제사가 있다면 다시 정성을 들여 제사를 모시는 것이 좋다. 그리고 살아계신 부모님께 효도하는 모습을 자녀에게 보여야만 할 것이다. 마지막으로 아이에게 칭찬을 아끼지 말아야 한다. 아이가 잘하는 점을 찾아서 칭찬해주고 독려해줘야만 아이가 바르게 생각하고 꿈을 가질 것이다.

❖ 금강저108염주를 돌리며 매일 금강경을 염송한다. 염송할 때 응재착향을 피우면서 하면 더욱 효험이 크다.

❖ 복용귀병 속에 자녀 생일과 이름을 써서 넣고 생기명당토로 7부 채워서 거실에 둔다.

❖ 속옷 서랍에는 슬지인목 7개와 무지개색은행알 21개, 동목호관직인 1개를 노란 주머니에 넣어 같이 넣는다.

❖ 금강팔괘목과 천통상향저폐를 6개 준비해서 선산 조부모 선영(묘를 중심으로 왼쪽에 3군데, 오른쪽에 3군데를 나누어)에 묻는다.

❖ 학교 화단에 옌쮀애심목 1개와 동목호관직인 1개를 같이 묻고 오색천사와 생기명당토를 뿌려둔다.

116

사교성이 좋아 친구 모두 친하길 기원한다

- 무량광달마황금불화를 거실에 걸어두고, 금강저108염주를 돌리면서 소원을 빌면 속히 성취된다.
- 문창귀인벽사목에 자녀 생일과 이름을 써서 선산에 묻는다.
- 옹제신에 이름을 써서 동서남북 사방팔방으로 가서 깨뜨린다.
- 복용귀병 속에 생일과 이름을 넣고 생기명당토(5통정도)로 ¾ 채운 다음, 공부방에 둔다.
- 옌줴따랑 목걸이를 몸에 지니고 다닌다.
- 바깥쪽, 화분이나 화단에 슬지인목 2개를 묻고, 흙 위에 흑훼월석을 뿌린다.
- 예귀루복피로 베개 속을 넣어 베고 잔다.
- 옌줴애심목과 예귀착황목에 이름을 새겨서 학교 화단에 묻고 온다.

117

용기 있는 자녀로 만드는 법

❖ 요즘 아이들의 몸집은 좋은 식단으로 잘 먹고 자랐기 때문에 커졌지만 정신적으로는 약소해져 여리다. 여리다는 것은 용기와 패기가 부족하다는 풀이로 결코 좋은 말은 아니다. 자아 발달이 미숙하다는 의미이다.

❖ 자녀가 태어난 뒤 항상 부모만 바라보고 부모의 행동을 보고 자란다. 성장해 감에 따라 선생님이나 친구, 사회, 책을 통해 감화되고 여러 가지 경험을 하며 한 인간으로서 형성되어 간다. 그것을 부모가 '이것은 안돼, 저것도 안돼'라는 식으로 지나치게 제한하거나 마치 애완동물을 다루듯이 지나치게 품고 있거나 지나친 기대를 거는 경우가 많다. 이래서는 용기 있는 자녀는커녕 어딘가 모자란 인간으로 성장하게 된다. 자녀를 언제 떼어놓느냐 하는 시기도 중요하지만 자식과 떨어져 지낼 필요도 있다.

❖ 어떤 회사를 경영하는 인격적으로 우수한 남자가 있다. 그에게는 세 자녀가 있었는데 속박하는 일없이 본인이 원하는 대로 모든 일을 하게끔 했다. 그 때문에 대학에 들어간 자녀도 있고, 고등학교만 나와 사회생활을 하는 자녀도 있다.
세 자녀가 모두 훌륭하게 성장하여 부모의 힘을 빌리지 않고 스스로 자신의 목적을 향해 노력하고 있다. 그의 '자신의 실력대로 키재기를 하며 살아라'라는 방침은 세 자녀에게 좋은 용기를 심어 주었던 것이다. 용기란 넓은 시야로 자신의 책임을 남에게 전가시키지 않는 데서 생긴다. 과보호나 강요를 하면서까지 일류 대학에 자녀를 넣으려는 부모는 자식을 낳기는 했지만 인간으로서의 용기는 자식에게 주지 못한 안타까운 부모이다.
부모가 반성해야 한다.

118

친구들을 괴롭히고 때리지 않길 바란다

- 금강저108염주를 돌리면서 소원을 빌면 속히 성취된다.
- 호법신동복백자 속에 자녀의 이름을 써서 넣고 거실에 놓는다.
- 오동나무로 깎은 동자 인형 3개에 자녀 이름을 새겨서 거실에 진열해 놓으면 좋다.
- 동목호관직인에 생일과 이름을 새겨서 큰절 뒷산에 묻는다.
- 옹제신에 이름을 써서 동서남북 사방팔방으로 가서 깨뜨린다.
- 복용귀병 속에 생일과 이름을 써서 넣고 생기명당토(5통정도)로 3/4 채운 다음, 공부방에 둔다.
- 태백동목검에 자녀의 생일과 이름을 새겨서 산에 가서 묻는다.
- 천호관 목걸이를 몸에 지니고 다닌다.

119

나쁜 친구와 사귀지 않길 기원한다

- 금강저108염주를 돌리며 매일 금강경을 염송한다. 염송할 때 응재착향을 피우면서 하면 더욱 효험이 크다.
- 귀면인매병 안에 생일과 이름을 흰 창호지에 써서 넣고, 생기명당토로 7부 채워서 공부방에 놓는다.
- 천승목단청자 속에다 흰 창호지에 증조부 → 조부 → 부친 → 자신의 이름을 순서대로 내려쓴 다음, 잘 접어서 봉투에 넣어 봉해서 집어넣은 다음, 안방이나 거실에 둔다.
- 동목호관직인 1개와 전승취승구 3개를 학교 화단에 묻고 온다.
- 천호관 목걸이를 몸에 지니고 다닌다.
- 훼골퇴복피로 베개 속을 넣어 베고 잔다.

120
학교에서 괴롭힘을 당하지 않길 바란다

❖ 최근 학교 내 폭력이 문제가 되고 있다. 학교폭력은 중 고등학교뿐 아니라 초등학교 내에서도 빈번히 일어나는데 대다수 학생들이 겪는 일로 정신적으로 크게 불안감을 가지고 있고 정신질환을 앓는 아이들도 있다. 이때 소심하게 당하지만 말고 용기를 내어 이 방법을 써 본다.

❖ 먼저 자신을 괴롭히는 상대가 갖고 있는 지우개를 손에 넣는다. 그런 다음 그 지우개 위에 주홍색 사인펜으로 이중의 원을 그리고 그 안에 가위표를 그린다. 이것을 타인이 찾지 못할 장소에 3일간 묻어 놓는다. 4일째 되는 날, 지우개를 주인 몰래 돌려준다.

❖ A4용지에 괴롭히는 자의 얼굴을 그린다. 저주살못을 12개 구해서 그 종이에 꼭꼭 싼 다음 학교 뒷산이나 화단에 묻는다. 자신은 옹제신 안에 손톱 발톱 깎은 것과 머리카락 3올을 넣은 다음, 뒷면에 본인의 생년월일시, 이름, 필승이라고 쓴 다음, 물가에 깨트리고 온다.

121

왕따나 학교폭력에 당하지 않길 기원한다

* 태백동목검에 자녀의 생일과 이름을 새겨서 거실에 걸어 놓는다.
* 전승취승구 3개와 압승구 2개와 백수정각 21개와 무지개색은행알 21개를 입었던 티셔츠에 싸서 자녀 옷 서랍(자녀 손닿지 않게)에 넣어둔다.
* 복용귀병 속에 생일과 이름을 써서 넣고 생기명당토(5통정도)로 ¾ 채운 다음, 공부방에 둔다.
* 동목호관직인에 생일과 이름을 새겨서 큰절 뒷산에 묻는다.
* 옹제신에 이름을 써서 동서남북 사방팔방으로 가서 깨뜨린다.
* 옌쮀따랑 목걸이를 몸에 지니고 다닌다.
* 훼골퇴복피로 베개 속을 넣어 베고 잔다.

122

비행이나 탈선을 방지하길 원한다

* 무량광달마황금불화를 거실에 걸어두고, 금강저108염주를 돌리면서 소원을 빌면 속히 성취된다.
* 태백동목검에 자녀의 생일과 이름을 새겨서 거실에 걸어 놓는다.
* 옹제신에 이름을 써서 동서남북 사방팔방으로 가서 깨뜨린다.
* 복용귀병 속에 생일과 이름을 써서 넣고 생기명당토(5통정도)로 ¾ 채운 다음, 공부방에 둔다.
* 호법태극망을 요 밑에 깔고 잔다.
* 훼골퇴복피로 베개 속을 넣어 베고 잔다.
* 동목호관직인에 생일과 이름을 새겨서 큰절 뒷산에 묻는다.

123
자녀의 폭력을 멈추고 마음안정 시키는 법

- 금강저108염주를 돌리며 매일 금강경을 염송한다. 염송할 때 훼이치향을 피우면서 하면 더욱 효험이 크다.
- 태백동목검에 자녀의 생일과 이름을 새겨서 산에 가서 묻는다.
- 옹제신에 자녀의 생일과 이름을 써서 동서남북 사방팔방에 있는 큰절 있는 뒷산에 가서 깨뜨린다. 5개 이상해야 효험을 볼 수 있다. 신발장 위에 탑천팔문신장목을 올려둔다.
- 훼골퇴복피를 3kg 구해서 베개 속에 넣어준다.
- 호법태극망에 싸서 자녀 자는 요 밑에 6개월 간 깔아놓는다.(뺀 것은 산에 가서 태우고 다시 새것으로 바꾼다) 침대 머리맡에 태백동목검을 놓는다.
- 동목호관직인에 생일과 이름을 새겨서 큰절 뒷산에 묻는다.

124

선생님이 신경 쓰고 잘 봐주길 기원한다

❖ 태상팔방귀목와 천통상향저폐를 싱크대 위 칸에 올려둔다.

❖ 무량광달마황금불화를 거실에 걸어두고, 금강저108염주를 돌리면서 소원을 빌면 속히 성취된다.

❖ 동목호관직인 1개와 전승취승구 3개와 백수정각 21개와 무지개색은행알 21개를 노란 주머니에 넣어 속옷 서랍에 넣어둔다.

❖ 동목호관직인 1개와 애정착합심목 2개를 학교 화단에 묻고 온다.

❖ 자녀에게 나비촙 팬티를 일주일에 3번 이상 입힌다.

❖ 훼골퇴복피를 1kg 구해서 베개 속에 넣어준다.

❖ 신발장 위에 탑천팔문신장목을 올려둔다.

125

자녀의 가출을 방지하고 싶다

❖ 태백동목검에 자녀의 생일과 이름을 새겨서 산에 가서 묻는다.

❖ **옌쮀애심목**과 예귀착황목을 싱크대 위 칸에 올려둔다.

❖ 옹제신에 자녀의 생일과 이름을 써서 동서남북 사방팔방에 있는 큰절 있는 뒷산에 가서 깨뜨린다. 5개 이상해야 효험을 볼 수 있다.

❖ 훼골퇴복피를 3kg 구해서 베개 속에 넣고 잔다.

❖ 전승취승구 3개와 압승구 3개와 백수정각 21개와 무지개색은행알 21개를 입었던 티셔츠에 싸서 자녀 옷 서랍에 넣어둔다.

❖ 성취원키를 가방 속에 넣어준다.

❖ 태백동목검을 신발장 위에 올려 둔다.

126

가출자가 무사히 속히 돌아오길 기원한다

- 금강저108염주와 백수정각을 108개 빨간 주머니에 넣어 속옷 서랍에 넣어둔다.
- 태상팔방귀목과 전승취승저폐를 싱크대 위 칸에 올려놓고, 매일 아침 같은 시간에 퀄라화향을 피우면서 소원을 빌며 기원한다.
- 자녀방 높은 곳에 놓고, 오색천사 4통과 적광퇴치석 4통을 뚜껑을 열어서 네 구석에 놓는다.
- 벽사양류판에 생일과 이름을 써서 선산 묘 근처에 묻어둔다.
- 출입문 바깥쪽, 화분이나 화단에 태상팔방귀목을 묻고, 흙 위에 재패퇴사백색과 금화퇴석을 뿌린다.

127

자녀의 도벽을 중지하길 기원한다

- 귀면인매병 속에 자녀의 생일과 이름을 써서 넣은 다음, 재패퇴사청색 5통으로 채워서 거실에 둔다.
- 태백동목검에 자녀의 생일과 이름을 새겨서 산에 가서 묻는다.
- 옹제신 뒷면에 자녀의 생일과 이름을 쓴 다음, 가까운 물가에 가서 깨버린다. (6개월에 한 번씩 한다)
- 공부방 높은 곳에 놓고, 적광퇴치석 4통을 뚜껑을 열어서 네 구석에 놓는다.
- 착라전응향을 매일 피우고, 황제착응망을 요 밑에 깔고 잔다.
- 동목호관직인 1개와 전승취승구 1개를 집 앞 화단에 묻는다.

128

자녀의 게임중독을 막고 기원한다

✤ 무량광황금불화를 거실에 걸어두던가, 금강저108염주를 거실에 보관한다.

✤ 복용귀병이나 화타통치병 속에 자녀의 생일과 이름을 써서 접어 넣고 흑훼월석으로 7부 채워서 침실에 둔다.

✤ 옹제신 뒷면에 가족의 생년월일시를 쓴 다음, 산이나 공원 같은 청결한 곳에 가서 깨버리고 온다.

✤ 흰 창호지에 가족의 생년월일시와 이름을 써서 작게 접은 후, 호법팔진목과 함께 큰 산에 있는 절 뒷산에 묻고 온다.

✤ 훼골퇴복피를 3kg 구해서 베개 속에 넣고 잔다.

129

자녀의 음주나 흡연을 막고 싶다

✤ 팔괘음양화 그림을 벽에 걸어둔다.

✤ 탁탑천왕신장목과 호법팔진목을 싱크대 위 칸에 올려놓고, 매일 아침 같은 시간에 퀄라화향을 피우면서 소원을 빌며 기원한다.

✤ 귀면인매병 속에 자녀의 생일과 이름을 써서 넣은 다음, 재패퇴사 청색 5통으로 채워서 거실에 둔다.

✤ 태백동목부적 1개와 압승구 3개와 백수정각 21개와 무지개색은행알 21개를 입었던 티셔츠에 싸서 자녀 옷 서랍에 넣어둔다.

✤ 태백동목검을 신발장 위에 올려 둔다.

✤ 태상팔방귀목과 동목호관직인에 생일과 이름을 새겨서 큰절 뒷산에 묻는다.

130

자녀가 매사 의욕이 없고 진로를 정하지 못한다

❖ 무량광황금불화를 거실에 걸어두던가, 금강저108염주를 돌리며 매일 금강경을 염송한다. 염송할 때 훼이치향을 피우면서 하면 더욱 효험이 크다.

❖ 천승목단청자 속에다 흰 창호지에 증조부 → 조부 → 부친 → 자신의 이름을 순서대로 내려쓴 다음, 잘 접어서 봉투에 넣어 봉해서 집어넣어서 안방이나 거실에 둔다.

❖ 복용귀병 속에 생일과 이름을 써서 넣고 생기명당토로 7부 채워서 공부방에 둔다.

❖ 옹제신 안에 손톱 발톱 깎은 것과 머리카락 3올을 넣은 다음, 뒷면에 생년월일시, 이름, 필승이라고 쓴 다음, 산에 묻고 온다.

131

형제간의 대립을 해결하고 우애 좋길 바란다

❖ 스투파만달옴청을 거실에 걸어둔다.

❖ 태상팔방귀목과 전승취승저폐를 싱크대 위 칸에 올려놓고, 매일 아침 같은 시간에 퀄라화향을 피우면서 소원을 빌며 기원한다.

❖ 자녀방 높은 곳에 오색천사 4통과 적광퇴치석 4통을 뚜껑을 열어서 네 구석에 놓는다.

❖ 벽사양류판에 생일과 이름을 써서 선산 묘 근처에 묻어둔다.

❖ 옹제신 뒷면에 형제 이름을(각각 1개씩) 써서 산에 묻고 그 위에 생기명당토를 뿌리고 온다.

❖ 동남쪽으로 뻗은 돌 복숭아 나뭇가지를 구하여 신발장 위에 걸어놓는다. 없으면 태백동복지로 대신한다.

132

부모에게 대항하고 반항심이 커서 걱정 된다

- ❖ 일월용승천도를 거실에 걸어둔다.
- ❖ 탑천팔문신장목과 태상팔방귀목을 싱크대 위 칸에 올려놓고, 매일 아침 같은 시간에 퀄라화향을 피우면서 소원을 빌며 기원한다.
- ❖ 훼골퇴복피를 1kg 구해서 베개 속에 넣고 잔다.
- ❖ 자녀방 높은 곳에 태백동복못을 놓고, 흑훼월석 4통과 적광퇴치석 4통을 뚜껑 열어서 네 구석에 놓는다.
- ❖ 태백동목검을 신발장 위에 올려 둔다.
- ❖ 태상팔방귀목과 동목호관직인에 생일과 이름을 새겨서 큰절 뒷산에 묻는다.
- ❖ 금강팔괘목과 천통상향저폐를 6개 준비해서 선산 조부모 묘(묘를 중심으로 왼쪽에 3군데, 오른쪽에 3군데를 나누어)에 묻는다.

만사형통 성공하는 사람들의 **운세처방백과**

5장

**자손출산
자녀학업
지혜총명
시험합격**

만사형통 성공하는 사람들의 **운세처방백과**

133 임신이 잘 안되고 아기를 간절히 갖고 싶다
134 아들을 꼭 낳길 기원한다
135 임산부가 습관적 유산되는 것을 예방하고 싶다
136 자연유산과 난산을 예방하고 순산길 바란다
137 임신부나 출산부의 길흉징조
138 시험관아기가 잘 되어 성공하기 기원한다
139 임신 중 무사하고 출산할 때 순통을 바란다
140 임신 중 태아를 건강하게 보호하고 싶다
141 씩씩하고 용기 있는 자녀로 키우고 싶다
142 아기 사주가 나빠 이름을 팔아줘야 할 때
143 예능에 재주나 끼가 있는 아이로 자라길 바란다
144 과학고나 국제학교나 특수학교에 합격을 원한다
145 예술고교나 예술대학에 합격하여 예술인이 될 바란다
146 운동에 재능이 뛰어나 선수로 성공하길 바란다
147 체육대학에 꼭 합격을 기원한다
148 좋은 성적으로 대학수능시험에 합격하길 바란다
149 모든 시험에 합격을 원할 때

150 시험에 낙방하지 않게 하는 방법
151 직장 입사채용시험에 합격을 원한다
152 관직 공무원시험에 합격하길 바란다
153 행정고시나 사법고시에 합격을 원한다
154 교사가 되려 임명고시에 꼭 합격을 원한다
155 대기업이나 외국기업에 취업하길 원한다
156 현재 알바 회사에서 오래 다니고 싶다
157 각종 자격증 시험에 합격을 기원한다
158 현 일자리보다 더 좋은 곳으로 가길 바란다
159 승진시험에 꼭 합격하길 바란다
160 모든 시합 대회에서 승리 이기고 싶다
161 부정적 사고방식은 부정을 부른다
162 공부나 연구를 효과적으로 하는 법
163 입사시험 직장취업시험의 요령
164 마음자세와 행동으로 빚는 징조
165 매월마다 행운을 부르는 재수있는 보석종류
166 보석이 담고 있는 행운

133

임신이 잘 안되어 아기를 간절히 갖고 싶다

- 박달나무나 구리로 도끼 모양을 3개 만들어 끈으로 묶어서 허리에 차고 다니면 임신이 되고, 사내아이를 보게 되는데 장차 나라의 록을 먹는 장군이나 큰 사람으로 출세한다.
- 프라나옴청에 부부의 이름을 써서 동서남북 네 군데에 걸어둔다. 이때 부인의 속옷서랍에 순천성모저폐 1개와 백수정각을 부인의 나이 수만큼 넣어둔다.
- 석류나무 가지와 뿌리를 구해서 자손임신취생부와 같이 오색실로 묶어 침대 머리 위쪽에 걸어 놓는다. 응제착향을 집안에 피우고, 부인은 석류차를 지속적으로 끓여 마신다.
- 속옷 서랍에는 순천성모저폐와 구천위성모저폐와 무지개색은행알 21개를 빨간 주머니에 넣어 같이 넣는다.

134

아들을 꼭 낳길 기원한다

- 매년 음력 5월 5일 단옷날, 구천위성모원군목을 침대 요 밑에 넣은 다음, 부부가 목욕재계 한 후에 머리를 풀고, 북쪽으로 두침을 하고 누운 후에 교합을 하면 아들을 낳게 된다.
- 칠성제천저폐와 순천성모저폐를 싱크대 위 칸에 올려두고 구계성향을 피우며 매일 기도한다.
- 닭장 안에 암탉이 알을 품고 있는 둥우리 밑에 남이 모르게 살짝 도끼를 놓아두면 아들을 낳게 된다.(단 내 집 닭장이어야 함)
- 임신된 지 2개월 이내에 임산부가 자는 침대 밑에 남이 모르게 도끼를 숨겨두는데 도끼날이 아래로 향하도록 하면 태아가 아들이 된다 한다.

135

임산부가 습관적 유산되는 것을 예방하고 싶다

- 귀면인매병 안에 부부의 생일과 이름을 써서 넣고, 생기명당토로 7부 채워서 침실에 놓는다.
- 수탉 꼬리 깃털 3개를 준비하고, 순천성모저폐 1개와 같이 부부가 깔고 자는 요속에 넣는데 남편이 부인 몰래 넣어야 한다.
- 오동나무로 깎은 동자 인형 1쌍을 침실에 놓으면 좋다.
- 제신 두 개에 각각 뒷면에 생일과 이름을 쓴 다음, 가까운 물가에 가서 깨버린다.(6개월에 한 번씩 한다)
- 호법태극망을 요 밑에 깔고 잔다.
- 집 출입문 앞에 호구투란 1개와 압승구 1개와 같이 화분이나 화단에 묻고 흙 위에 태백복피와 적광퇴치석을 뿌린다.

136

자연유산과 난산을 예방하고 순산하길 바란다

- 칠성제천저폐와 구천위성모저폐와 순천성모저폐를 싱크대 위 칸에 올려두고 구계성향을 피우며 매일 기도 한다.
- 구천위성모저폐와 순천성모저폐에 이름을 쓰고 조부모 선영에 가서 남쪽으로 12발자국 떨어진 곳에 성취원키 3개와 같이 묻고 온다.
- 속옷 서랍에는 순천성모저폐와 구천위성모저폐와 무지개색은행알 21개를 빨간 주머니에 넣어 같이 넣는다.
- 오행목벽피를 1kg 구해서 베개 속에 넣고 잔다.
- 옹제신 뒷면에 이름을 8번 써서 집을 중심으로 동쪽으로 가서 1개 깨버리고, 서쪽으로 가서 1개 깨버리고, 남쪽도, 북쪽도 같은 방법으로 한다. (산이나 개천이 좋다)

137

임신부나 출산부의 길흉징조

- 임신한 배가 옆으로 퍼지면 아들을 낳을 징조이다.
- 임산부가 걱정이 많으면 온몸에 점이 많은 아기가 태어날 수 있다.
- 임산부가 흉한 고기(뱀, 개, 노루, 꽃게)나 상한 고기를 먹으면 기형아를 낳거나 말썽 많은 아이를 낳을 수 있다.
- 임신 중에 참새고기를 술과 함께 자주 먹으면 음탕한 자식을 낳거나 장차 아이가 알코올 중독자가 될 수 있다.
- 임산부가 오리고기나 닭발을 먹으면 아기 낳을 때 어려움을 겪거나 아이에게 좋지 않다.
- 임산부가 닭을 잡거나 오리고기를 먹으면 아이의 피부가 약하거나 손가락 발가락이 정상이 아닐 수 있다.
- 임산부가 아궁이의 불을 발로 차서 밀어 넣으면 아기가 자라면서 자주 놀라고 경기를 하게 된다.
- 임산부가 배를 내밀거나 얼굴이 엄숙해지면 아들을 낳을 징조이다.
- 임산부가 율무쌀로 밥을 지어먹으면 유산기가 올수 있고 유산될 확률이 높아진다.
- 임신 중에 잉어나 가물치를 달여 먹으면 산모의 젖이 풍족하고 아기의 눈이 예쁘게 생긴 아기가 태어난다.
- 출산하기 전에 굴뚝이나 아궁이를 고치면 아기에게 부정이 들어 지병이 생길 수 있다.
- 임신 중에 아비가 게임이나 주색에 빠져있으면 아이도 커서 게임을 좋아하고 술을 좋아하게 된다.
- 임산부가 불구경을 하면 몸에 붉은 반점이 있는 아기가 태어나거나 성격이 불같거나 조급한 아이가 태어난다.바람이 심하게 불거나 벼락 치는 날 임신을 하면 아기의 피부 면역성이 떨어져 아토피나 피부병으로 고생하거나 잔병치레를 많이 하게 된다. 이유는 혈맥이 빨라져 생긴 위의 장애가 아기에게 전달되기 때문이다.

- 임산부가 초상집을 가거나 흉측한 사고를 목격하게 되면 신체적으로나 정서적으로 불안정한 아기가 태어날 수 있다.

- 정월 초하룻날, 딸아기가 태어나면 수입이 늘어나고 집안이 풍족해질 징조이다.

- 임신 중에 생쌀을 먹으면 손가락 발가락이 지나치게 짧은 아기가 태어난다는 속설이 있다.

- 임산부가 살아있는 생물을 죽이거나 못살게 굴면, 장애아나 불구자를 출산하거나 성격이 포악한 아이가 태어난다.

- 임산부가 중환자를 돌보면 쇠약한 아기가 태어날 수 있다.

- 한 집에서 사람과 가축이 출산이 겹치면 가축의 출산은 순산하게 되고, 사람의 출산은 난산이 될 수 있다.

- 출산 후 아기의 태를 소중히 다루지 않고 함부로 다루면 아기의 발육이 느리고 몸이 허약하거나 키가 작을 수 있다.

- 출산 중에 남편이 옥상에 올라가 아내의 이름을 부르면 힘겨운 출산으로 까무러친 아내가 깨어나거나 곧 순산을 한다.

- 출산 후 일주일 안에 다른 아기에게 동냥젖을 먹이면 아기의 복을 빼앗겨서 성장한 후 가난해지거나 약해질 수 있다.

138

시험관아기가 잘 되어 성공하기 기원한다

- 무량광황금불화를 거실에 걸어두던가, 금강저108염주를 거실에 보관한다.
- 동목호관직인에 태명을 새겨서 큰절 뒷산에 묻는다.
- 구천위성모저폐와 순천성모저폐를 싱크대 위 칸에 올려두고 구계성향을 피우며 매일 기도한다.
- 속옷 서랍에는 순천성모저폐와 구천위성모저폐와 무지개색은행알 21개를 빨간주머니에 넣어 같이 넣는다.
- 조부모 선영에 가서 남쪽으로 12발자국 떨어진 곳에 순천성모저폐 3개와 성취원키 3개와 같이 묻고 온다.
- 천기복 팬티를 매일 입고 다닌다.

139

임신 중 무사하고 출산할 때 순통을 바란다

- 금강저108염주를 돌리며 매일 금강경을 염송한다. 염송할 때 응재착향을 피우면서 하면 더욱 효험이 크다.
- 착라전응향을 매일 피우고, 황제착응망을 요 밑에 깔고 잔다.
- 오행목벽피를 3kg 구해서 베개 속에 넣고 잔다.
- 구천위성모저폐와 순천성모저폐에 이름을 쓰고, 속옷 서랍에 넣어둔다.
- 동목호관직인에 태명을 새겨서 큰절 뒷산에 묻는다.
- 옹제신 안에 손톱 발톱 깎은 것과 머리카락 3올을 넣은 다음, 뒷면에 본인의 생년월일시, 이름, '무사 출산'이라고 쓴 다음, 산에 묻고 온다.

140

임신 중 태아를 건강하게 보호하고 싶다

- 무량광황금불화를 거실에 걸어두던가, 금강저108염주를 거실에 보관한다.
- 호법태극망을 요 밑에 깔고 잔다.
- 예귀루복피로 베개 속을 넣어 베고 잔다.
- 귀면인매병 안에 부인의 생일과 이름을 흰 창호지에 써서 넣고, 생기명당토로 7부 채워서 침실에 놓는다.
- 오행목벽피를 3kg 구해서 베개 속에 넣고 잔다.
- 동목호관직인에 태명을 새겨서 큰절 뒷산에 묻는다.
- 옹제신 안에 손톱 발톱 깎은 것과 머리카락 3올을 넣은 다음, 뒷면에 본인의 생년월일시, 이름, '무사 출산' 이라고 쓴 다음, 산에 묻고 온다.

141

씩씩하고 용기 있는 자녀로 키우고 싶다

- 무량광황금불화를 거실에 걸어두던가, 금강저108염주를 거실에 보관한다.
- 동목호관직인에 태명을 새겨서 큰절 뒷산에 묻는다.
- 구천위성모저폐와 순천성모저폐를 싱크대 위 칸에 올려두고 구계성향을 피우며 매일 기도한다.
- 속옷 서랍에는 순천성모저폐와 구천위성모저폐와 무지개색은행알 21개를 빨간 주머니에 넣어 같이 넣는다.
- 오동나무로 깎은 동자 인형 3개에 자녀 이름을 새겨서 거실에 진열해 놓으면 좋다.

142

아기 사주가 나빠 이름을 팔아줘야 할 때

- 금강저108염주를 돌리며 매일 금강경을 염송한다. 염송할 때 응재착향을 피우면서 하면 더욱 효험이 크다.
- 귀면인매병 안에 아기의 생일과 이름을 흰 창호지에 써서 넣고, 생기명당토로 7부 채워서 거실에 놓는다.
- 훼골퇴복피를 1kg 구해서 베개 속에 넣고 잔다.
- 동목호관직인에 생일과 이름을 새겨서 큰절 뒷산에 묻는다.
- 옹제신 뒷면에 이름을 8번 써서 집을 중심으로 동쪽으로 가서 1개 깨버리고, 서쪽으로 가서 1개 깨버리고, 남쪽도, 북쪽도 같은 방법으로 한다. (산이나 개천이 좋다)

143
예능에 재주나 끼가 있는 아이로 자라길 바란다

- 팔괘음양화 그림을 벽에 걸어둔다.
- 동목호관직인 1개와 백수정각 21개와 무지개색은행알 21개를 노란 주머니에 넣어 속옷 서랍에 같이 넣는다.
- 오행목벽피를 3kg 구해서 베개 속에 넣고 잔다.
- 예승쮀병 속에다 자신의 이름을 108번 적어서 넣고 거실에 소장한다.
- 예귀착황저폐와 예귀착황목을 자녀 방에 둔다.
- 오행목벽피를 4통을 준비해서 뚜껑을 연채로 집안 네 귀퉁이에 놓는다.

144
과학고나 국제학교나 특수학교에 합격을 원한다

- 금강저108염주를 돌리며 매일 금강경을 염송한다. 염송할 때 응재착향을 피우면서 하면 더욱 효험이 크다.
- 문창귀인벽사목에 자녀 생일과 이름을 써서 선산에 묻는다.
- 복용귀병 속에 원하는 학교와 생일과 이름을 써서 넣고 생기명당토로 7부 채워서 거실에 둔다.
- 문창귀인벽사목 1개와 백수정각 21개와 무지개색은행알 21개를 노란 주머니에 넣어 속옷 서랍에 같이 넣는다.
- 오행목벽피를 1kg 구해서 베개 속에 넣고 잔다.
- 옹제신에 생일과 이름을 써서 강가에 가서 깨뜨린다.

145

예술고교나 예술대학에 합격하여 예술인이 되길 바란다

- 예승쮀병 속에다 자신의 이름을 108번 적어서 넣고 생기명당토로 채워서 공부방에 놓는다.
- 옌쮀따랑 목걸이를 몸에 지니고 다닌다.
- 옌쮀애심목에 이름과 생일을 쓴 다음, 동서남북 사방에 있는 명산에 가서 묻는다.
- 스투파만달옴청을 거실에 걸어둔다.
- 생기명당토를 8통을 준비해서 뚜껑을 연채로 자녀 잠자는 방 네 귀퉁이와 집안 네 귀퉁이에 놓는다.
- 옹제신 뒷면에 본인의 생년월일시, 이름, 필승이라고 쓴 다음, 집에서 가까운 산에 묻고 온다.

146

운동에 재능이 뛰어나 선수로 성공하길 바란다

- 광득명합격저폐와 문창귀인벽사목을 싱크대 위 칸에 올려놓고 매일 아침 같은 시간에 전승완취향을 피우면서 소원을 읊조리며 기원한다.
- 호법신동복백자 속에 자녀의 이름을 써서 넣고 거실에 놓는다.
- 옹제신 뒷면에 본인의 생년월일시, 이름, 필승이라고 쓴 다음, 강가에 가서 깨버리고 온다.
- 황제착응망에 싸서 자녀 잠자는 요 밑에 일 년 간 깔아 준다.
- 구계성취목 1개와 압승구 1개와 백수정각 21개와 무지개색은행알 21개를 노란 주머니에 넣어 속옷 서랍에 같이 넣는다.
- 태백동복목부적에 생일과 이름을 새겨서 선산에 묻는다.

147

체육대학에 꼭 합격을 기원한다

- 팔괘만다라 그림을 걸어놓는다.
- 광득명합격저폐에 이름과 생일과 학교이름을 쓴 다음, 명산에 가서 묻는다.
- 호법신동복백자 속에 자녀의 이름을 써서 넣고 거실에 놓는다.
- 복용귀병 속에 원하는 학교와 생일과 이름을 써서 넣고 생기명당토로 7부 채워서 침실에 둔다.
- 속옷 서랍에는 응재착향 7개와 무지개색은행알 21개, 전승취승구 3개를 노란 주머니에 넣어 같이 넣는다.
- 예승쮀 목걸이를 몸에 지니고 다닌다.
- 옹제신 안에 손톱 발톱 깎은 것과 머리카락 3올을 넣은 다음, 뒷면에 본인의 생년월일시, 이름, 필승이라고 쓴 다음, 산에 묻고 온다.

148
좋은 성적으로 대학수능시험에 합격하길 바란다

- 무량광달마황금불화를 거실에 걸어두고, 금강저108염주를 돌리면서 소원을 빌면 속히 성취된다.
- 복용귀병 속에 생일과 이름, 원하는 학교 이름을 써서 넣고 생기명당토(5통정도)로 꽉 채운 다음, 공부방에 둔다.
- 문창귀인벽사목에 자녀 생일과 이름을 써서 선산에 묻는다.
- 옹제신 안에 자녀의 손톱 발톱 깎은 것과 머리카락 3올을 넣은 다음, 뒷면에 자녀의 생년월일시, 이름, 필승이라고 쓴 다음, 산에 묻고 온다.
- 문창귀인벽사목 1개와 백수정각 21개와 무지개색은행알 21개를 빨간 주머니에 넣어 속옷 서랍에 같이 넣는다.
- 생기명당토를 4통을 준비해서 뚜껑을 연채로 학생 잠자는 방 네 귀퉁이에 놓는다.
- 오행목벽피를 1kg 구해서 베개 속에 넣고 잔다.

149

모든 시험에 합격을 원할 때

- 팔괘만다라 그림을 걸어놓는다.
- 천통상향저폐와 광득명합격저폐를 공부방에 놓는다.
- 문창귀인벽사목에 시험 보는 자의 생일과 이름을 써서 선산에 묻는다.
- 동목호관직인에 생일과 이름을 새겨서 큰절 뒷산에 묻는다.
- 태백동복피를 종이컵 ¾씩 채운 것을 4개 만들어 집안 네 구석에 놓는다.
- 옹제신 안에 시험 보는 자의 손톱 발톱 깎은 것과 머리카락 3올을 넣은 다음, 뒷면에 본인의 생년월일시, 이름, 필승이라고 쓴 다음, 산에 묻고 온다.
- 천기복 팬티를 매일 입고 다닌다.

150

시험에 낙방하지 않게 하는 방법

- 천통상향저폐와 광득명합격저폐를 싱크대 위 칸에 올려두고 매일 아침 같은 시간에 전승완취향을 피우면서 소원을 읊조리며 기원한다.
- 문창귀인벽사목 1개와 백수정각 21개와 무지개색은행알 21개를 빨간 주머니에 넣어 속옷 서랍에 같이 넣는다.
- 황제착응망에 싸서 자녀 잠자는 요 밑에 일 년 간 깔아 준다.
- 동남쪽으로 뻗은 돌 복숭아 나뭇가지를 구하여 신발장 위에 걸어놓는다. 없으면 태백동복지로 대신한다. 훈치퇴향을 3개 피운다.
- 동목호관직인 4개에 생일과 이름을 새겨서 동서남북에 있는 큰절의 뒷산에 묻는다.

151

직장 입사채용시험에 합격을 원한다

- 시험 보는 당일, 남자는 왼쪽 손바닥, 여자는 오른쪽 손바닥에 날일(日) 자를 쓰고 간다.
- 황제심향을 학생 방에 하루에 한 번씩 피운다.
- 예귀루복피로 베개 속을 넣어 베고 잔다.
- 호법태극망을 3개 준비하여 뒷면에 시험 보는 사람 사주와 이름을 쓰고 '합격성취급 급여율령' 이라 쓴다. 이것을 3개 만들어 하나는 베갯속에 넣고, 하나는 참파탑봉투에 넣어 책상 서랍에 넣어두고, 하나는 새벽 동틀 무렵, 뜨는 해를 바라보고 합격을 빌며 불로 태운다.
- 광득명합격저폐와 구계성취목을 학생의 속옷 서랍에 넣어둔다.
- 옹제신 뒷면에 학생의 이름을 적고 – 필합격성취발원 – 이라 쓴 뒤, 광득명합격저폐와 함께 합격하고 싶은 학교의 화단에 묻는다.
- 시험 보러 가는 날, 슬지인목과 도끼모양 장식물을 넣은 노란 주머니를 가방 속에 넣고 간다.

152

관직 공무원시험에 합격하길 바란다

- 동목호관직인과 광득명합격저폐로 눌러놓는다. 매일 아침 같은 시간에 전승완취향을 피우면서 소원을 읊조리며 기원한다.
- 호법태극망에 싸서 자녀 잠자는 요 밑에 일 년 간 깔아 준다. (3개월마다 바꾸면 좋다)
- 예귀루복피로 베개 속을 넣어 베고 잔다.
- 금강팔괘목 1개와 백수정각 21개와 무지개색은행알 21개를 빨간 주머니에 넣어 속옷 서랍에 같이 넣는다.
- 광득명합격저폐와 구계성취목을 선산 조부모 묘(묘에서 5발자국 떨어진 곳에) 파고 묻고, 생기명당토 5통을 뿌리고 온다.
- 옹제신에 생일과 이름을 써서 강가에 가서 깨뜨린다.
- 시험 치르는 학교 건물 앞 화단에 성취원키 3개를 묻어두고 그 위에 금화퇴석을 뿌리고 온다.

153

행정고시나 사법고시에 합격을 원한다

- 무량광달마황금불화를 거실에 걸어두고, 금강저108염주를 돌리면서 소원 빌면 속히 성취된다.
- 복용귀병 속에 원하는 시험과 생일과 이름을 써서 넣고 생기명당토로 7부 채워서 거실에 둔다.
- 동목호관직인 1개와 전승취승구 3개와 백수정각 21개와 무지개색은행알 21개를 노란 주머니에 넣어 속옷 서랍에 넣어둔다.
- 태백동복피를 종이컵 ⅔씩 채운 것을 4개 만들어 집안 네 구석에 놓는다.
- 벽사양류판에 생일과 이름을 새겨서 동네에서 제일 큰 나무 밑에 묻어둔다.
- 오행목벽피를 1kg 구해서 베개 속에 넣고 잔다.
- 오행목벽피를 각 방마다, 신발장 위에 올려놓는다.

154

교사가 되려 임명고시에 꼭 합격을 원한다

- 일월용승천도를 거실에 걸어둔다.
- 황제착응망을 요 밑에 깔고 잔다.
- 금강팔괘목과 보재원곤목 4개 준비해서 선산 조부모 묘 네 귀퉁이에 묻는다.
- 귀면인매병 안에 생일과 이름을 흰 창호지에 써서 넣고, 생기명당토로 7부 채워서 침실에 놓는다.
- 황제착응키 3개를 창호지에 싸서 장롱 속에 넣어둔다.
- 동목호관직인에 생일과 이름을 새겨서 큰절 뒷산에 묻는다.
- 태백동복피를 종이컵 ⅔씩 채운 것을 4개 만들어 집안 네 구석에 놓는다.
- 예귀루복피로 베개 속을 넣어 베고 잔다.

155

대기업이나 외국기업에 취업하길 원한다

- 싱크대 맨 위 칸엔 동목호관직인과 광득명합격저폐를 올려놓고 훈치퇴향을 매일 1개씩 피우면서 소원을 기도한다.
- 호법신동복백자 속에 자녀의 이름을 써서 넣고 거실에 놓는다.
- 황제착응망을 요 밑에 깔고 잔다.
- 천승팔괘출세탑 1개와 같이 선산 조부모 묘(묘에서 5발자국 떨어진 곳에) 파고 묻고, 생기명당토 5통을 뿌리고 온다.
- 보재원곤목 3개를 오색실로 묶어 신발장 위에 넣어둔다.
- 오행목벽피를 1kg 구해서 베개 속에 넣고 잔다.
- 동목호관직인에 생일과 이름을 새겨서 큰절 뒷산에 묻는다.
- 태백동복피를 종이컵 ¾씩 채운 것을 4개 만들어 집안 네 구석에 놓는다.

156

현재 알바 회사에서 오래 다니고 싶다

- 스투파만달옴청을 거실에 걸어둔다
- 황금래저폐와 응제착전목을 창호지에 싸서 회사 책상 서랍에 넣어둔다.
- 예귀루복피로 베개 속을 넣어 베고 잔다.
- 동목호관직인에 생일과 이름을 새겨서 큰절 뒷산에 묻는다.
- 천승팔괘출세탑 1개와 같이 선산 조부모 묘(묘에서 5발자국 떨어진 곳에) 파고 묻고, 생기명당토 5통을 뿌리고 온다.
- 옹제신에 이름을 써서 하루에 1개씩 하천에 가서 깨트린다. 7일간 계속해야 한다.
- 나비촙 팬티를 매일 입고, 옌쮀따랑 목걸이를 걸고 다닌다.
- 동목호관직인과 애정착합심목에 자신의 이름을 쓴 다음, 동서남북 사방에 있는 명산에 가서 묻는다.

157

각종 자격증 시험에 합격을 기원한다

- 광득명합격저폐로 눌러놓는다. 매일 아침 같은 시간에 전승완취향을 피우면서 소원을 읊조리며 기원한다.
- 문창귀인벽사목 1개와 백수정각 21개와 무지개색은행알 21개를 빨간 주머니에 넣어 속옷 서랍에 같이 넣는다.
- 슬지인목 1개와 성취원키 1개와 같이 책상 서랍에 넣어둔다.
- 벽사양류판에 생일과 이름을 새겨서 동네에서 제일 큰 나무 밑에 묻어둔다.
- 천호관 목걸이를 몸에 지니고 다닌다.
- 옹제신에 생일과 이름을 써서 강가에 가서 깨뜨린다.
- 동남쪽으로 뻗은 돌 복숭아 나뭇가지를 구하여 신발장 위에 걸어놓는다. 없으면 태백동복지로 대신한다. 훈치퇴향을 3개 피운다.
- 예귀루복피로 베개 속을 넣어 베고 잔다.
- 오벤전향을 방안에서 피우면서 소원을 빈다

158
현 일자리보다 더 좋은 곳으로 가길 바란다

- 무량광황금불화를 거실에 걸어두던가, 금강저108염주를 거실에 보관한다.
- 복용귀병 속에 생일과 이름 원하는 회사 이름을 써서 넣고 생기명당토(5통정도)로 ¾ 채운 다음, 공부방에 둔다.
- 황제착응망에 싸서 자녀 잠자는 요 밑에 일 년 간 깔아 준다. (3개월마다 바꾸면 좋다)
- 문창귀인벽사목 1개와 백수정각 21개와 무지개색은행알 21개를 빨간 주머니에 넣어 속옷 서랍에 같이 넣는다.
- 문창귀인벽사목에 자녀 생일과 이름을 써서 명산에 묻는다.
- 황제착응망을 요 밑에 깔고 잔다.
- 동목호관직인 1개와 전승취승구 1개에 원하는 직함을 써서 그 회사 화단에 묻는다.
- 벽사양류판에 생일과 이름을 새겨서 회사 안에 큰 나무 밑에 묻어둔다.

159

승진시험에 꼭 합격하길 바란다

- 팔괘음양화 그림을 걸어놓는다.
- 광득명합격저폐로 눌러놓는다. 매일 아침 같은 시간에 전승완취향을 피우면서 소원을 읊조리며 기원한다.
- 천승팔괘출세탑 1개와 같이 선산 조부모 묘(묘에서 5발자국 떨어진 곳에) 파고 묻고, 생기명당토 5통을 뿌리고 온다.
- 옹제신에 이름을 써서 하루에 1개씩 하천에 가서 깨트린다. 7일간 계속해야 한다.
- 문창귀인벽사목에 생일과 이름을 써서 침대 요 밑에 넣어둔다.
- 만통구 7개를 오색실로 묶어 본인 회사서랍에 넣어둔다.
- 복용귀병 속에 원하는 자리와 생일과 이름을 써서 넣고 생기명당토로 7부 채워서 침실에 둔다.
- 호법신동복백자 속에 가족의 이름을 써서 넣고 거실에 놓는다.
- 천호관 목걸이를 몸에 지니고 다닌다.
- 벽사양류판에 생일과 이름을 새겨서 회사 안에 큰 나무 밑에 묻어둔다.

160
모든 시합 대회에서 승리 이기고 싶다

- 무량광황금불화를 거실에 걸어두던가, 금강저108염주를 거실에 보관한다.
- 법신동복백자 속에 가족의 이름을 써서 넣고 거실에 놓는다.
- 스투파만달옴청을 차에 걸고 다닌다.
- 귀면인매병 안에 생일과 이름을 흰 창호지에 써서 넣고, 생기명당토로 7부 채워서 침실에 놓는다.
- 황제착응키 3개를 창호지에 싸서 장롱 속에 넣어둔다.
- 동목호관직인에 생일과 이름을 새겨서 큰절 뒷산에 묻는다.
- 태백동복피를 종이컵 ¾씩 채운 것을 4개 만들어 집안 네 구석에 놓는다.
- 천기복 팬티를 매일 입고 다닌다.
- 예귀루복피로 베개 속을 넣어 베고 잔다.

161

부정적 사고방식은 부정을 부른다

● 생각이라는 것은 어찌 보면 예지와 상통하는 부분이 있다. 생각을 해서 그 일을 부르는 것인지, 아니면 그 일이 올 것이기에 생각이 난 것인지 과학적으로 증명할 길은 없지만 확실히 두 단어는 연결되어 있다.

새 차를 구입하여 처음 시승할 때 '이번에 산 새 차는 절대 사고가 나지도 않을 것이고 사고를 내지도 말자.' 라는 생각을 했다면, 그것은 이미 사고가 날 것을 예지한 것이다.

마음에는 현재 의식에서 각인된 언어를 집중적으로 받아들이는 잠재의식 층이 내재되어 있다. '절대 사고를 내지 말자' 할 때 이미 '사고' 라는 부정적 의미의 단어가 잠재의식 층에서 받아들여져 사고 날 찬스가 많은 장소쯤에서 실제 '사고' 라는 명령을 내리는 무의식적 상념체가 발한다. 이왕이면 '사고를 내지 말자' 라는 부정적인 구호보다는 '나는 안전운전을 할 것이다', '이번에 산 새 차는 나를 안전하게 보호하는 행운의 차이다' 라는 구호가 더 바람직하고 긍정적인 구호이다. 이렇듯 인생 만사가 잠깐의 인식 전환으로 불행을 행복으로 바꿀 수 있는 계기가 있으나, 문제는 부정적 사고를 하는 사람은 어느 사안을 대하더라도 매번 부정적 사고에서 나오는 언어를 먼저 쏟아내어 일을 그르치는 시점을 마련한다.

반대로 긍정적 사고를 하는 사람은 어느 사안을 대하더라도 긍정적 사고에서 나오는 언어를 사용하여 일의 시점부터 성공의식을 본인과 주위에 심어준다. 그러니 우리는 모두 부정적 생각보다는 긍정적 생각을 하여 앞으로 올 일을 행복한 삶으로 만들어야겠다.

162

공부나 연구를 효과적으로 하는 법

● 어차피 고생하면서 하는 공부나 연구라면 그 노력의 결실을 맺어야 할 것이다. 그렇게 하려면 이런 방법을 쓰는 것이 좋다.

첫째,
목표를 정했으면 주변의 잡소리에 신경 쓰지 않는다. 우선 자신이 공부해야 할 분야를 정하는 것이 선결인데, 그것을 일단 정했으면 도중에 우왕좌왕하는 일 없이 전진하는 것이 중요하다.

둘째,
만능일 필요는 없다. 다 잘하려고 하지 말고 자신이 꼭 필요로 하는 분야만 집중적으로 연구하는 것이 좋은 방법이다.

셋째,
맞지 않는 분야로는 가지 않는다. 문과로 진학하고 싶어 하는 아들을 억지로 이공계로 넣었으나 아들은 노이로제에 걸려 대학을 중퇴해버린 부모를 주변에서 많이 보았다. 적성에 맞는 분야와 본인이 좋아하는 분야를 진로를 결정해주는 것이 매우 중요하다.

163

입사시험 직장취업시험의 요령

- 들어가고 싶은 회사가 있으면 입사시험 보기 전에 한 번 방문하여 위치라던가 회사 전경이나 분위기를 익혀두는 것이 좋다. 뿐만 아니라 요즘은 인터넷상에 회사에 대한 정보가 다 나와 있으니 회사의 취지부터 경영진의 방침이나 회사가 원하는 것이 무엇인가를 충분히 알고 마음가짐을 단단히 하고 가야 한다.

어떤 이는 그 회사의 사진 전경이나 조감도를 자신의 방에 걸어 놓고 항상 보면서 자기최면을 하기도 한다. '나는 이 회사 직원이다.' '나는 이 회사에 취직하여 꼭 성공할 것이다.' 라는 최면을 걸면서 마치 그 회사의 직원이 된 것처럼 친근감을 갖고, 회사 건물 안에서 일하는 자신의 모습을 구체적으로 연상한다고 한다.

입사시험에서 특히 면접시험은 그저 막연하게 치러서는 안 될 사항이다. 매우 중요한 일인 것이다. 입사 면접 시험에 합격 성공하기 위해서는 명심해야할 것이 있다.

첫째,
긴장하지 말고 여유를 갖고 시험에 임한다. 너무 긴장하면 본래의 실력조차 발휘할 수 없게 된다. 떨지 않는 게 우선이다.

둘째,
때로는 기발한 면을 보인다. 엉뚱한 부분이 면접관을 감동시킬 수 있다. 자신감이 깃들였을 때 말이다.

셋째,
회사의 방침이나 회사가 원하는 것, 회사의 전략 등을 미리 숙지하고 간다. 회사에 따라 종교나 정치적 색깔을 호불호 할 수 있으니 소소한 것까지 알고 가는 것이 유리하다.

넷째,
그 회사의 사진 전경이나 조감도를 자신의 방에 걸어 놓고 항상 보면서 자기최면을 거는 염력을 활용한다.

164

마음자세와 행동으로 빚는 징조

- 항상 기쁜 얼굴 표정으로 미소를 띠고 대인관계를 하면 좋은 인상을 주고 귀인의 도움으로 대길할 징조이다.

- 즉흥적으로 일을 하는 사람은 오래가지 못하고 멈출 징조이다. 계획한 일이 제대로 될 리 없고 오래 지속되지도 않는다.

- 남의 탓을 습관처럼 하는 사람은 무력감이나 분노와 짜증이나 스트레스로 인해 좌절하거나 불행해지는 경우가 있다.

- 규칙적으로 일찍 일어나면 시냇물이 모여 바다를 이루듯이 작은 결실이 모여서 큰 행운을 부른다.

- 잘난 체하는 사람을 만나면 침묵해야 한다. 그래야만 복이 나를 따르고 운이 내게 온다.

- 필요 이상으로 남의 일에 나서는 사람은 좋은 일을 하고도 뺨 맞는 격으로 애만 실컷 쓰고 공 없이 구설수에만 오른다.

- 하는 일도 없이 늘 바쁘다고 총총대는 사람은 심적인 갈등과 떳떳지 못한 일에 연루되어 구설수에 오를 징조이다. 신경 질환이 아니면 쓸데없는 시비로 곤란한 일이 생길 수 있다.

- 이간질로 친구 사이를 갈라놓으면 비방이나 구설 등으로 고립을 겪게 되거나 하는 일에 장애가 생겨 일이 막힌다.

- 입만 열면 거짓말을 하는 사람은 3대까지 재앙이 따를 수 있다. 남을 속이는 거짓말은 예리한 칼보다 더 흉한 무기로 둔갑하여 나쁜 업이 되어 남을 해칠 수 있다.

- 남에게 억울한 누명을 씌우면 예기치 않은 사고로 장애인이 되거나 재산을 모두 잃어버리게 된다.

- 달면 삼키고 쓰면 뱉는 사람은 구하는 것을 구하지도 못하고 얻고자 하는 것을 얻지도 못하는 재앙이 올 수 있다.

- 생각이 좁은 소인과 원수지면 숨겨졌던 비밀까지 소문이 나서 애매한 구설수로 고통받는 일이 생길 수 있다.

- 볼멘소리로 늘 불평이 많으면 불운이 찾아온다. 늘 불만이나 불평이 많아 투덜거리는 사람에게는 슬픈 일과 괴로운 일이 찾아온다.
- 항상 불평불만이 많으면 남의 험담이 많을 징조이다. 그런 사람이 있는 곳에는 늘 방안 공기가 흐려져 있어 될 일도 안 된다.
- 안하무인으로 살면 예기치 않는 화를 입을 징조이다. '무식한 사람이 이긴다.' 는 말이 있듯이 일반상식을 무시한 채 경우 없이 밀고 나가 자기 이득을 보는 사람은 반드시 천벌과 재앙이 따른다.
- 남에게 증오와 원한을 많이 사면, 되는 일이 없고 재수가 없다. 하는 일마다 마가 끼어 자식들이 안 된다.
- 원망을 일삼는 사람은 큰 불행을 당할 징조이다. 가정, 사회, 국가를 사랑하는 사람은 큰 복을 누리게 되지만, 제 못난 것은 모르고 국가를 원망하고, 사회를 원망하고, 가정을 원망하는 것이 습관화된 사람은 구업 (口業)이 쌓여 큰 불행을 당 할 수 있다.
- 늘 우울하고 어두운 사람은 불행이 친구인줄 알고 따라온다.
- 공과 사를 구별하지 못하면, 끊고 맺음이 분명치 못한 업보로 매사 하는 일마다 꼬이고 장애가 따른다.
- 의도적으로 남에게 손해를 입히는 사람은 돈이 모이질 않고 손재수가 늘 따라다닌다. 일이 풀리지 않는다.
- 남이 나에게 베풀어준 은혜를 잊고 살면 어렵게 얻은 재물이나 명예를 한순간에 잃게 된다.

165

매월마다 행운을 부르는 재수있는 보석종류

- 1월생에게 대길한 보석은 가닛이다.
  다음으로 토파즈, 터키석, 자수정, 산호, 아콰마린 순서대로 좋다.

- 2월생에게 대길한 보석은 자수정이다.
  다음으로 터키석, 가닛, 산호, 아콰마린, 다이아몬드 순서대로 좋다.

- 3월생에게 대길한 보석은 산호와 아콰마린이다.
  다음으로 가닛, 자수정, 다이아몬드, 비취, 에메랄드 순서대로 좋다.

- 4월생에게 대길한 보석은 다이아몬드이다.
  다음으로 자수정, 산호, 아콰마린, 비취, 에메랄드, 진주 순서대로 좋다.

- 5월생에게 대길한 보석은 비취, 에메랄드이다.
  다음으로 산호, 아콰마린, 다이아몬드, 진주 루비 순서대로 좋다.

- 6월생에게 대길한 보석은 진주이다.
  다음으로 다이아몬드, 비취, 에메랄드, 루비, 페리도트 순서대로 좋다.

- 7월생에게 대길한 보석은 루비이다.
  다음으로 비취, 에메랄드, 진주, 페리도트, 블루사파이어 순서대로 좋다.

- 8월생에게 대길한 보석은 페리도트이다.
  다음으로 진주, 루비, 블루사파이어, 오팔 순서대로 좋다.

- 9월생에게 대길한 보석은 블루사파이어이다.
  다음으로 루비, 페리도트, 오팔, 토파즈 순서대로 좋다.

- 10월생에게 대길한 보석은 오팔이다.
  다음으로 페리도트, 블루사파이어, 토파즈, 터키석 순서대로 좋다.

- 11월생에게 대길한 보석은 토파즈이다.
  다음으로 블루사파이어, 토파즈, 가닛, 터키석 순서대로 좋다.

- 12월생에게 대길한 보석은 터키석이다.
  다음으로 오팔, 토파즈, 가닛, 자수정 순서대로 좋다.

보석이 담고 있는 행운

- 가닛은 정조, 우애, 진실, 자손번창, 희망, 발전, 실천 등.
- 자수정은 성실, 평화, 희망, 신의 가호, 발전, 실천 등.
- 산호, 아콰마린은 침착, 총명, 용기, 재능, 인기, 통솔력, 이성관계 등.
- 다이아몬드는 청정한 마음, 사랑, 소원성취, 신의 가호, 명예, 성공 등.
- 비취, 에메랄드는 행운, 행복, 부귀영화, 운수대통, 경사, 명예, 성공 등.
- 진주는 건강, 장수, 부귀, 재물, 부부금슬, 결혼, 인품, 화해, 직업 등.
- 루비는 정열, 덕망, 위엄, 사교, 인자, 좋은 인연, 음덕 등.
- 페리도트는 행복, 부부화합, 선연상봉, 좋은 인연, 음덕, 사교 등.
- 블루사파이어는 성실, 자애, 덕망, 권위, 건강, 재물, 승진 등.
- 오팔은 환희, 덕심, 인내, 안락, 안정, 인자, 극복, 부동산, 부하 등.
- 토파즈는 희망, 행운, 우정, 결백, 안정, 인자, 덕심, 부동산, 부하 등.
- 터키석은 승리, 승진, 화목, 성공, 합격, 사랑, 효심, 발전, 우애, 발전, 득자 등의 행운을 의미한다.
- 사랑을 받아 주기를 바랄 때는 다이아몬드와 가닛과 루비를 선물한다.
- 합격하라는 뜻으로 터키석, 비취, 에메랄드를 선물한다.

만사형통 성공하는 사람들의 **운세처방백과**

6장
부부애정합심
사랑연애애인
친족가족화합

166 가정 가족 모두가 원만하길 바란다
167 부부가 장수하며 백년해로하길 바란다
168 애정이 깊어져 부부금슬이 좋아지길 바란다
169 부인이나 남편 한쪽의 건강이 나빠 불행하다
170 서먹한 부부간에 애정 합의 붙이고 싶다
171 권태기가 와서 부부 다툼이 많다
172 바람기 풍파로 부부이별 위기직전이다
173 부인이 방탕하여 자주 가출해 걱정이다
174 남편의 바람기로 가정이 위태롭다
175 여자의 바람기를 눌러 안정시키고 싶을 때
176 궁합이 나빠 부부생활이 곤란 할 때
177 부부간의 생활 좋은 징조 나쁜 징조
178 결혼으로 생긴 징조에 따른 일들
179 주벽이 심하고 의처증이 심하다
180 남편의 사랑을 더욱 받고 싶다
181 부부 자녀 친족들이 합심 잘 되길 원한다
182 부부간의 이혼 이별수를 방지하고 싶다
183 남편의 의처증이 극심해서 괴롭다
184 남편의 간통녀 첩 떼기를 간절히 바란다
185 은밀하게 사랑하는 사람들의 징조
186 좋아하는 이성에게 관심을 받고 싶다
187 좋아하는 상대가 먼저 접근해 오게 하고 싶다
188 사랑고백을 해서 상대의 마음을 얻는 법
189 단번에 청혼 신청해서 성공하고 싶다
190 결혼하고 싶은 인연자도 같은 마음이길 원한다
191 짝사랑하는 사람의 사랑을 얻고 싶다
192 떠나버린 애인을 다시 돌아오게 하고 싶다
193 애인이 만나는 다른 상대를 떼어내고 싶다
194 첫사랑 애인과 영원히 같이 하고 싶다
195 남자 여자 청춘 연애의 징조들
196 애인의 바람기를 잠재우고 나만 바라보게 하는 법
197 끈질기게 쫓아다니는 상대를 떼어내는 방법
198 부모의 결혼 반대를 허락받고 싶다
199 삼각관계를 속히 정리 청산하고 싶다
200 돌싱으로 좋은 인연과 재혼하고 싶다
201 남녀 이성에 대한 예감과 징조들
202 미혼자 이성에게 관심을 받고 싶다
203 노총각 노처녀가 결혼하여 가정을 꾸리고 싶다
204 변심한 사람 마음 다시 되돌리고 싶다
205 현실적으로 이뤄지기 힘든 애정관계 이루고 싶다
206 능력 있고 돈 많은 사람과 인연 맺길 원한다
207 싫은 사람과 교제단절하고 떼어내고 싶다
208 배신한 남자를 저주하는 주술
209 이웃집 교재 소통 인간관계 행동
210 헤어진 애인에게서 전화오길 바란다
211 돌아선 애인의 마음을 돌려 다시 만나고 싶다
212 사내에 퍼진 불륜관계 소문과 구설수 막고 싶다
213 이웃과 사이좋게 지내고 싶을 때
214 내 문제의 답은 나만 알 수 있다

166

가정 가족 모두가 원만하길 바란다

- 일월용승천도를 거실에 걸어둔다.
- 금강저108염주를 서랍에 넣어두고 하루에 1번씩 꺼내어 금강경을 외며 돌린다.
- 복용귀병 속에 가족의 이름을 써서 넣고 거실에 보관한다.
- 옹제신 뒷면에 가족 이름을(각각 1개씩) 써서 산에 묻고 그 위에 생기명당토를 뿌리고 온다.
- 태백동복피를 종이컵 ⅓씩 채운 것을 4개 만들어 집안 네 구석에 놓는다.
- 황금래저폐와 수복금저폐를 자신의 땅에 묻는다. (아파트이면 안방 바닥에 깔아놓는다)

167

부부가 장수하며 백년해로하길 바란다

- 무량광황금불화를 거실에 걸어둔다.
- 금강저108염주를 돌리며 매일 금강경을 염송한다. 염송할 때 응재착향을 피우면서 하면 더욱 효험이 크다.
- 천통상향저폐와 금강팔괘목을 싱크대 위 칸에 올려둔다.
- 속옷 서랍에는 부부합정해로목 1개와 백수정각 25개와 무지개색은행알 21개를 빨간 주머니에 넣어 같이 넣는다.
- 황금 비단 이불과 베개를 만들어서 덮고 잔다.
- 거실과 방마다 퀄라화향을 삼 일간 피운다.
- 옹제신 뒷면에 부부 이름을(각각 1개씩) 써서 산에 묻고 그 위에 생기명당토를 뿌리고 온다.

168

애정이 깊어져 부부금슬이 좋아지길 바란다

* 무량광황금불화를 거실에 걸어둔다.
* 애정착합심목 2개와 만병불침목 3개와 무지개색은행알 21개를 빨간 주머니에 넣어 속옷 서랍에 둔다.
* 황제착응망을 요 밑에 깔고 잔다.
* 천통상향저폐와 부부합정해로목을 싱크대 위 칸에 올려둔다.
* 오행목벽피를 3kg 구해서 베개 속에 넣고 잔다.
* 호법팔진목을 신발장 맨 위 칸에 놓는다.
* 옹제신 뒷면에 부부 이름을(각각 1개씩) 써서 산이나 공원 같은 청결한 곳에 가서 깨버리고 온다. 동서남북으로 하면 좋다.
* 차 안에 스투파만달옴청을 걸고 다닌다.
* 나비춉 팬티를 일주일에 3번 이상 입는다.

169

부인이나 남편 한쪽의 건강이 나빠 불행하다

- 무량광황금불화를 거실에 걸어두던가, 금강저108염주를 거실에 보관한다.
- 칠성제천저폐와 황가목저폐를 싱크대 위 칸에 올려둔다.
- 동목호관직인 1개와 전승취승구 3개와 백수정각 21개와 무지개색은행알 21개를 노란 주머니에 넣어 속옷 서랍에 넣어둔다.
- 화타통치병 속에 백수정각을 24개와 쌀 한 주발과 함께 부부의 이름을 써서 넣고 침실에 둔다.
- 오행목벽피(복숭아, 소나무, 버드나무, 가래나무, 느티나무)를 각 방마다, 신발장 위에 올려놓는다.
- 옹제신에 생일과 이름을 써서 강가에 가서 깨뜨린다.

170

서먹한 부부간에 애정 합의 붙이고 싶다

- 황제착응망을 요 밑에 깔고 잔다.
- 부부합정해로목에 생일과 이름을 새겨서 큰절 뒷산에 묻는다.
- 스투파만달옴청을 침실에 걸어둔다.
- 애심주성지에 부부이름을 쓴 뒤, 학을 접어서 천승목단청자 안에 가득 채운다.
- 애정착합심목 2개와 만병불침목 3개와 무지개색은행알 21개를 빨간 주머니에 넣어 속옷 서랍에 둔다.
- 나비촙 팬티에 남편은 부인의 이름을 써서 입고, 부인은 남편의 이름을 써서 매일 입는다.
- 옹제신 뒷면에 부부 이름을(각각 1개씩) 써서 산에 묻고 그 위에 생기명당토를 뿌리고 온다.

171

권태기가 와서 부부 다툼이 많다

- 태백동복못 두 개를 준비해서 남편 것과 부인 것을 정해서 생일과 이름을 각각 쓴다. 나비촙팬티에도 각각 이름을 쓴 다음, 서로 바꾸어서(남편 이름 쓴 팬티에는 부인 이름 쓴 태백동복못을, 부인이름 쓴 팬티에는 남편 이름 쓴 태백동복못을) 싸서 삼베나 소창에 같이 싼다. 베개 옆에 3일간두었다가 가까운 산에 가지고 가서 태운다.

- 호법태극망을 요 밑에 깔고 잔다.

- 옹제신에 이름을 써서 하루에 1개씩 하천에 가서 깨트린다. 7일간 계속해야 한다.

- 부부합정해로목 1개와 백수정각 21개와 무지개색은행알 21개와 호법팔진목 1개를 빨간 주머니에 넣어 속옷 서랍에 같이 넣는다.

- 훼골퇴복피로 베개 속을 넣어 베고 잔다.

- 나비촙 팬티를 일주일에 3번 이상 입는다.

172

바람기 풍파로 부부이별 위기직전이다

- 나비춉팬티를 두 개를 준비해서 남편 것과 부인 것을 정해서 생일과 이름을 각각 쓴다. 남편 것에는 남편의 나이 수만큼 저주살못을 찌르고, 부인의 것에는 부인의 나이 수만큼 저주살못을 찌른다. 흰 소창 1m에 이것을 같이 잘 싼 다음, 침대 밑에 3일간 두었다가 가까운 산에 가지고 가서 태운다. 탄 재를 모두 흙에 묻고 그 위에 오색천사를 뿌리고 온다.

- 태백동복지 8단으로 집안 곳곳을, 특히 안방이나 침실 쪽을 두드리고 다니다가 주방에 세워놓고, 같은 방법으로 두 번째 날은 화장실에 세워놓고, 3일째 되는 날은 온 집안을 두드린 다음, 곧장 밖으로 나가서 불에 태워버린다. (자주 많이 할수록 좋다.)

- 훼골퇴복피로 베개 속을 넣어 베고 잔다.

173

부인이 방탕하여 자주 가출해 걱정이다

- 나비춉팬티를 두 개를 준비해서 남편 것과 부인 것을 정해서 생일과 이름을 각각 쓴다. 남편 것에는 남편의 나이 수만큼 저주살못을 찌르고, 부인의 것에는 부인의 나이 수만큼 저주살못을 찌른다. 흰 소창 1m에 이것을 같이 잘 싼 다음, 침대 밑에 3일간 두었다가 가까운 산에 가지고 가서 태운다. 탄 재를 모두 흙에 묻고 그 위에 오색천사를 뿌리고 온다.

- 태백동복지 8단으로 집안 곳곳을, 특히 안방이나 침실 쪽을 두드리고 다니다가 주방에 세워놓고, 같은 방법으로 두 번째 날은 화장실에 세워놓고, 3일째 되는 날은 온 집안을 두드린 다음, 곧장 밖으로 나가서 불에 태워버린다.

174

남편의 바람기로 가정이 위태롭다

✿ 스투파만달옴청을 거실에 걸어둔다.

✿ 벽사양류판에 남편의 생년월일시와 이름을 쓰고 남편의 팬티에 싼다. 이것을 주방에 하룻밤 놓았다가 다음 날 동쪽에 있는 산에 가서 묻는다. 두 번째에는 남쪽에 있는 산에 묻고, 세 번째에는 서쪽에 있는 산에 묻고, 네 번째에는 북쪽에 있는 산에 묻고, 다섯 번째에는 고향(선산)에 있는 산에 묻고 온다.

✿ 액맥이화살에 부인의 생년월일시와 이름을 쓴 종이를 끼워 과녁(도화지로 만듬)에 12번 쏜다. 이것을 달이 없는 밤에 불로 태우고 나서 재를 흔적도 없이 흙으로 덮은 뒤, 발로 열십자로 긋는다. 그 위에 적광퇴치석을 뿌리고 오면 된다.

✿ 무지개색은행알 49개와 백수정각 24개와 저주살못 나이 수만큼 과 함께 빨간 주머니에 넣어 장롱 속 깊이 넣어둔다.

✿ 나비촙 팬티를 일주일에 3번 이상 입는다.

✿ 옌쮀애심목과 부부합정해로목을 싱크대 위 칸에 올려둔다.

✿ 태백동목검을 신발장 위에 올려 둔다.

175

여자의 바람기를 눌러 안정시키고 싶을 때

- 팔괘만다라 그림을 벽에 걸어둔다.
- 무지개색은행알 49개와 백수정각 24개와 저주살못 나이 수만큼 과 함께 노란 주머니에 넣어 장롱 속 깊이 넣어둔다.
- 액맥이화살에 부인의 생년월일시와 이름을 쓴 종이를 끼워 과녁(도화지로 만듦)에 12번 쏜다. 이것을 달이 없는 밤에 불로 태우고 나서 재를 흔적도 없이 흙으로 덮은 뒤, 발로 열십자로 긋는다. 그 위에 적광퇴치석을 뿌리고 오면 된다.
- 열쇠 달린 자물통을 안방문에 3일간 매달아 놓았다가 3일 후에 남편의 허리춤에 자물통과 열쇠를 달고 100일간 다닌다.
- 태백동복지 8단으로 집안 곳곳을, 특히 안방이나 침실 쪽을 두드리고 다니다가 주방에 세워놓고, 같은 방법으로 두 번째 날은 화장실에 세워놓고, 3일째 되는 날은 온 집안을 두드린 다음, 곧장 밖으로 나가서 불에 태워버린다. (자주 많이 할수록 좋다.)
- 동목호관직인에 생일과 이름을 새겨서 큰절 뒷산에 묻는다.
- 오행목벽피를 4통을 준비해서 뚜껑을 연채로 집안 네 귀퉁이에 놓는다.
  두 번째로 훼골퇴복피를 4통을 준비해서 뚜껑을 연채로 침실 네 귀퉁이에 놓는다.
- 옹제신 뒷면에 가족 이름을(각각 1개씩) 써서 산에 묻고 그 위에 생기명당토를 뿌리고 온다.
- 귀면인매병 안에 부인의 생일과 이름을 흰 창호지에 써서 넣고, 흑훼월석으로 7부 채워서 거실에 둔다.

176

궁합이 나빠 부부생활이 곤란 할 때

❋ 속옷 서랍에 부부합정해로목과 애정합심목과 무지개색은행알 21개, 백수정각 13개를 노란 주머니에 넣어 같이 넣는다.

❋ 액맥이화살에 부부의 생년월일시와 이름을 쓴 종이를 끼워 과녁(도화지로 만듦)에 12번 쏜다. 이것을 달이 없는 밤에 불로 태우고 나서 재를 흔적도 없이 흙으로 덮은 뒤, 발로 열십자로 긋는다. 그 위에 링첸향수와 흑훼월석을 뿌리고 오면 된다.

❋ 태백동복못 두 개를 준비해서 남편 것과 부인 것을 정해서 생일과 이름을 각각 쓴다. 나비촙팬티에도 각각 이름을 쓴 다음, 서로 바꾸어서(남편 이름 쓴 팬티에는 부인 이름 쓴 태백동복못을, 부인 이름 쓴 팬티에는 남편 이름 쓴 태백동복못을) 싸서 삼베나 소창에 같이 싼다. 베개 옆에 3일간두었다가 가까운 산에 가지고 가서 태운다.

❋ 귀면인매병 안에 부부의 생일과 이름을 흰 창호지에 써서 넣고, 오색천사를 7부 채워서 침실에 둔다.

❋ 훼골퇴복피를 3kg 구해서 베개 속에 넣고 잔다.

177

부부간의 생활 좋은 징조 나쁜 징조

* 부모 자식 사이가 화목하면 집안이 재수가 있고 온 가족이 평온하며 자손이 창성한다. 점차적으로 가운이 좋아진다.

* 부인이 어질고 현명하면 남편의 사업이 번창하고 사업 확장될 좋은 운이 들어온다. 부인이 집안에서 살림을 안정적으로 잘해주면 남편 하는 일이 배가되어 성공한다.

* 부부가 돈이 없어 가난해도 애정이 좋으면 점차적으로 집안이 번창한다. 이것은 하늘에서 도와주는 천운으로서 가운이 승승장구로 부자가 될 운이며 자녀들도 경사스러운 일이 따른다.

* 부부가 잠자리에서 오순도순 집안일을 상의하면 가정이 평안해지고 만사 대길 해진다. 잠자리 공론은 서로가 상대를 배려하는 마음이 크기 때문에 의견수렴도 잘되고 이해 폭이 넓어지니 안 될 일이 없다.

* 부부지간에 조화가 잘 맞으려면 서로에게 배려하는 마음이 커야 하고 항상 상대를 생각하며 한발 져주는 양보심이 앞서야 한다. 남편을 이겨서 뭐 하겠는가? 아내를 이겨서 뭐 하겠는가? 둘은 같은 편이기 때문에 싸우면 손실이 큰 것이다.

* 남편의 아침밥을 안 해주면 가세가 기울고 직장에서 힘을 못 쓰고 능력이 저하된다. 점점 가운이 약해지고 불행이 닥치고 행운은 달아난다.

* 의부증이나 의처증이 심하면 부부애정에 금이 갈 수 있다. 둘 중 하나는 건강이 나빠지고 가정은 위태로워진다.

* 정월 초하룻날 부부싸움을 하면 일 년 내내 싸우게 되고 재수가 없어 금전 운이 달아난다. 예상치 못한 재앙도 따른다.

* 사랑싸움이 잦으면 애정이 더 깊어질 징조이다. 하지만 정도가 지나치거나 서로의 자존심을 건드리는 것은 삼가야 한다.

- 정월 초하룻날 여자의 소리가 크게 담 밖으로 나가면 집안이 재수가 없고 망한다고 한다.
- 남편이나 아내나 서로에게 잔소리가 심하면 마음의 병이 생기거나 애정에 금이 간다고 한다.
- 남편이나 아내가 부부지간에 서로 듣기 거북한 욕을 습관적으로 하면 집안에 되는 일이 없고 우환이 끓고 집안이 늘 어둡고 우울하다.
- 남편 사업에 부인이 지나치게 간섭하면 재수가 없어 사업이 안 된다. 가까운 사람으로부터 침해를 받는다.
- 남편이 부인이나 딸을 습관적으로 학대를 하면 패가망신하거나 큰 재앙이 따른다.
- 부부지간에 너무 예절이 없으면 불신과 반목으로 정이 없이 살 징조이다.
  아무리 다정한 부부라도 서로 지켜야할 예절이 있는데 이를 지키지 않고 살면 부부의 신뢰가 깨져서 불행이 닥친다.
- 누워있는 남편을 그 위로 타고 넘어가면 재수가 없어 남편이 밖에서 하는 일이 불성사하고 남에게 무시당하게 된다.
- 부부싸움을 한 후 24시간을 넘기지 말고 빨리 화해하는 것이 좋다. 싸움이 길어지면 뜻하지 않은 재앙이 닥치고 손재수가 생긴다.
- 아내나 남편의 신발을 함부로 밟으면 부부 간의 정이 식어 서로를 무시하고 존경심이 없어지고 불화가 시작된다.

178

결혼으로 생긴 징조에 따른 일들

- 결혼을 준비도 않고 정신없이 서둘러 하면 실수할 수가 있고, 한평생 눈물로 보내게 된다.

- 결혼식 때, 신부의 비녀나 장신구나 부케가 망가지면 불길한 징조이다. 맺지 못할 인연으로 불행이 찾아올 수 있다.

- 결혼식 때 신부가 큰소리로 울면 행복하게 잘 살 징조로 본다. 결혼식 날 신부가 눈물을 흘리면 생활이 윤택해지고 결혼생활에서 울 일이 없어진다고 한다. 거짓으로라도 눈물을 보이는 것이 좋다.

- 결혼하지 않은 처녀가 면사포를 쓰면 좋은 인연을 만나기 어렵고, 결정적으로 맘에 들지 않는 사람과 결혼하게 된다.

- 결혼식 날은 맑은 날 결혼하는 것이 좋다. 하늘에 도와준다는 의미이고, 개날(戌日) 결혼식을 하면 다툼이 많고 헤어지게 된다는 속설이 있다.

- 사랑하지도 않는데 결혼을 하면 아주 어리석은 사람이다. 일평생을 같이 살 사람과 사랑이 없다면 둘 다 불행한 것이고, 평생 후회로 마음 고통을 가슴에 안고 산다.

- 단지 돈 만보고 돈 때문에 결혼하는 사람은 하늘의 재앙을 받아 불구가 되거나 불행해 진다.

- 결혼식에 사용하는 용품들은 2개의 끈을 사용하거나 리본으로 매야만 음양이 맞아 행운이 따른다고 한다. 신랑의 넥타이도 나비넥타이가 바람직하다.

- 웨딩마치를 하다가 신부가 신랑의 발을 밟게 되면 생활 주도권을 신부가 잡게 된다는 속설이 있다.

- 부부의 외모가 서로 비슷하면 삶이 순탄치 못하고 불행이 닥친다고 한다. 음양의 이치로 서로 대칭되게 만나면 행복하게 백년해로할 수 있다.

- 결혼에 성공하려면 버드나무 위에 신었던 신발을 던져 걸어 놓으면 원하는 상대와 1년 안에 결혼하게 된다.
- 결혼식 날 신부가 화를 내면 첫 아들을 낳을 징조이다.
- 신부가 나무 무늬가 있는 옷을 입으면 애정이 오래가는 잉꼬부부가 된다.
- 6월에 결혼한 신부는 행복하게 산다는 속설이 있다. 영어로 6월 JUNE은 여신 주노로부터 왔다. 주노 신은 신(神) 중의 왕인 주피터의 아내로서 미혼 여성들의 수호신이다. 그러므로 6월에 결혼하면 주노의 신이 육아나 가사 일들을 도와주어 행복한 가정을 꾸릴 수 있다고 한다. 반면 6월에 결혼한 남자가 바람을 피우면 주노의 질투와 벌이 내려 재앙이 따른다고 한다.
- 한 해에 딸 둘을 결혼 시키면 한쪽이 기운다고 예부터 전한다.
- 남의 부부싸움에 참견하면 구설수에 오르거나 욕을 먹고 미움을 받게 된다. 친한 사이라도 부부싸움엔 끼어들지 않는 것이 좋다.
- 결혼하는 날, 돈이나 패물을 잃어버리면 의견 충돌이 많아지고 불운이 닥쳐 이혼할 수 있다.
- 결혼식 날 금지해야 되는 말들, '되돌리다, 돌려주다, 멀어지다, 떨어지다, 헤어지다, 끊어지다, 인연이 없다, 퇴색하다, 물리치다, 이혼한다, 떠나다, 얇다, 비었다, 싫다, 좋아하지 않는다, 물들지 않는다, 어쩐지 기분 나쁘다, 죽었다, 다쳤다, 쓰러졌다 등이다.

179

주벽이 심하고 의처증이 심하다

- 탁탑천왕신장목과 호법팔진목을 싱크대 위 칸에 올려둔다.
- 태백동목부적 1개와 백수정각 15개를 함께 넣어 장롱 속 깊이 넣어둔다.
- 귀면인매병 속에 생일과 이름을 써서 넣은 다음, 재패퇴사적색 5통으로 채워서 거실에 둔다.
- 태백동목검에 생일과 이름을 새겨서 산에 가서 묻는다.
- 옹제신 뒷면에 생일과 이름을 쓴 다음, 가까운 물가에 가서 깨버린다.(6개월에 한 번씩 한다)
- 오행목벽피(복숭아, 소나무, 버드나무, 가래나무, 느티나무)를 종이컵에 7부로 4개 만들어서 집안 네 구석에 놓는다.
- 호법태극망을 요 밑에 깔고 잔다.
- 출입문 바깥쪽, 화분이나 화단에 묻고, 흙 위에 마른 대나무 잎 한주먹과 흑훼월석과 금화퇴석을 뿌린다.

180

남편의 사랑을 더욱 받고 싶다

- 태백동복피를 종이컵 ⅔씩 채운 것을 4개 만들어 집안 네 구석에 놓는다.
- 천승목단청자 속에다 부부의 이름을 108번 적어서 넣고 침실에 소장한다.
- 황금래저폐와 수복금저폐를 안방 바닥에 깔게 놓던지 싱크대 위 칸에 올려두고 응재착향을 매일 1개씩 피운다.
- 나비촙 팬티를 매일 입는다.
- 링첸향수를 화장실에 매일 뿌린다.
- 옹제신 뒷면에 부부 이름을(각각 1개씩) 써서 산에 묻고 그 위에 생기명당토를 뿌리고 온다.

181

부부 자녀 친족들이 합심 잘 되길 원한다

- 무량광황금불화를 거실에 걸어두던가, 금강저108염주를 거실에 보관한다.
- 복용귀병 속에 가족의 생일과 이름을 써서 넣고 생기명당토로 7부 채워서 거실에 둔다.
- 동남쪽으로 뻗은 돌 복숭아 나뭇가지를 구하여 신발장 위에 걸어놓는다. 없으면 태백동복지로 대신한다. 훈치퇴향을 3개 피운다.
- 천기복 팬티를 매일 입고 다닌다.
- 성취원키를 주머니에 넣고 다닌다.
- 옹제신 뒷면에 가족 이름을(각각 1개씩) 써서 산에 묻고, 그 위에 생기명당토를 뿌리고 온다.

182

부부간의 이혼 이별수를 방지하고 싶다

- 액맥이화살에 부부의 생년월일시와 이름을 쓴 종이를 끼워 과녁(도화지로 만듦)에 12번 쏜다. 이것을 달이 없는 밤에 불로 태우고 나서 재를 흔적도 없이 흙으로 덮은 뒤, 발로 열십자로 긋는다. 그 위에 링첸향수와 흑훼월석을 뿌리고 오면 된다.

  태백동복못 두 개를 준비해서 남편 것과 부인 것을 정해서 생일과 이름을 각각 쓴다. 나비촙팬티에도 각각 이름을 쓴 다음, 서로 바꾸어서(남편 이름 쓴 팬티에는 부인 이름 쓴 태백동복못을, 부인 이름 쓴 팬티에는 남편 이름 쓴 태백동복못을) 싸서 삼베나 소창에 같이 싼다. 베개 옆에 3일간두었다가 가까운 산에 가지고 가서 태운다.

- 귀면인매병 안에 부부의 생일과 이름을 흰 창호지에 써서 넣고, 오색천사를 7부 채워서 침실에 둔다.

183

남편의 의처증이 극심해서 괴롭다

- 팔괘음양화 그림을 벽에 걸어둔다.
- 태백동목검을 신발장 위에 올려 둔다.
- 속옷 서랍에 부부합정해로목과 애정합심목과 무지개색은행알 21개, 백수정각 13개를 노란 주머니에 넣어 같이 넣는다.
- 훼골퇴복피를 3kg 구해서 베개 속에 넣고 잔다.
- 귀면인매병 안에 남편의 생일과 이름을 써서 넣고 산에 가서 묻고, 흑훼월석을 뿌리고 온다.
- 오행목벽피를 4통을 준비해서 뚜껑을 연채로 집안 네 귀퉁이에 놓는다.
- 벽사양류판을 4개 구해서 집안 네 구석에 놓는다.

184

남편의 간통녀 첩 떼기를 간절히 바란다

❋ 고양이 한 마리의 수염 전부와 쥐꼬리 3개와 개 꼬리털 약간을 구한 뒤, 붉은 봉투에 넣어 남편의 안 입는 윗옷 속에 넣어둔다. 이때 첩 떼는 부적과 같이 넣으면 효험이 크다.

❋ 액맥활화살을 준비하여 화살촉에 첩의 이름을 쓰고, 다시 ― 부목단목절목필히이별성취발원 ― 이라 쓴 것을 첩의 집과 내 집의 중간지점에 땅을 파고 묻는다.

❋ 볏짚으로 만든 인형과 태백동복지를 남편의 나이 수만큼 준비한다. 창호지에 '쓰레받기 여자는 떠났다' 라고 세 번 쓴 다음, 인형 가슴 부분에 저주살못을 15개 꽂고, 태백동복지와 함께 창호지에 둘둘 말아 싼다. 삼베 끈으로 묶어서 산에 가서 묻는다. 흙을 덮고 그 위에 흑훼월석을 뿌리고 오면 된다.

❋ 옹제신에 부부의 사주·이름을 쓴 뒤, 하루에 1개씩 7일간 밤 12시에 집에서 남쪽으로 가서 깨버린다. 남편 속옷 서랍에 신장옹호관저폐를 넣어둔다.

185

은밀하게 사랑하는 사람들의 징조

* 추운 겨울에 남녀가 지나치게 많이 사랑을 한다면 건강을 해치는 재앙이 닥칠 수 있다. 겨울은 음기가 강하고 체내 에너지가 가장 쇠약한 시기이므로 마음만 생각하고 몸을 돌보지 않으면 안 된다.

* 옷을 걸치지 않고 나체로 침대에 누워있는 여자는 뜨겁고 화끈한 성격이거나 경험이 많거나 남자에 대해서 너무 많이 알고 있는, 한마디로 남자를 다룰 줄 아는 여자이고 섹스를 좋아하는 여자이다.

* 여름과 가을에 만난 연인 관계는 서로 상대에 대해 배려를 많이 하고 신경 써야 한다. 순간적인 짧은 판단에 불이 붙었을 수 있으므로 신중해야 차후에 재앙을 피할 수 있다.

* 방에 들어서자마자 TV나 PC를 켠다면 사랑이 식었거나 감추고 싶은 사랑을 하고 있는 경우가 많다.

* 벗은 옷을 대충 의자에 걸쳐 놓는 여자는 마음과 육체가 달아올라 상대의 뜨거운 포옹을 원하고 있는 경우가 많다. 반면에 벗은 옷을 차례차례 옷걸이에 거는 여자는 마음에도 없는 사람과 사랑을 가식적으로 나눌 수 있는 여자이다.

* 벗어놓은 신발을 가지런히 정리하면 상대방의 프러포즈를 기꺼이 받아들여 결혼까지도 할 수 있다는 무언의 행동이다.

* 안짱걸음을 걷는 여자는 애정이 남달리 좋을 수 있다. 뜨거운 사랑과 행운을 몰고 온다는 속설이 있다.

* 질투나 오기가 너무 심하면 행실이 옳지 않으며 그것으로 인해 파멸이란 큰 재앙이 닥친다.

* 눈 내리는 12월 31일 밤에 사랑을 나누면 멋진 환상의 커플이 되어 많은 이의 부러움을 받는다.

186

좋아하는 이성에게 관심을 받고 싶다

- 옌쮀따랑 목걸이를 걸고 다닌다.
- 예귀착황저폐와 황가목저폐를 팬티에 싸서 옷장 안에 넣어둔다.
- 옌쮀따랑 팬티를 매일 입고 다닌다.
- 옌쮀애심목 생일과 이름을 쓴 다음, 큰절 뒷산에 묻는다.
- 강가에 가서 하트 모양 조약돌을 주워 다가 이름을 써서 자주 가지고 다니는 가방 속에 넣고 다닌다.
- 상대의 집을 알고 있다면 1세트는 그 집 앞 근처 나무 밑에 성취원키 3개와 같이 묻고 온다.
- 집 출입문 앞에 화분을 놓고 그 안에 옌쮀애심목 1개와 같이 묻고 오색천사와 생기명당토를 뿌려둔다.

187

좋아하는 상대가 먼저 접근해 오게 하고 싶다

- 상대방의 집과 내 집 사이에 있는 산이나 강가에 가서 예쁜 모양 돌을 주워 다가 깨끗이 씻는다. 물기가 마른 다음 돌에 상대의 이름을 써서 불에 굽는다. (가스불 가능) 뜨겁게 달구어지면 수건에 싸서 두 손에 꼭 쥐고 상대의 집을 향해 서서 소원을 빈다.
- 예귀착황저폐와 황가목저폐를 팬티에 싸서 옷장 안에 넣어둔다.
- 옌쮀따랑 팬티를 매일 입고 다닌다.
- 집 출입문 앞에 화분을 놓고 그 안에 옌쮀애심목(좋아하는 상대의 이름을 쓴 것) 1개와 같이 묻고, 오색천사와 생기명당토를 뿌려둔다.
- 금강저108염주와 백수정각을 108개 빨간 주머니에 넣어 속옷 서랍에 넣어둔다.

188

사랑고백을 해서 상대의 마음을 얻는 법

- 애정착합심목에 상대의 이름과 자신의 이름을 쓴 다음, 동서남북 사방에 있는 명산에 가서 묻는다.
- 상대방의 머리카락을 구할 수 있으면 구해서 손바닥에 놓고 소원을 빌면서 비빈 다음, 불에 태워서 나온 재를 물에 타서 마신다.
- 백수정각을 18개와 **옌쮀애심목** 3개를 빨간 주머니에 넣어 속옷 서랍에 넣어둔다.
- 상대의 집과 내 집의 중간 지점에 산이나 강둑에 애정착합심목 1개와 흙을 파고 묻고 오색천사를 뿌리고 온다.
- 예귀착황저폐와 황가목저폐를 팬티에 싸서 옷장 안에 넣어둔다.

189

단번에 청혼 신청해서 성공하고 싶다

- 애정착합심목과 **옌쮀애심목**을 싱크대 위 칸에 올려둔다.
- 예귀루복피로 베개 속을 넣어 베고 잔다.
- **옌쮀따랑** 팬티를 매일 입고 다닌다.
- **옌쮀따랑** 목걸이를 걸고 다닌다.
- 상대의 집과 내 집의 중간 지점에 산이나 강둑에 애정착합심목 1개와 흙을 파고 묻고 오색천사를 뿌리고 온다.
- 차 안에 스투파만달옴청을 걸고 다닌다.
- 착라전응향을 하루에 3개씩 피운다(아침 점심 저녁)
- 상대의 집을 알고 있다면 그 집 앞 근처 나무 밑에 **옌쮀애심목** 3개와 성취원키 3개를 같이 묻고 온다.

190

결혼하고 싶은 인연자도 같은 마음이길 원한다

- 복용귀병 속에다 인연자의 생년월일시와 이름을 써서 넣고 오색천사로 7부 채워서 침실에 둔다.
- 예귀루복피로 베개 속을 넣어 베고 잔다.
- 애정착합심목과 옌쮀애심목을 싱크대 위 칸에 올려둔다.
- 옌쮀따랑 팬티를 매일 입고 다닌다.
- 황제착응망을 요 밑에 깔고 잔다.
- 옹제신 뒷면에 상대방 이름을(각각 1개씩) 써서 산에 묻고, 그 위에 생기명당토를 뿌리고 온다.
- 옌쮀따랑 목걸이를 걸고 다닌다.
- 착라전응향을 하루에 3개씩 피운다. (아침, 점심, 저녁)

191

짝사랑하는 사람의 사랑을 얻고 싶다

- 상대방의 머리카락을 구할 수 있으면 구해서 손바닥에 놓고 소원을 빌면서 비빈 다음, 불에 태워서 나온 재를 물에 타서 마신다.
- 백수정각을 18개와 **옌쮀애심목** 3개를 빨간 주머니에 넣어 속옷 서랍에 넣어둔다.
- 상대의 집과 내 집의 중간 지점에, 산이나 강둑에 애정착합심목 1개와 흙을 파고 묻고 오색천사를 뿌리고 온다.
- 예귀착황저폐와 황가목저폐를 팬티에 싸서 옷장 안에 넣어둔다.
- 예귀루복피로 베개 속을 넣어 베고 잔다.
- **옌쮀따랑** 팬티를 매일 입고 다닌다.

192

떠나버린 애인을 다시 돌아오게 하고 싶다

❋ 사랑하는 사람을 떠나보냈다면 그 상실감은 매우 클 것이다. 하지만 냉정하게 이성적으로 다시 한 번 생각해 보라. 다시 돌아와 만나서 도움이 될 가치가 있는 사람인지. 기회일 수 도 있다. 인연이 아니기에 헤어지게 되는 경우도 많고, 진정으로 내 인연자라면 다시 돌아오거나 만나게 된다.

❋ 서양에서 행하는 '다섯 손가락의 주문' 이란 법이 있다.

우선 애인이 소지하고 있던 물품과 금반지를 하나 준비한다. 애인에게 선물 받은 것도 좋다. 금반지는 순금일 필요는 없고, 금색 빛나는 이미테이션 링이면 아무거나 괜찮다. 하지만 소지품은 애인의 것이어야 한다. 순서대로 따라 해보도록 한다.

첫째, 왼손에 애인이 갖고 있던 물품을 쥔다.
둘째, 금반지를 몸 앞에 둔다.
셋째, 오른손을 벌려 자신의 얼굴 앞으로 가져간다.
넷째, 엄지를 오므리고 손바닥 중앙에 그 손가락 머리가 오도록 한다.
다섯째, 중지를 그 엄지 위에 겹치게 놓는다.
여섯째, 새끼손가락을 구부린다.
일곱째, 인지를 접는다.
여덟째, 약지를 접고 4개의 손가락이 모두 엄지 위에 나란히 오도록 한다.

그리고 나서 주문을 건다. 손가락을 하나하나 접을 때마다 마음속으로 '○○여! ○○씨' 이름을 10번 부른다. 다음으로 첫째에서 다섯 번째까지만 하고 다시 이름을 10번 부른다. 이것이 끝나면 대문에서부터 상대방의 집 방향으로 17걸음 되는 자리에 금반지를 버린다. 그리고 집으로 들어온다.

193

애인이 만나는 다른 상대를 떼어내고 싶다

- 검은고양이 꼬리털 약간과 고양이 발톱 4개와 수염 3개와 저주살못 15개 이 모두를 빨간 한지에 싼다. 이것을 남자 집 근처에 나무 밑에 파고 묻고, 그 위에 재패퇴사 백석을 뿌려두고 온다.
- 옹제신 두 개에 각각 뒷면에 애인과 자신의 생일과 이름을 쓴 다음, 가까운 물가에 가서 깨버린다.
- 장미 꽃잎을 말려서 꽃잎 한 장마다 두 사람 이름을 쓴 뒤, 한 집당 108장씩 두 사람 집 앞에 묻는다.
- 무지개색은행알 49개와 백수정각 24개와 저주살못 애인 나이 수만큼 과 함께 빨간 주머니에 넣어 장롱 속 깊이 넣어둔다.
- 훼골퇴복피로 베개 속을 넣어 베고 잔다.

194

첫사랑 애인과 영원히 같이 하고 싶다

- 말린 장미 꽃잎 두 장을 풀로 붙인 다음, 그 꽃잎에 사과즙으로 사랑하는 사람 이름과 자신의 이름을 쓰고 '필인연' 이라 써서 마른 것을 상대방 주머니에 넣는다.
- 옹제신 두 개에 각각 뒷면에 애인과 자신의 생일과 이름을 쓴 다음, 가까운 물가에 가서 깨버린다.
- 장미 꽃잎을 말려서 꽃잎 한 장마다 두 사람 이름을 쓴 뒤, 한 집당 108장씩 두 사람 집 앞에 묻는다.
- 옌쮀따랑 팬티를 매일 입고 다닌다.
- 옌쮀따랑 목걸이를 걸고 다닌다.
- 황제착응망을 요 밑에 깔고 잔다.

195

남자 여자 청춘 연애의 징조들

- 여자에게 손찌검하는 남자는 큰일을 하지 못할 졸장부로 하는 일마다 재앙이 따른다.
- 마음이 음흉해 남을 해치는 사람은 양에 탈을 쓴 악마와 같다. 속이 검기 때문에 불행이 좋아하여 늘 따라다닌다.
- 게으름을 피우며 남에게 의존하며 살려는 사람은 떳떳지 못한 죽음을 맞을 징조이다. 죽은 후에 개로 다시 태어날 것이다.
- 먹고 즐기는데 앞장서는 사람은 쉽게 몰락한다. 행운은 성실하고 검소한 사람에게 잘 붙는다. 쾌락을 즐기는 자를 하늘은 싫어한다.
- 늘 입가에 웃음을 머금은 사람은 마음이 따뜻하고, 다정하고 인정이 많은 사람이다. 연애는 이런 사람하고 하는 것이 현명하다.
- 애인이 비밀로 하고 싶은 것을 모른 척하는 여자는 현명한 아내가 될 징조이다. 남을 배려하는 마음이 커서 행운이 따른다.
- 지나치게 아름다운 여자는 언젠가 쉽게 싫증이 난다. 하지만 예쁘지는 않지만 마음씨가 착한 여자에게는 절대로 싫증을 내지 않는 것이 남자의 속성이다.
- 지조 없이 이 남자 저 남자 사귀는 여자는 단란한 행복한 가정을 꾸미지 못할 여자이다. 자기만 아는 이기주의에 속하고 결국 좋지 않은 사람과 결혼하던가, 고독하게 늙어갈 것이다.
- 습관적으로 여자를 울리는 사람은 잘 되는 일이 없고 재수가 없어 성공하지 못한다. 아는 사람에게 사기를 당하고, 좋은 일을 해도 욕을 먹고 불행을 자초하는 인생이다.
- 여자의 달콤한 감언이설은 독이 들어있다. 늘 조심해야 한다.

196

애인의 바람기를 잠재우고 나만 바라보게 하는 법

- 검은고양이 꼬리털 약간과 고양이 발톱 4개와 수염 3개와 저주살못 15개 이 모두를 빨간 한지에 싼다. 이것을 남자 집 근처에 나무 밑에 판 뒤 묻고 그 위에 재패퇴사 백석을 뿌려두고 온다.
- 옹제신 두 개에 각각 뒷면에 애인과 자신의 생일과 이름을 쓴 다음, 가까운 물가에 가서 깨버린다.
- 장미 꽃잎을 말려서 꽃잎 한 장마다 두 사람 이름을 쓴 뒤, 한 집당 108장씩 두 사람 집 앞에 묻는다.
- 동남쪽으로 뻗은 돌 복숭아 나뭇가지를 구하여 신발장 위에 걸어놓는다. 없으면 태백동복지로 대신한다. 훈치퇴향을 3개 피운다.
- 나비춉 팬티를 매일 입고 다닌다.
- 훼골퇴복피로 베개 속을 넣어 베고 잔다.

197

끈질기게 쫓아다니는 상대를 떼어내는 방법

- 보름 날 이른 아침 태양이 떠오르기 전에 흰 종이에 사람 눈동자를 하나 그린다. 그것을 바늘처럼 가늘게 잘 깎은 연필로 3회 찌르면서 다음과 같은 주문을 외운다. '사르크 오스타 브레 헤르켄 크리스비에르세브브' 라고 한 뒤 그 눈을 가만히 노려보면서 'ㅇㅇ야 나와 헤어져라!' 라고 강하게 생각한다. 이 주문은 여자는 사용할 수 없다고 한다.
- 여자는 하트 모양 나무껍질에 얼굴을 그리고 그 안에 남자의 이름을 쓴 다음, 저주살못을 나이 숫자만큼 꽂아서 물속에 던진다.
- 집 출입문 앞에 화분을 놓고 그 안에 압승구 3개를 묻고 오색천사와 생기명당토를 뿌려둔다.
- 집주변 땅(화단)에 태백동복못을 8개 박아놓는다.

198

부모의 결혼 반대를 허락받고 싶다

- 벽사양류판에 두 사람 이름을 쓰고, 그것을 조부모 선산 묘 5m 떨어진 곳 주변에 묻고 생기명당토를 뿌리고 온다.
- 상대의 집과 내 집의 중간 지점에 산이나 강둑에 애정착합심목 1개에 두 사람 이름을 쓰고 그것을 흙을 파고 묻는다. 아니면 그 집 앞 근처 나무 밑에 성취원키 3개와 같이 묻어도 된다.
- 동목호관직인에 두 사람 생일과 이름을 새겨서 큰절 뒷산에 묻고 오색천사를 뿌리고 온다.
- 나비춉 팬티에 상대방 이름을 써서 매일 입고 다닌다.
- 성취원키를 주머니에 넣고 다닌다.
- 부부합정해로목에 두 사람 이름을 새겨서 집에서 가까운 산에 묻어둔다.

199

삼각관계를 속히 정리 청산하고 싶다

- 오행목벽피 4통을 준비해서 뚜껑을 연채로 집안 네 귀퉁이에 놓는다. 두 번째로 훼골퇴복피 4통을 준비해서 뚜껑을 연채로 침실 네 귀퉁이에 놓는다.
- 액맥이화살에 상대방 두 사람 이름을 쓴 종이를 끼워 과녁(도화지로 만듦)에 12번 쏜다. 이것을 달이 없는 밤에 불로 태우고 나서 재를 흔적도 없이 흙으로 덮은 뒤, 발로 열십자로 긋는다. 그 위에 적광퇴치석을 뿌리고 오면 된다.
- 무지개색은행알 49개와 백수정각 24개와 저주살못 상대방 두 사람 나이만큼 과 빨간 주머니에 넣어 장롱 속 깊이 넣어둔다.
- 출입문 앞에 화분을 놓고 그 안에 천호관 목걸이를 묻는다.
- 훼골퇴복피로 베개 속을 넣어 베고 잔다.

200

돌싱으로 좋은 인연과 재혼하고 싶다

* 예승쮀병 속에다 자신의 이름을 108번 적어서 넣고 거실에 소장한다.
* 나비촙 팬티를 매일 입고, 옌쮀따랑 목걸이를 걸고 다닌다.
* 옹제신 뒷면에 이름을 8번 써서 집을 중심으로 동쪽으로 가서 1개 깨버리고, 서쪽으로 가서 1개 깨버리고, 남쪽도, 북쪽도 같은 방법으로 한다. (산이나 개천이 좋다)
* 애정착합심목에 자신의 이름을 쓴 다음, 동서남북 사방에 있는 명산에 가서 묻는다.
* 팔괘음양화 그림을 벽에 걸어둔다.
* 차 안에 스투파만달옴청을 걸고 다닌다.
* 동목호관직인 4개에 생일과 이름을 새겨서 동서남북에 있는 큰절의 뒷산에 묻는다.

201

남녀 이성에 대한 예감과 징조들

- 가만있지 못하고 안절부절 하던가, 다리를 떨던가 하는 여자는 침착하지 못하고 마음이 늘 불안하며 경솔하여 운이 따르지 않고 재수 없는 일만 당할 징조이다. 매사 하는 일이 막히고 노력한 대가를 얻지 못하는 경우가 많다.

- 습관적으로 콧방귀를 잘 뀌는 여자에게는 좋은 일은 도망가고 나쁜 일만 직면하여 액운이 따를 징조이다. 말할 때나 무심코 하는 행동에서 콧방귀를 뀌는 버릇을 고쳐야 한다.

- 지나치게 고고한 남자는 고독하고 외로울 팔자이다. 물이 너무 맑으면 고기가 못 살고, 산이 너무 높고 험하면 나무가 살지 못하는 법, 행동이 지나치게 고상하면 마음이 비좁고 친구가 없을 징조이다.

- 재능은 있는데 덕이 없는 남자는 잡은 행운이 쉽게 달아난다.

- 습관적으로 남자를 울리면 말 못할 근심이 생기거나 갈등이 생겨 방황하거나 재앙이 따른다. 후에 자식으로 인해 가슴 아픈 일이 생긴다.

- 약속시간에 늘 늦는 사람은 행운이 있어야 할 시간에도 운이 늦게 도착한다. 추첨이나 시험이나 시합이나 자신이 이겨야 할 시간에 행운도 늦게 도착해서 떨어지게 된다는 의미이다. 반대로 시간관념이 철저한 사람은 행운이 앞장서서 따라오기 때문에 무에서 유를 창조할 수 있는 행운이 따른다.

- 눈을 아래로 내리고 사람을 대하는 사람은 억울한 누명이나 애매한 오해를 받을 징조이다. 관재구설에 휘말릴 수 있다.

- 나쁜 친구를 가까이하면 평생 후회할 일만 생긴다.

202

미혼자 이성에게 관심을 받고 싶다

- 애정착합심목과 옌쮀애심목을 싱크대 위 칸에 올려둔다.
- 예귀루복피로 베개 속을 넣어 베고 잔다.
- **옌쮀따랑** 팬티를 매일 입고 다닌다.
- **옌쮀따랑** 목걸이를 걸고 다닌다.
- 상대의 집과 내 집의 중간 지점에 산이나 강둑에 애정착합심목 1개를 흙을 파고 묻고 오색천사를 뿌리고 온다.
- 차 안에 스투파만달옴청을 걸고 다닌다.
- 착라전응향을 하루에 3개씩 피운다. (아침, 점심, 저녁)
- 상대의 집을 알고 있다면 그 집 앞 근처 나무 밑에 **옌쮀애심목** 3개와 성취원키 3개를 같이 묻고 온다.

203

노총각 노처녀가 결혼하여 가정을 꾸리고 싶다

- 애정착합심목에 자신의 이름을 쓴 다음, 동서남북 사방에 있는 명산에 가서 묻는다.
- 팔괘음양화 그림을 벽에 걸어둔다.
- 차 안에 스투파만달옴청을 걸고 다닌다.
- 금강저108염주와 백수정각을 108개 빨간 주머니에 넣어 속옷 서랍에 넣어둔다.
- **옌쮀따랑** 팬티를 매일 입고 다닌다.
- **예승쮀병** 안에 자신의 이름을 쓰고, 옆에 가상이름을 하나 적은 뒤, 병 안에 넣고 침실에 둔다.
- 집 출입문 앞에 화분을 놓고 그 안에 **옌쮀애심목** 1개와 같이 묻고, 오색천사와 생기명당토를 뿌려둔다.

204

변심한 사람 마음 다시 되돌리고 싶다

- 애정착합심목에 자신의 이름을 쓴 다음, 동서남북 사방에 있는 명산에 가서 묻는다.
- 호법태극망에 검은고양이 수염 3개와 같이 싸서 침대 요 밑에 깔고 잔다.
- 예귀루복피로 베개 속을 넣어 베고 잔다.
- 착라전응향을 하루에 3개씩 피운다.(아침, 점심, 저녁)
- 상대의 집과 내 집의 중간 지점, 산이나 강둑에 애정착합심목 1개를 흙을 파고 묻는다. 아니면 그 집 앞 근처 나무 밑에 성취원키 3개와 같이 묻어도 된다.
- 옹제신 뒷면에 생일과 이름을 쓴 다음, 사람 왕래가 많은 사거리에서 깨버린다.
- 집 출입문 앞에 화분을 놓고 그 안에 **옌쮀애심목** 1개와 같이 묻고 오색천사와 생기명당토를 뿌려둔다.

205

현실적으로 이뤄지기 힘든 애정관계 이루고 싶다

- 애정착합심목에 상대의 이름과 자신의 이름을 쓴 다음, 동서남북 사방에 있는 명산에 가서 묻는다.
- 옌쮀따랑 팬티를 입고 다닌다.
- 백목련 꽃잎 108개를 말려서 베개 속에 넣고 잔다.
- 옹제신 두 개에 각각 뒷면에 생일과 이름을 쓴 다음, 가까운 물가에 가서 깨버린다.(6개월에 한 번씩 한다)
- 상대의 집과 내 집의 중간 지점에 산이나 강둑에 애정착합심목 1개와 성취원키 3개를 흙을 파고 묻는다.
- 상대의 집을 알고 있다면 그 집 앞 근처 나무 밑에 천선낭양연저폐와 성취원키 3개와 같이 묻고 온다.
- 훼골퇴복피로 베개 속을 넣어 베고 잔다.

206

능력 있고 돈 많은 사람과 인연 맺길 원한다

- 무량광달마황금불화를 거실에 걸어 둔다.
- 금강저108염주를 돌리며 매일 금강경을 염송한다. 염송할 때 응재착향을 피우면서 하면 더욱 효험이 크다.
- 착라전응향을 매일 피우고, 황제착응망을 요 밑에 깔고 잔다.
- 천선낭양연저폐와 백수정각과 무지개색은행 알을 각각 나이 수만큼을 빨간 주머니에 넣어 속옷 서랍에 같이 넣는다.
- 집 출입문 앞에 화분을 놓는다. 그 안에 옌쮀애심목 1개와 성취원키 3개를 같이 묻고 오색천사와 생기명당토를 뿌려둔다.
- 옌쮀애심목과 예귀착황목을 싱크대 위 칸에 올려둔다.
- 예귀루복피로 베개 속을 넣어 베고 잔다.

207

싫은 사람과 교제단절하고 떼어내고 싶다

- 귀면인매병에 이름을 써넣고 흑훼월석을 채운 다음, 두 집 사이의 중간지점에 묻고 흙 위에 링첸향수를 3병 뿌린다.
- 태상팔방귀목을 속옷 서랍에 넣어둔다.
- 그 사람 집 앞에 큰 나무 밑에 묻고, 태백동복못을 3개 박은 다음, 적광퇴치석과 재패퇴사적색을 뿌려둔다.
- 태백동목검에 그 사람 이름을 새겨서 산에 묻고 온다.
- 훼골퇴복피를 1kg 구해서 베개 속에 넣고 잔다.
- 집 출입문 앞 화분이나 화단에 묻고 흙 위에 오색천사와 흑훼월석을 뿌린다.
- 집주변 땅(화단)에 태백동복못을 8개 박아놓는다.
- 벽사양류판에 상대의 생일과 이름을 새겨서 회사 안에 있는 큰 나무 밑에 묻어둔다.

208

배신한 남자를 저주하는 주술

- 먼저 훼골퇴복피를 4통을 준비해서 뚜껑을 연채로 자신의 방 네 귀퉁이에 놓는다. 다음 흰 종이에 상대라 생각하고 사람 전신을 그린다. 머리를 감고 와서 제일 긴 머리카락을 골라낸다. 머리카락을 저주살못에 감는다.(1개에 1올씩) 그런 다음, 두 눈과 심장과 성기 부분에 저주살못을 꽂는다. 이것을 화장실에서 불로 태운다. 재를 잘 모아서 그 사람 집주변에 뿌린다.
- 전승취승저폐에 소원을 써서 산에 묻는다.
- 옹제신 안에 손톱 발톱 깎은 것과 머리카락 3올을 넣은 다음, 뒷면에 본인의 생년월일시, 이름, 필승이라고 쓴 다음, 산에 묻고 온다.

209

이웃집 교재 소통 인간관계 행동

- 왠지 얼굴빛이 어둡고 청승스럽거나 슬퍼 보이는 사람은 행운보다 불운이 먼저 온다. 항상 밝게 웃는 연습을 하고 옷을 밝게 입는다.
- 가난한 사람을 업신여기면 천벌을 받을 징조이다. 갑질을 하는 사람은 언젠가 천벌을 받는다.
- 부자가 부자 답지 못하고, 너그럽지도 못하고, 자린고비처럼 인색하다면 불행이 찾아오고 한순간에 돈을 날릴 수 있다.
- 큰일을 하고자 할 때 함부로 바람을 피우면 좋은 운이 바뀌어 되는 일이 없고 큰일은 무산되고 허망해진다.
- 습관적으로 아랫입술을 물거나 빨면 짝사랑하는 사람이 있거나 고민이 많은 사람이거나 타인의 계략에 빠져들 징조이다. 뭔가 불안하고 초조하고 답답해져서 자칫 큰 손해를 볼 수 있다.
- 습관적으로 팔짱을 잘 끼는 여자는 욕망도 크고 마음의 변화가 심한 사람이다. 사귀던 사람을 배신하거나 기만할 수 있는 사람이다.
- 늘 모자를 쓰고 다니는 사람은 대인관계가 원만치 못해 늘 고독하고 어려움을 잘 당한다. 혼자 독단적인 행동은 결과가 좋지 않으니 의논할 사람을 찾아서 상의하는 것이 좋다.
- 성공한 사람을 흉내 내면 흉내 내는 동안 행동과 사고방식이 닮아가기 때문에 결국엔 성공하고 만다.
- 목을 한쪽으로 갸우뚱하고 다니는 사람은 한쪽으로 쏠리는 성격으로 감정에 사로잡히기 때문에 좋지 않고 재앙이 따른다.
- 길에다가 침을 자주 뱉는 사람은 인복이 없는 사람이다.

210

헤어진 애인에게서 전화오길 바란다

❋ 벽사양류판에 애인의 생년월일시와 이름과 '연락요망'이라 쓴다. 이것을 요 밑에 하룻밤 놓았다가 다음 날 동쪽에 있는 산에 가서 묻는다. 두 번째 날에는 남쪽에 있는 산에 묻고, 세 번째 날에는 서쪽에 있는 산에 묻고, 네 번째 날에는 북쪽에 있는 산에 묻고, 다섯 번째에는 애인 집 근처에 있는 산에 묻고 온다. (하루에 다하면 효험이 적다)

❋ 애정착합심목과 옌쮀애심목 1개씩과 백수정각 25개를 함께 빨간 주머니에 넣어 옷장 속 깊이 넣어둔다.

❋ 천선낭양연저폐와 호법태극망을 침대 요 밑에 6개월 간 깔고 잔다.

❋ 상대의 집을 알고 있다면 그 집 앞 근처 나무 밑에 천선낭양연저폐와 성취원키 3개를 같이 묻고 온다.

❋ 예귀루복피로 베개 속을 넣어 베고 잔다.

❋ 애착합심목을 신발장 맨 위 칸에 놓는다.

211

돌아선 애인의 마음을 돌려 다시 만나고 싶다

- 벽사양류판에 애인의 생년월일시와 이름과 '연락요망'이라 쓴다. 이것을 요 밑에 하룻밤 놓았다가 다음 날 동쪽에 있는 산에 가서 묻는다. 두 번째 날에는 남쪽에 있는 산에 묻고, 세 번째 날에는 서쪽에 있는 산에 묻고, 네 번째 날에는 북쪽에 있는 산에 묻고, 다섯 번째에는 애인 집 근처에 있는 산에 묻고 온다. (하루에 다하면 효험이 적다)
- 애정착합심목과 옌쮀애심목 1개씩과 백수정각 25개를 함께 빨간 주머니에 넣어 옷장 속 깊이 넣어둔다.
- 천선낭양연저폐와 호법태극망을 침대 요 밑에 6개월 간 깔고 잔다.
- 예귀루복피로 베개 속을 넣어 베고 잔다.
- 베란다와 화장실에 링첸향수를 하루에 1병씩 뿌린다.
- 벽사양류판에 생일과 이름을 새겨서 회사 안에 있는 큰 나무 밑에 묻어둔다.

212

사내에 퍼진 불륜관계 소문과 구설수 막고 싶다

- 귀면인매병에 두 사람 생일과 이름을 써서 넣고, 흑훼월석을 7부 채운 다음, 침실에 놓는다.
- 태상팔방귀목에 두 사람 이름을 써서 산에 묻고 온다.
- 훼골퇴복피로 베개 속을 넣어 베고 잔다.
- 황제착응망에 애정착합심목과 팬티 두 개를 같이 잘 싼 다음, 침대 밑에 3일간 두었다가 가까운 산에 가지고 가서 태운다. 탄 재를 모두 흙 속에 묻고 그 위에 오색천사를 먼저 뿌리고, 나중에 생기명당토를 뿌리고 온다.
- 애정착합심목과 옌쮀애심목 1개씩과 백수정각 36개를 함께 빨간 주머니에 넣어 옷장 속 깊이 넣어둔다.

213

이웃과 사이좋게 지내고 싶을 때

● 이웃과 사이좋게 도우며 살아가야 행복이 배가된다. 나 혼자만 행복해서는 진정한 행복이 될 수 없다. 오래도록 사이가 나쁜 이웃이라도 이렇게 하면 좋은 사이가 될 수 있다.

● 상대를 존경한다. 존경을 받고 화를 내는 사람은 없다. 상대가 관리자라면 그 일에 대한 덕담을 하면 좋다. 특수한 기술을 가지고 있는 사람이면 실력에 대한 경의를 표한다.

● 거만을 떠는 사람과는 상대하지 않는 것이 좋다.

● 지나치게 친하게 지내지는 말아라. 이웃과 친하게 지내는 것은 중요한 일이지만 도를 넘어서 좋을 것은 없다. 지나치게 친하게 되면 다른 문제가 생기게 된다.

● 아이들의 관계나 사이도 주의한다. 자신의 아이가 이웃사람에게 야단맞아 그 집 사람 전부가 미워지는 경우가 있다.

● 너무 자랑하지 마라. 누구나 남의 집 자랑이 너무 과하면 듣기 싫어한다.

214

내 문제의 답은 나만 알 수 있다

❋ 살아가면서 생긴 내 앞에 닥친 문제는 나만이 풀 수 있는 것이다. 시험문제나 수학문제 같은 문제는 빼고 인생 문제를 말한다.

때로는 인생의 선배인 부모나 스승, 어른들에게 조언을 구할 수는 있겠으나 결국 마지막 답은 주체인 내가 결정하는 것이기 때문이다. 스스로의 문제는 자신이 선택하고, 그 선택한 답을 스스로 행동에 옮겨야 하기 때문에 움직일 주체 자신 밖에 답을 알 수가 없다. 그러니 내 문제의 가장 올바른 답은 나만 아는 것이다.

꼭 해결해야만 할 내 고민이나 문제가 있다면 최선의 방법은 부모나 선배들의 조언을 들어본 다음에 마지막으로 홀로 골똘히 생각하는 것이다. 골똘함은 명상이 될 수도 있고, 사색이 될 수도 있다.

사색이란 어느 사물이든, 목적이든, 고민 해결이든, 문제든 지간에 뚜렷한 목표를 두고 그것을 알기 위해, 또는 그것을 해결하기 위해 심상이 그 방향으로 움직이는 것이다.

명상이란 고민과 문제들을 간직한 채 고장 난 시계처럼 심상을 우둑 멈추는 것을 말하나, 고민과 문제들을 저버리는 것이 아니라 오히려 고민과 문제들의 근본적 실마리를 찾기 위해 집중해서 생각하는 것이다.

명상과 사색으로서 내 안의 답을 내가 찾아내야 한다.

만사형통 성공하는 사람들의 **운세처방백과**

7장

직장문제
상사화합
동료친목
이웃친구

215 좋은 직장이나 좋은 주인인 곳에 취직을 원한다
216 회사 사장이나 오너의 총애를 받고 싶다
217 현 직장에서 퇴출당하지 않고 오래 다니고 싶다
218 직장 동료들과 친목도모가 잘 되길 원한다
219 직장에서 왕따 당하지 않길 바란다
220 상사나 동료의 음모를 막고 싶다
221 너무 억울한 누명을 벗고 싶다
222 상부회사나 거래처의 신용을 얻고 싶다
223 상사에게 잘 보이고 마음에 들게 행동하고 싶다
224 직장 동료보다 빨리 승진 출세하고 싶다
225 업무에서 인정받고 업적성과를 올리고 싶다
226 성형이나 몸매 외모 콤플렉스에서 벗어나고 싶다
227 가까운 이웃과의 마찰 불화를 막고 싶다

228 이웃으로부터 받는 훼방이나 방해를 막고 싶다
229 타인으로부터 부당한 위협을 받고 있다
230 좋은 운인 사람과 인연 맺고 싶다
231 자신의 생각대로 남을 움직이는 법
232 당당하게 남 앞에서 말을 잘하고 싶다
233 친구나 동료에게 배신을 당하고 싶지 않다
234 주변 라이벌을 재치고 싶다
235 주변 구설수로 고통스럽다
236 미운 상대가 잘 안되길 실수하길 바란다
237 타인이 건 주문이나 주술에 걸렸다
238 친한 친구가 내 애인에게 접근 한다
239 친구가 돈을 빌려가서 갚지 않는다
240 친한 친구와 같은 집에 살고 싶다

215

좋은 직장이나 좋은 주인인 곳에 취직을 원한다

- 팔괘음양화를 거실에 걸어두던가, 금강저108염주를 거실에 보관한다.
- 복용귀병 속에 생일과 이름 써서 넣고 생기명당토(5통정도)로 ¾ 채운 다음, 자는 방에 둔다.
- 동목호관직인 1개와 전승취승구 3개와 백수정각 21개와 무지개색은행알 21개를 노란 주머니에 넣어 속옷서랍에 넣어둔다.
- 동목호관직인에 생일과 이름을 새겨서 큰절 뒷산에 묻는다.
- 천호관 목걸이를 몸에 지니고 다닌다.
- 옹제신에 생일과 이름을 써서 강가에 가서 깨뜨린다.
- 예귀루복피로 베개 속을 넣어 베고 잔다.

216

회사 사장이나 오너의 총애를 받고 싶다

- 월용승천도를 거실에 걸어둔다.
- 팔괘음양화 그림을 벽에 걸어둔다.
- 착라전응향을 매일 피우고, 황제착응망을 요 밑에 깔고 잔다.
- 애정착합심목에 자신의 이름을 쓴 다음, 동서남북 사방에 있는 명산에 가서 묻는다.
- 천통상향저폐를 회사 책상서랍에 넣어둔다.
- 차 안에 스투파만달옴청을 걸고 다닌다.
- 천호관 목걸이를 몸에 지니고 다닌다.
- 태백동복피를 종이컵 ¾씩 채운 것을 4개 만들어 집안 네 구석에 놓는다.
- 동목호관직인에 생일과 이름을 새겨서 회사 화단에 묻는다.

217

현 직장에서 퇴출당하지 않고 오래 다니고 싶다

- 칠성제천저폐와 황가목저폐를 싱크대 위 칸에 올려둔다.
- 복용귀병 안에 원하는 금액을 흰 창호지에 쓰고, 그 아래로 증조부 → 조부 → 부친 → 자신의 이름을 순서대로 내려 쓴 다음, 잘 접어서 봉투에 넣어 봉해서 집어넣은 다음, 안방이나 거실에 둔다.
- 황제착응키 3개를 창호지에 싸서 장롱 속에 넣어둔다.
- 차 안에 스투파만달옴청을 걸고 다닌다.
- 옹제신 뒷면에 생일과 이름을 쓴 다음, 전국 팔도 명산을 찾아다니며 곳곳에 깨버리고 온다.
- 벽사양류판에 생일과 이름을 새겨서 회사 안에 큰 나무 밑에 묻어둔다.
- 천기복 팬티를 매일 입고 다닌다.

218

직장 동료들과 친목도모가 잘 되길 원한다

- 상향호관키 1개와 백수정각 15개와 무지개색은행알 21개와 구계성취목 1개를 파란 주머니에 넣어 속옷 서랍에 같이 넣는다.
- 상향호관키 1개와 동목호관직인과 같이 회사 책상 서랍에 넣는다.
- 구계성취망을 침대 요 밑에 일 년 간 깔고 잔다.
- 예귀루복피로 베개 속을 넣어 베고 잔다.
- 천호관 목걸이를 몸에 지니고 다닌다.
- 상향호관키 1개와 회사 내 화단에(못 들어가면 최대한 가까운 곳에) 묻는다.
- 옌쮀따랑 목걸이를 목에 걸고 다닌다.

219

직장에서 왕따 당하지 않길 바란다

- 복용귀병 속에 생일과 이름 써서 넣고 생기명당토(5통정도)로 ¾ 채운 다음, 자는 방에 둔다.
- 애정착합심목을 회사 화단에 묻고, 흙 위에 흑훼월석과 금화퇴석을 뿌린다.
- 예귀루복피로 베개 속을 넣어 베고 잔다.
- 황금래저폐와 응제착전목을 신발장 맨 위 칸에 놓는다.
- 백수정각 21개와 무지개색은행알 21개와 구계성취목 1개를 빨간 주머니에 넣어 회사 서랍에 같이 넣는다.
- 태백동목검에 생일과 이름을 새겨서 큰절 뒷산에 묻는다.
- 옹제신 안에 손톱 발톱 깎은 것과 머리카락 3올을 넣은 다음, 뒷면에 본인의 생년월일시, 이름, 필승이라고 쓴 다음, 산에 묻고 온다.
- 천호관 목걸이를 몸에 지니고 다닌다.

220

상사나 동료의 음모를 막고 싶다

- 호법팔진목과 동목호관직인을 싱크대 위 칸에 올려둔다.
- 백수정각 21개와 무지개색은행알 21개와 호법팔진목 1개를 빨간 주머니에 넣어 속옷 서랍에 같이 넣는다.
- 태백동목검에 생일과 이름을 새겨서 큰절 뒷산에 묻는다.
- 전승취승구 3개와 압승구 3개를 회사 책상 서랍에 넣는다.
- 상향호관키 1개와 호구투란 1개와 같이 회사 내 화단에(못 들어가면 최대한 가까운 곳에) 묻는다.
- 훼골퇴복피로 베개 속을 넣어 베고 잔다.
- 링첸향수로 샤워를 하고 천기복 팬티를 입고 나간다.
- 천호관 목걸이를 몸에 지니고 다닌다.

221

너무 억울한 누명을 벗고 싶다

- 금강저108염주를 돌리며 매일 금강경을 염송한다. 염송할 때 제랑훠상향을 피우면서 하면 더욱 효험이 크다.
- 동목호관직인 4개에 생일과 이름을 새겨서 동서남북에 있는 큰절의 뒷산에 묻는다.
- 호법태극망에 싸서 침대 요 밑에 일 년 간 깔고 잔다.(1년마다 바꾼다) 침대 머리맡에 태백동목검을 놓는다.
- 태백동목검에 생일과 이름을 새겨서 큰절 뒷산에 묻는다.
- 훼골퇴복피로 베개 속을 넣어 베고 잔다.
- 천기복 팬티를 매일 입고 다닌다.
- 옹제신에 생일과 이름을 써서 강가에 가서 깨뜨린다.

222

상부회사나 거래처의 신용을 얻고 싶다

- 금강저108염주를 돌리며 매일 금강경을 염송한다. 염송할 때 제랑훠상향을 피우면서 하면 더욱 효험이 크다.
- 귀면인매병 속에 생일과 이름을 써서 넣은 다음, 생기명당토 5통으로 채워서 거실에 둔다.
- 동목호관직인 4개에 생일과 이름을 새겨서 동서남북에 있는 큰절의 뒷산에 묻는다.
- 상향호관키 1개와 호구투란 1개와 같이 회사 내 화단에(못 들어가면 최대한 가까운 곳에) 묻는다.
- 스투파만달옴청을 안방에 걸어 놓는다.
- 차 안에 스투파만달옴청을 걸고 다닌다.

223

상사에게 잘 보이고 마음에 들게 행동하고 싶다

- 칠성제천저폐와 황가목저폐를 싱크대 위 칸에 올려둔다.
- 금강팔괘목과 보재원곤목 4개 준비해서 선산 조부모 묘 네 귀퉁이에 묻는다.
- 전승취승구 3개와 압승구 3개를 회사 책상 서랍에 넣는다.
- 동목호관직인 4개에 생일과 이름을 새겨서 동서남북에 있는 큰절의 뒷산에 묻는다.
- 호법태극망에 싸서 침대 요 밑에 일 년 간 깔고 잔다.(1년마다 바꾼다) 침대 머리맡에 태백동목검을 놓는다.
- 오행목벽피로 베개 속을 넣어 베고 잔다.
- 천기복 팬티를 매일 입고 다닌다.

224

직장 동료보다 빨리 승진 출세하고 싶다

- 백수정각 21개와 무지개색은행알 21개와 호법팔진목 1개를 빨간 주머니에 넣어 속옷 서랍에 같이 넣는다.
- 태백동목검에 생일과 이름을 새겨서 큰절 뒷산에 묻는다.
- 전승취승구 3개와 압승구 3개를 회사 책상 서랍에 넣는다.
- 상향호관키 1개를 호구투란 1개를 같이 회사 내 화단에(못 들어가면 최대한 가까운 곳에) 묻는다.
- 훼골퇴복피로 베개 속을 넣어 베고 잔다.
- 차 안에 스투파만달옴청을 걸고 다닌다.
- 성취원키를 주머니에 넣고 다닌다.
- 옥제신에 생일과 이름을 써서 강가에 가서 깨뜨린다.

225

업무에서 인정받고 업적성과를 올리고 싶다

- 무량광황금불화를 거실에 걸어두던가, 금강저108염주를 거실에 보관한다.
- 옌쮀애심목과 예귀착황목을 싱크대 위 칸에 올려둔다.
- 동목호관직인 1개와 전승취승구 3개를 회사 내 화단에(못 들어가면 최대한 가까운 곳에) 묻는다.
- 오행목벽피 4통을 준비해서 뚜껑을 연채로 집안 네 귀퉁이에 놓는다.
- 옹제신 안에 손톱 발톱 깎은 것과 머리카락 3올을 넣은 다음, 뒷면에 본인의 생년월일시, 이름, 필승이라고 쓴 다음, 산에 묻고 온다.

226

성형이나 몸매 외모 콤플렉스에서 벗어나고 싶다

- 옌쮀애심목과 금강팔괘목을 싱크대 위 칸에 올려놓고, 매일 아침 같은 시간에 전승완취향을 피우면서 소원을 기원한다.
- 예귀루복피로 베개 속을 넣어 베고 잔다.
- 천호관 목걸이를 몸에 지니고 다닌다.
- 태백동목검에 생일과 이름을 새겨서 큰절 뒷산에 묻는다.
- 구계성향 5개와 백수정각 18개와 무지개색은행알 21개, 압승구 3개를 파란주머니에 넣어 속옷 서랍에 같이 넣는다.
- 나비춉 팬티를 매일 입고 다닌다.
- 차 안에 스투파만달옴청을 걸고 다닌다.

227
가까운 이웃과의 마찰 불화를 막고 싶다

- 귀면인매병 속에 생일과 이름 써서 넣고 흑훼월석(5통정도)으로 꽉 채운 다음, 거실에 둔다.
- 금강팔괘목을 신발장 위에 올려 둔다.
- 출입문 바깥쪽에 상향호관키를 화분이나 화단에 묻고 금화퇴석과 흑회월석을 뿌려둔다.
- 백수정각 21개와 무지개색은행알 21개와 압승구 3개를 빨간 주머니에 넣어 속옷 서랍에 같이 넣는다.
- 전승취승구 3개와 압승구 3개와 태백동복못 3개를 같이 이웃집과의 사이에 담이나 화단이나 나무 밑을 파고 묻는다.
- 집주변 땅(화단)에 태백동복못을 8개 박아놓는다.
- 동네에서 가장 큰 나무 밑에 압승구 3개와 태백동복못 3개를 묻고, 오색천사 2통을 뿌려둔다.(삼재거나 흉운이 들었다면 삼재부와 액살풀이부를 같이 사용한다)

228

이웃으로부터 받는 훼방이나 방해를 막고 싶다

- 귀면인매병 속에 생일과 이름 써서 넣고, 흑훼월석(5통정도)으로 ¾ 채운 다음, 거실에 둔다.
- 금강팔괘목과 태백동목검을 신발장 위에 올려 둔다.
- 태백동복지를 이웃집과의 경계선에 많이 꽂아둔다.
- 출입문 바깥쪽에 화분이나 화단에 압승구 3개를 묻고 금화퇴석과 흑회월석을 뿌려 둔다.
- 전승취승구 3개와 압승구 3개와 태백동목검 1개를 같이 이웃집과의 사이에 담이나 화단이나 나무 밑을 파고 묻는다.
- 동네에서 가장 큰 나무 밑에 상향호관키 1개와 호구투란 1개를 묻고 오색천사 2통을 뿌려둔다.

229

타인으로부터 부당한 위협을 받고 있다

- 호법팔진목과 금강팔괘목을 싱크대 위 칸에 올려놓고 매일 아침 같은 시간에 전승완취향을 피우면서 소원을 기원한다.
- 호구투란 3개와 백수정각 21개와 무지개색은행알 21개와 압승구 3개를 빨간 주머니에 넣어 속옷 서랍에 같이 넣는다.
- 전승취승구 3개와 압승구 3개와 호구투란 3개를 같이 위협하는 사람 집 부근에 화단이나 나무 밑에 파고 묻는다.
- 동네에서 가장 큰 나무 밑에 동목호관직인을 묻고 오색천사 2통을 뿌려둔다.
- 훼골퇴복피로 베개 속을 넣어 베고 잔다.
- 링첸향수로 샤워를 하고 천기복 팬티를 입고 나간다.

230

좋은 운인 사람과 인연 맺고 싶다

- 금강저108염주를 돌리며 매일 금강경을 염송한다. 염송할 때 제랑훠상향을 피우면서 하면 더욱 효험이 크다.
- 복용귀병 안에 원하는 금액을 흰 창호지에 쓰고, 그 아래로 증조부 → 조부 → 부친 → 자신의 이름을 순서대로 내려쓴 다음, 잘 접어서 봉투에 넣어 봉해서 집어넣은 다음, 안방이나 거실에 둔다.
- 무지개색은행알 49개와 백수정각 24개와 동목호관직인 1개와 전승취승구 3개를 빨간 주머니에 넣어 장롱 속 깊이 넣어둔다.
- 동목호관직인 4개에 생일과 이름을 새겨서 동서남북에 있는 큰절의 뒷산에 묻는다.
- 호법태극망에 싸서 침대 요 밑에 일 년 간 깔고 잔다.(1년마다 바꾼다) 침대 머리맡에 황가목저폐를 놓는다.

231

자신의 생각대로 남을 움직이는 법

◎ 남을 움직이기 위해서는

첫째, 도량이 넓은 사람이 되어야 한다. 사람이 어떤 인물을 신뢰하고 따르기 위해서는 그 사람에게 강한 흡인력이 있어야 한다.

둘째, 베풀어야 한다. 지나치게 구두쇠 노릇을 하면 사람이 안 따른다.
낭비나 허세를 부리는 것이 아니라 꼭 써야 할 곳에서는 지갑을 열 줄 알아야 한다.

셋째, 애정을 갖고 진실하게 상대를 대해야 한다. 남을 움직여야 할 사람이 차가운 심장의 소유자이면 아무도 그를 따르지 않는다. 항상 아랫사람을 배려할 줄 아는 너그러운 사람이어야 남을 움직일 수 있다.

넷째, 상대방의 장점을 칭찬해주고 상대방이 하는 말을 끝까지 경청해줘라.

◎ 동목호관직인 4개에 생일과 이름을 새겨서 동서남북에 있는 큰절의 뒷산에 묻는다.

232

당당하게 남 앞에서 말을 잘하고 싶다

- 호법팔진목과 동목호관직인을 싱크대 위 칸에 올려놓고 매일 아침 같은 시간에 전승완취향을 피우면서 소원을 기원한다.
- 황제착응망에 싸서 침대 요 밑에 일 년 간 깔고 잔다. 침대 머리맡에 태백동목검을 놓는다.
- 호구투란 3개와 백수정각 21개와 무지개색은행알 21개와 압승구 3개를 빨간 주머니에 넣어 속옷 서랍에 같이 넣는다.
- 동네에서 가장 큰 나무 밑에 상향호관키 1개와 호구투란 1개를 묻고 오색천사 2통을 뿌려둔다.
- 태백동목검에 생일과 이름을 새겨서 큰절 뒷산에 묻는다.
- 훼골퇴복피로 베개 속을 넣어 베고 잔다.
- 천기복 팬티를 매일 입고 다닌다.

233

친구나 동료에게 배신을 당하고 싶지 않다

- 금강저108염주를 돌리며 매일 금강경을 염송한다. 염송할 때 제랑훠상향을 피우면서 하면 더욱 효험이 크다.
- 호구투란 2개와 백수정각 21개와 무지개색은행알 21개와 호법팔진목 1개를 빨간 주머니에 넣어 속옷 서랍에 같이 넣는다.
- 전승취승구 3개와 호구투란 3개를 같이 회사 책상 서랍에 넣어 둔다.
- 훼골퇴복피로 베개 속을 넣어 베고 잔다.
- 전승취승구 1개와 호구투란 1개와 만통구 1개를 같이 회사 내 화단에(못 들어가면 최대한 가까운 곳에) 묻는다.
- 차 안에 스투파만달옴청을 걸고 다닌다.

234

주변 라이벌을 재치고 싶다

- 무량광황금불화를 거실에 걸어두던가, 금강저108염주를 거실에 보관한다.
- 상향호관키 1개와 백수정각 15개와 무지개색은행알 21개와 금강팔괘목 1개를 파란 주머니에 넣어 속옷 서랍에 같이 넣는다.
- 상향호관키 1개와 동목호관직인을 같이 회사 책상 서랍에 넣는다.
- 태백동목검에 생일과 이름을 새겨서 집 신발장 위에 올려 둔다.
- 상향호관키 1개와 호구투란 1개와 같이 회사 내 화단에(못 들어가면 최대한 가까운 곳에) 묻는다.
- 동목호관직인에 생일과 이름을 새겨서 큰절 뒷산에 묻는다.
- 훼골퇴복피로 베개 속을 넣어 베고 잔다.
- 천기복 팬티를 매일 입고 다닌다.

235

주변 구설수로 고통스럽다

- 첫 번째, 훼골퇴복피를 4통을 준비해서 뚜껑을 연채로 자신의 방 네 귀퉁이에 놓는다. 두 번째, 태백동복못을 4개 준비해서 집을 중심으로 동쪽으로 81걸음 되는 곳에 땅에 박고, 1개는 서쪽으로, 1개는 남쪽으로, 1개는 북쪽으로 같은 방식으로 박는다.
- 전승취승저폐와 태백동목검을 신발장 위에 놓는다.
- 호법태극망을 깔고 자고, 침대 머리맡에 태백동목검을 놓는다.
- 집 출입문 앞에 호구투란 1개와 태백동복못 3개를 같이 화분이나 화단에 묻고 흙 위에 오색천사와 생기명당토를 뿌린다.
- 일하는 곳 주변에 큰 나무 밑에 태백동목검을 묻고 적광퇴치석과 재패퇴사 적색을 뿌려둔다.
- 동목호관직인을 주머니에 늘 넣고 다닌다.

236

미운 상대가 잘 안되길 실수하길 바란다

- 호구투란 3개와 백수정각 21개와 무지개색은행알 21개와 태백동복못 3개를 파란 주머니에 넣어 속옷 서랍에 같이 넣는다.
- 호구투란 3개와 태백동복못 3개를 같이 상대의 집과 자신의 집 사이에 있는 산에 묻고 흑훼월석을 뿌리고 온다.
- 태백동목검에 상대방 이름(주소와 생년월일 쓰면 더 좋음)을 쓴 다음, 쓰레기장이나 오물통에 집어넣는다.
- 미워하는 상대의 사진(못 구하면 흰 종이에 비슷하게 그린다)을 구해서 저주살못을 5개 준비한다. 사진의 이마부분에 저주살못 1개를 꽂고, 코에 1개를, 인중에 1개를, 두 눈에 1개씩 꽂은 다음, 상대의 집 근처에 묻어둔다. 이 방법은 조금이라도 부정한 마음(상대가 잘못 없을 경우)이 있거나 만들 때 부정이 타면 오히려 자신이 당할 수 있으니 신중하게 사용하여야 한다.

237

타인이 건 주문이나 주술에 걸렸다

주술을 쓰는 방법을 어렵게 터득했는데 도리어 누구에 의해 자신이 주술에 걸려 버린다면 그 같은 낭패가 없을 것이다. 주술을 쓰는 것만큼이나 주술에 걸린 것을 재빨리 알아내는 능력을 기르는 일도 중요하다. 계속 일이 꼬이거나 이유 없이 괜히 아프거나 경쟁자로부터 수상한 낌새를 알아냈거나 했을 때에는 지체 말고 주술을 푸는 방법을 강구해야 한다. 주술을 건 상대방을 알고 있는 경우와 그렇지 않은 경우 둘로 나누어 설명해 보겠다.

상대를 모를 때

새벽에 샘물을 떠와서 그 물을 깨끗한 그릇에 담고 나서 그 물속에 '聖' 성자를 자신의 나이만큼 쓴다. 검지로 물 위에 쓰는 것이다. 그러고 나서 자신의 집 주변에 조금씩 뿌린다. 아파트일 경우에는 집안의 네 귀퉁이에 뿌린다. 이 방법은 과거의 주술사들이 항시 자신을 보호하기 위해 매일 써왔던 방법이다. 좀 더 확실하게 하기 위해 팥죽(쌀은 빼고 붉은 팥만)을 큰 냄비에 푹 끓여서 팥 냄새가 집안에 진동하도록 한다. 팥죽이 식으면 먹지 말고 곧장 외부에 있는 음식물 쓰레기통으로 가서 버린다.

상대를 알 때 첫 번째 방법

은행나무의 새 잎(푸른 잎)을 석장 손에 넣는다. 그것을 식물성 기름으로 가볍게 볶아 빨간 헝겊에 싸서 상대에게 보내면 된다. 빨간 헝겊에 싸서 보냈는데도 효험이 나타나지 않을 때에는 다시 검은 천을 구하여 그 천 안에 흰색 물감으로 '怨' 원자를 크게 쓰고 자주살 못을 자신의 나이 수만큼 그 검은 천에 싸서 상대방 집 앞에 묻는다.

상대를 알 때 두 번째 방법

닭의 깃털을 상대의 나이 수만큼 구하여 그 깃털의 각각의 ½부분에 먹물로 검게 칠한다. 잘 말려서 삼베 천에 훼골퇴복피와 같이 싼 다음, 상대방 집 앞에서 태운다. 다 타면 흑훼월석을 뿌리고 침을 세 번 뱉고 돌아온다. 이와 같이 행할 때 강한 신념을 가지고 타인에게 말하지 말고 조용히 단독으로 실행해야 한다.

◎ 주문이나 주술에 걸려들지 않기 위해서는 심신이 항상 건강해야겠고, 원수를 짓지 말아야 한다. 그리고 성황당이나 공동묘지나 석상이나 남의 비석 등에 욕을 하거나 안 좋은 행동을 하면 쉽게 당할 수 있다. 혼자 잘 풀리지 않으면 '주문주술 푸는 부적'을 사용하는 것도 좋은 방법이다.

238

친한 친구가 내 애인에게 접근 한다

- 첫 번째, 훼골퇴복피를 4통을 준비해서 뚜껑을 연채로 자신의 방 네 귀퉁이에 놓는다. 두 번째, 태백동복못을 4개 준비해서 집을 중심으로 동쪽으로 81걸음 되는 곳의 땅에 박고, 1개는 서쪽으로, 1개는 남쪽으로, 1개는 북쪽으로 같은 방식으로 박는다. 전승취승저폐와 동목호관직인에 애인 이름을 새겨서 싱크대 위 칸에 올려놓고 매일 아침 같은 시간에 전승완취향을 피우면서 소원을 기원한다.
- 옹제신에 생일과 이름을 써서 강가에 가서 깨뜨린다.
- 호법태극망에 싸서 침대 요 밑에 6개월 간 깔고 잔다. 침대 머리맡에 태백동목검을 놓는다.
- 태백동목검에 친구의 생일과 이름을 새겨서 쓰레기장이나 오물통에 집어넣는다.

239

친구가 돈을 빌려가서 갚지 않는다

- 복용귀병 안에 받을 금액을 흰 창호지에 쓰고, 그 아래로 증조부 → 조부 → 부친 → 자신의 이름을 순서대로 내려쓴 다음, 잘 접어서 봉투에 넣어 봉해서 집어넣은 다음, 안방이나 거실에 둔다.
- 동목호관직인 4개에 생일과 이름을 새겨서 동서남북에 있는 큰절의 뒷산에 묻는다.
- 태백동목검에 친구 생일과 이름을 새겨서 친구 집 근처에 묻고 오색천사와 흑훼월석을 뿌리고 온다.
- 링첸향수로 샤워를 하고 천기복 팬티를 입고 나간다.
- 상대방 집주변 땅(화단)에 태백동복못을 8개 박아놓는다.

240

친한 친구와 같은 집에 살고 싶다

- 칠성제천저폐와 황가목저폐를 싱크대 위 칸에 올려둔다.
- 금강저108염주를 돌리며 매일 금강경을 염송한다. 염송할 때 제량훠상향을 피우면서 하면 더욱 효험이 크다.
- 금강팔괘목과 보재원곤목 4개 준비해서 선산 조부모 묘 네 귀퉁이에 묻는다.
- 스투파만달옴청을 안방에 걸어 놓는다.
- 차 안에 스투파만달옴청을 걸고 다닌다.
- 오동나무로 깎은 동자 인형 5개에 친구 이름을 새겨서 거실에 진열해 놓으면 좋다.
- 구천위성모목 1개와 압승구 3개와 백수정각 21개와 무지개색은행알 21개를 입었던 티셔츠에 싸서 속옷 서랍에 넣어둔다.

만시형통 성공하는 사람들의 운세처방백과

8장
마음과 신체변화 생활습관행동

241 듣기 잘하는 사람이 성공이 빠르다
242 포기는 세 번은 해보고 해야 한다
243 자신의 마음이 혼란하다면
244 일을 피하지 않고 도전하는 사람
245 긍정적인 사고를 갖은 사람
246 모든 일에 감사 할 줄 아는 사람
247 위기를 찬스로 바꾸는 사람
248 무슨 일이든 전념하는 사람
249 남을 신뢰하는 사람
251 말이나 생각을 행동으로 옮기는 사람
250 자기 자신을 존경하는 사람
252 길게 보고 미래를 설계하는 사람
253 메모를 잘하는 사람

254 윗사람에게 굽실거리는 사람
255 실패로 바닥까지 추락한 사람
256 우유부단한 사람
257 따뜻한 마음의 소유자
258 권모술수가 능한 사람
259 눈썹이 꿈틀거리며 말하는 사람
260 자기 자랑을 많이 하는 사람
261 유머나 위트가 풍부한 사람
262 식사할 때 나타나는 습관 징조들
263 말하면서 나타나는 나쁜 습관들
264 앉는 모습에서 나타나는 운명징조들
265 걷는 모습에서 나타나는 운명징조들

241

듣기 잘하는 사람이 성공이 빠르다

인간이 동물과 같은 습성이 아직 남아있다면 그것은 남을 거느리려는 본능과 남의 거느림에 고개를 숙이고 따르는 두 가지 승패 근성일 것이다. 그러나 동물들의 리더는 우람한 덩치와 완력과 포악함으로 결정되나, 사람의 리더는 무력의 힘보다는 반대로 얼마나 선견지명하고 리더십이나 승부근성 등을 들겠지만, 그중 근본적으로는 열린 마음과 부드러움이라는 포용력에서 마지막으로 결정된다고 볼 수 있다.

열린 마음과 부드러운 마음을 가진 인물은 듣기부터 잘 할 수밖에 없다. 듣기를 잘한다는 것은 타인의 말을 존중하려는 열린 마음자세가 있어서 자연적으로 상대의 의중을 먼저 꿰뚫어 볼 수 있는 기회를 먼저 갖기 때문일 것이다. 남의 말을 먼저 듣고 판단하는 훈련을 거듭하다 보면 어느새 상대의 심중의 핵심을 꿰뚫는 지혜가 솟아난다. 전쟁에서 상대의 주 무기가 어느 것인 줄 알면 승리할 고지를 먼저 점령하는 것과 같이 듣기 잘하는 사람이 성공이 빠르다는 것을 알 수 있다. 어느 모임이나 단체라도 내 주장만 먼저 내세우는 사람이 있는가 하면 오히려 저 뒤에서 듣기만 하던 사람이 모두가 수긍 가는 결론을 내려 리더십을 발휘하는 것을 종종 볼 수 있다.

리더의 특징은 얼굴 중에 귀가 두텁고 길며, 크거나, 인중이 길게 생겼으면서 궁극적으로 정확한 판단의 지혜를 가졌다. 남의 듣기 싫은 소리도 참고 들어주는 아량과 자비심이 있는 인물이라 하겠다.

242

포기는 세 번은 해보고 해야 한다

※ 평생을 살면서 기회는 세 번 온다. 그러니 안 되는 일이 있으면 세 번까지는 도전해 봐야 한다.

무슨 일을 하는데 있어 한 번 해보고 안된다고 포기하는 것은 바보들이나 하는 짓이다. 처음 해봤으니 당연히 실패하는 것이다. 예부터 가위바위 보도 삼 세판이고, 잘못을 했을 때에도 세 번은 봐준다. 아마추어 권투를 할 때도 삼 회전에 승부를 가리고, 다른 스포츠에서도 초반, 중반, 후반으로 경기 작전이 진행된다.

세 번의 기회를 갖는 것은 첫 번째의 경우, 실패나 패배에 불이익을 당하는 것에 기회를 다시 주는 것이고 패배에 대한 한이 남지 않게 하기 위해서다. 두 번째는 첫 번째에 이어 실수를 한 것에 대한 경험을 살려 실력 발휘의 기회를 한 번 더 준다. 세 번째에서 못다한 실력을 최대한 발휘할 기회를 줌으로서 게임의 공정성을 유지함으로 승리에 불평불만이 없을 것이라는 의미일 것이다. 게임뿐 아니라 정치에서도 김대중 대통령은 세 번째 도전에서 결국 성공했다. 어떤 일이든지 한번, 두 번은 실습 겸 공부라 여기면 된다. 그러니 세 번은 해보고 포기를 해야 옳다. 한두 번 해보고 안 된다고 포기하는 사람은 인생의 패배자가 되는 것이다. 세 번은 해보고 포기해야 나중에 여한이 없다. 한 두 번하고 포기할거라면 처음부터 시작도 하지 말았어야 했다. 다시 힘을 내서 세 번까지 도전해라! 그러면 하늘에서 감동할 것이다.

243

자신의 마음이 혼란하다면

※ 마음이 혼란할 때 어찌할 바를 모르고 당황해하면 노력해도 공이 없을 징조이다. 차분히 하나, 둘, 셋을 세면서 마음을 가다듬고 지금에 상황을 다시 생각해볼 줄 아는 여유로운 사람이어야 크게 성공할 수 있고 운이 따른다.

※ 여러 가지 일을 한꺼번에 하면 신경과민으로 인해 판단력이 흐려져서 손해를 보거나 피로가 누적되어 질병이 생길 수 있다. 또한 판단력과 집중력이 흐려져서 일의 방향을 잃어버리게 된다.

※ 기본적인 사고가 확실하면 일을 추진하는데 일관성이 있어 보다 빠른 추진력으로 목표 달성에 도달하는 데 문제가 없다.

244

일을 피하지 않고 도전하는 사람

※ 일을 피하지 않고 만들어서 하는 사람은 순조로운 발전과 성공할 수 있는 사람이다. 창조성이 뛰어난 사람은 꾀를 부리며 일을 피하지 않는다. 오히려 맡은 일에 책임감도 강하며 주체성도 뛰어나 자신만의 창조 결실을 얻어내어 큰 재물과 행운이 따른다.

※ 일에 대한 두려움을 용기로 극복하는 사람은 갑작스러운 횡재로 금전 재물을 얻거나 만인에게 인정받아 입신출세의 길이 열리고, 뜻하지 않은 권력을 잡게 된다. 큰 뜻을 품은 자만이 일에 대한 두려움을 용기로 극복할 줄 안다.

※ 일을 찾아 즐겁게 몰두하면 40세 전에 출세 성공한다.

245

긍정적인 사고를 갖은 사람

※ 뭐든지 된다는 생각을 갖고 있으면 뭐든지 된다. 뜻밖의 횡재수로 집도 사고 땅도 얻을 징조이다. 긍정적인 사람은 다른 사람이 불경기로 힘들어할 때 적극적으로 새로운 일을 모색하므로 돈 되는 일을 찾아낸다. 된다는 생각은 되는 일만 만들어 낸다.

※ '반드시 성공할 거야.' 라는 자기 암시를 주는 사람은 하는 일마다 모두 성취될 징조이다. 확신을 갖고 일을 추진하면 일이 술술 풀리고 행운이 따라 그대로 실현된다.

※ 참된 일념을 지니면 원하는 것을 모두 얻는다. 사람의 참된 의지는 바위도 깰 수 있으며, 성곽도 무너뜨릴 수 있다. 또한 왕이 될 수도 있고 부자도 될 수 있고 권력과 명예도 얻을 수 있다.

246

모든 일에 감사할 줄 아는 사람

※ 모든 일에 감사할 줄 아는 사람은 행운이 따르고 행복의 문이 열릴 징조이다.

※ 모든 일에 여분을 남길 줄 아는 사람은 하늘도 귀신도 시기하지 않는다. 그러므로 흉한 일이나 재앙이 붙지 않고 근심거리가 생기지 않는다.

※ 작은 일에도 늘 연구하고 노력하는 사람은 노력한 보람으로 큰 공을 얻을 징조이다. 능력과 노력으로 안될 일도 이루는 행운이 따르고, 재물과 명예를 모두 안을 수 있다.

※ 인사성이 좋으면 좋은 협력자가 생겨 생각지도 않았던 기쁜 일이 생기고 횡재수도 따른다.

247

위기를 찬스로 바꾸는 사람

※ 위기를 찬스로 바꾸는 사람은 하늘에서 도와 잃었던 벼슬을 다시 찾아 권세와 부(富)를 얻을 징조이다.

※ 부자일 때 가난의 쓰라린 아픔을 생각지 않으면 예상치 않은 사고가 닥치고, 분수 밖의 일을 하게 되어 계획한 일이 무산된다.

※ 중도에서 포기하지 않는 사람은 누가 도와도 도와준다. 재물이 번성하고 반드시 발전할 운이고, 하는 일에 성취의 기쁨을 얻을 징조이다. 최후의 승자는 끈기 있는 자만이 누릴 수 있다.

※ 실패의 원인을 남에게 돌리면 또다시 실패할 징조이다. 보이는 결점은 알아도 보이지 않는 흠집은 남들은 모르는 법이다. 실패의 원인은 반드시 자신에게 있으니 반성해야 운을 잡을 수 있다.

248

무슨 일이든 전념하는 사람

※ 무슨 일이든 간에 한 가지에만 몰두하는 사람은 그 분야에서 최고가 될 징조이다. 공부든, 일이든, 운동이든 열심 몰두하면 할수록 그 전문분야에서 일인자가 될 수밖에 없고 행운도 따른다.

※ 한 그릇의 밥으로도 은혜를 만드는 사람은 좋은 인연을 만나거나 귀인을 만날 징조이다. 한 그릇의 밥 또는 한 잔의 술로도 평생의 은혜를 만들 줄 아는 사람은 귀인의 도움으로 입신출세의 길이 훤히 열리는 수가 있다.

※ 어려울수록 의지가 굳은 사람은 큰 뜻을 품고 있어 언젠가 행운이 다가와 입신출세하게 된다.

249

남을 신뢰하는 사람

※ 남을 신뢰하는 사람은 자신을 속이지 않는 사람이다. 사람을 믿는다는 것은 먼저 자신에게 진실한 마음이 있을 때 생기기 때문이다.

※ 매일매일 새롭게 태어나는 노력을 하면 하늘의 문이 열려 천운을 받을 징조이다. 비록 작은 것이라도 어제보다는 오늘이, 오늘보다는 내일이 나을 것이라는 발전적인 모습으로 전진해 보라. 천지만물이 자신을 위해 미래의 출세 길을 도울 것이다.

※ 산에서 물고기를 구하고, 바다에서 곡식을 구하면 매사 되는 일이 없고, 얻는 것보다 잃는 것이 많을 것이다. 상황 판단을 잘 해야 현명한 자이다.

250

자기 자신을 존경하는 사람

※ 자기 자신을 존경하면 자존심을 상실하지 말고 자기 자신의 주인이 되라. 자존심을 상실한 사람은 성공할 수 없기 때문이다. 자기 자신을 존경하게 되면 존경받는 행동을 하게 되고 그것을 보는 타인들도 나를 존경하게 된다.

※ 자신의 운이 좋다고 생각하면 실제로 만사가 형통하는 행운이 따른다. '나는 운이 없어.' 하기보다는 '나는 운이 좋아.' 라고 인정하면 반드시 운이 좋아진다. 말이 씨가 되기 때문이다.

※ 하찮은 인연도 소중히 생각하는 사람은 나쁜 일이 좋게 바뀔 운이다. 소매를 스친 정도의 인연도 가볍게 여기지 말라. 뜻하지 않은 귀인으로부터 언젠가는 원하는 것을 쉽게 얻게 된다.

251

말이나 생각을 행동으로 옮기는 사람

- 말이나 행동으로 실천하는 사람은 자기 인생을 충실하게 사는 사람으로 비즈니스에 성공할 징조이다.

- 성공의 각본을 쓰고 꾸준히 노력하면 널리 명성을 날리는 날이 오고 출세하여 이름을 날릴 징조이다. 당신이 사업가라면 '성공한 사업가가 되자'라고 자신에게 늘 다짐하며 항상 노력하면 언젠가는 크게 성공한 사업가가 되어 있다.

- 어려울수록 의지가 굳은 사람은 큰 뜻과 포부로 성공의 길이 열려 언젠가는 입신출세를 할 수 있다.

- 능숙한 일이라고 해서 힘을 다 쓰면 쇠퇴할 징조이다. 아무리 재주가 뛰어나고 능숙할지라도 한꺼번에 그 능력을 모두 소비하면 열매도 따기 전에 힘이 다 빠져 쇠진될 수 있다.

252

길게 보고 미래를 설계하는 사람

- 길게 보고 미래를 설계하는 사람은 반드시 성공이 따른다. 모든 일에는 근묘화실이라는 만물의 법칙이 적용된다. 차근차근 순서대로 설계하고 진행해나가야지 급하다고 눈앞의 이익에만 급급해서 서두르면 반드시 결과는 볼 수 없고 화만 자초하게 된다.

- 작은 일에 연연하지 않으면 비교적 하는 일이 순조롭게 진행될 징조이다. 우연히 도와주는 사람이 있어 활기를 얻게 된다.

- 한 발 물러설 줄 알면 행운과 성공이 빨리 찾아온다. 개구리는 멀리뛰기 위해 뒷걸음질을 한다.

- 모든 일에 감사할 줄 아는 사람은 행복의 문이 열린다.

253

메모를 잘하는 사람

※ 메모를 잘하는 사람은 뜻밖의 곤란을 겪어도 침착하게 처리하고 스스로 방도를 연구할 것이다. 떠오르는 생각이나 아이디어를 메모하는 습관 때문에 막다른 곳에서 큰 행운을 얻어 살길이 얻어질 징조이다. 구하면 얻고, 두드리면 열리는 행운의 신이 도와준다.

※ 부유한 사람이 가난한 사람의 재물을 옳지 못한 방법으로 취했다면 부유함이 빈곤함으로 바뀔 징조이다. 부유한 사람은 정당하게 없는 사람에게 베푸는 자비심이 있어야 자연히 부를 축적할 수 있다. 그렇지 않으면 한순간에 많은 재물이 달아난다.

※ 지나치게 남을 의식하거나 주목하면 엉뚱한 일에 휘말려 골치를 섞거나 시간과 돈만 날리는 허망한 껍데기 인생이 될 수 있다.

254

윗사람에게 굽실거리는 사람

* 윗사람에게 굽실거리고 아랫사람에게는 거만한 사람은 언젠가는 패가망신 당할 징조이다. 자기보다 나은 사람에게는 간사하게 아첨하고, 자기보다 못한 사람에게는 무시와 경멸로 괜히 거만을 떨면 언젠가는 모든 사람에게 외면당하고 버림을 받아 외톨이가 된다.
* 용기를 잃으면 모든 것을 잃게 되어 인생의 참맛을 모르고 실패만 계속될 뿐이다. 용기가 자신을 일으키는 삶의 원동력이다.
* 절도節度 있는 사람의 삶은 안정되고 풍요로운 기쁨에 찬 삶이다
* 짐짓 세속과 인연을 끊고 진리를 구하는 사람은 참 진리를 구하지 못한다. 세속에 있으면서 악의 무리를 물리치고 물들지 않으면서 산 자만이 진리가 뭐라 말할 수 있다.

255

실패로 바닥까지 추락한 사람

* 실패로 바닥까지 추락한 사람은 오히려 성공의 길이 빨리 찾아온다. 실패는 성공의 어머니이다. 일이 뜻대로 되지 않는다고 서둘러 포기하지 마라. 바닥을 쳤으니 올라갈 일만 남았다.
* 사람이 사람다운 생각을 하지 못하면 하는 일마다 헛되고 가는 곳마다 막힐 징조이다. 참다운 생각으로 덕을 쌓으면 힘들고 어려울 때 귀인이 나타나 도와준다.
* 분수를 모르고 날뛰는 사람은 매사 장애와 구설수가 따르고, 하는 일마다 중도 좌절하는 비운을 겪게 될 징조이다. 고기 한 마리가 흙탕물을 만들 듯, 가족이나 친구, 친지들까지도 고통을 겪게 된다.

256

우유부단한 사람

* 결단력이 없고 우유부단한 사람은 두 마리의 토끼를 쫓다가 한 마리도 못 잡을 징조이다. 이러지도 저러지도 못하고 엉거주춤한 상태로 결단을 내리지 못하고 있다면 소중한 시간만 흐르고 기회를 놓치게 된다.
* 작은 일이라도 목표를 정확히 정하고 사는 사람은 한 걸음 한 걸음 성공의 길에 오를 징조이다. 작은 목표라도 확실하게 의식하고 그 목표를 향해 노력하면 우주에 있는 생성 에너지가 모여들어 성취 운으로 바뀌게 된다.
* 욕심을 덜어낼 줄 알면 행운은 따라오고 행복이 찾아온다. 더 많이 얻고 더 크게 늘어나는 것이 비울수록 생긴다.

257

따뜻한 마음의 소유자

* 따뜻한 마음의 소유자는 모든 만물을 살아있게 보호하므로 하늘에서 천운을 내려 도와준다. 마음이 따뜻한 자는 가난한 자를 보던가, 어려운 사람을 보면 그냥 가지 못하고 도움을 주고 가기 때문에 복이 쌓인다.
* 자신을 굽힐 줄 아는 사람은 큰일을 성취할 사람이다. 겸손은 인간성 됨됨이에서 나오므로 크게 될 포용력이 있다고 볼 수 있다.
* 희망이 있는 사람은 힘찬 용기와 새로운 의지가 있어 성공한다.
* 자연에 맞춰 자신과 조절할 줄 알면 인생의 참뜻을 깨닫고 참 진리를 추구할 수 있다.

258

권모술수가 능한 사람

- 사기성이나 권모술수가 능한 사람을 가까이하면, 먹물 가는 곳을 가면 먹물이 튀듯이 자칫 잘못하면 사기를 당하던가, 사기꾼으로 오인받아 관재에 휘말릴 수 있다.

- 수단과 방법을 가리지 않고 결과에만 집착하는 사람은 비록 목적은 달성할지라도 깊은 허무가 찾아올 징조이다. 목적보다 과정이 충실하고 견실해야 일을 끝낸 보람도 있고 오래 소유할 수 있다.

- 거짓말로 증언하여 남에게 해를 입히면 오히려 자신이 좋지 못한 일에 연루되어 큰 손해를 보거나 불치병을 얻어 고통스럽게 삶을 마감하게 된다.

- 공과 사가 분명하면 많은 신뢰를 얻어 출세할 징조이다. 처세가 분명하고 올바른 사리판단을 할 수 있는 능력의 소유자는 큰일을 도모하는 일에서 손길을 청하고 행운까지 따른다.

259

눈썹이 꿈틀거리며 말하는 사람

✤ 말을 할 때 눈썹이 꿈틀거리는 사람은 과격한 성격으로 구설수에 오르거나 손실을 볼 수 있는 징조다. 말보다 주먹이 앞서고 감정 조절이 잘 안되어 늘 손해를 많이 보게 된다.

✤ 말을 할 때 땀을 흘리는 사람은 호의적인 사람으로 매우 순수한 사람이다. 어떤 위기나 곤란에 처했을 때 귀인의 도움을 받을 징조다.

✤ 말을 할 때 침이 튀거나 입에 거품을 물고 말을 하는 사람은 예의와 교양이 없고 천박하게 살 징조이다. 고집도 세기 때문에 타인으로부터 신뢰를 얻기가 힘들고 빈천하게 근근이 살다가 예기치 않은 사고나 재앙으로 더욱 힘들게 사는 경우가 많다.

260

자기 자랑을 많이 하는 사람

✤ 언제나 자기자랑이나 성공담을 늘어놓는 사람은 열등감이 심해 인간관계에서 실패할 징조이다. 자기의 장기나 성공담이나 자식 자랑 등을 혼자 즐거워하며 신이 나서 하는 사람의 말은 십중팔구 거짓말이다. 항상 부족하기 때문에 허영심과 허풍이 심해져 거짓말로 채우는 것으로 대인관계가 좋지 못하다.

✤ 분위기와 맞지 않는 대화를 해 분위기 깨는 사람은 일이 잘 풀리지 않고 주변사람이 떠날 징조이다. 궂은일은 도맡아 하는데 실속도 없고 원망만 듣는다.

✤ 타인의 의견이나 아이디어를 무조건 부정하면 발전은커녕 후퇴할 징조이다. 부정적인 단정은 성공의 걸림돌이 된다.

261

유머나 위트가 풍부한 사람

- 유머나 위트가 풍부한 사람은 인간관계로 출세할 징조이다. 규정된 틀로부터 벗어나 여유를 갖고 모든 이를 상대할 수 있다. 그러므로 보이지 않는 많은 사람들의 도움이 이 사람을 출세의 길로 이끌고 행운의 여신도 도와준다.

- 남의 장점을 칭찬해 줄줄 아는 사람은 물고기가 변하여 용이 될 징조이다. 우연한 기회에 높은 벼슬을 얻게 되고, 금은보화를 실은 행운의 마차가 집안으로 들어온다.

- 자신의 실패담을 솔직히 털어놓는 사람은 다시 성공할 기회가 올 징조이다. 자신의 실패를 인정하고 마음의 여유를 가진 사람은 반드시 다시 성공하게 된다.

262

식사할 때 나타나는 습관 징조들

- 문턱이나 문지방에 앉아서 식사하면 돈에 쪼들리거나 빌어먹는 거지 팔자가 될 징조이다.

- 식사할 때 반찬 그릇을 포개어 놓으면 재수가 없고, 부모님이 거의 같은 시기에 돌아가신다. 급체할 수도 있다.

- 식사한 후에 바로 치우지 않고 상위에 그대로 두면 복이 달아나고 점점 가난해질 징조이다.

- 식사할 때 밥을 그릇 뒤쪽부터 떠먹으면 손버릇이 나빠지거나 음흉한 행동을 할 징조이다.

- 식사할 때나 차를 마실 때 외투를 벗지 않는 사람은 다 된 밥에 재 뿌릴 징조이다. 성사 직전의 다 된 일이 중단될 수 있다.

263

말하면서 나타나는 나쁜 습관들

- 남이 말을 할 때 일부러 딴전 피우는 사람은 훌륭한 조력자를 얻을 수 없다. 남이 신뢰하지 않는다.
- 그저 되는대로 말을 빠르게 늘어놓는 사람은 입으로 복을 깨는 사람이다. 뭐든지 앞질러 생각하고 경솔하게 내뱉는 말로 인해 신뢰성을 상실하고 불운을 자처한다.
- 처연하게 궁상떠는 모습으로 불쌍하게 말하는 사람은 돈이 들어왔다가도 도망갈 징조이다. 남과 대화할 때 없어 보이게 궁상을 떠는 것은 오는 복도 발로 차는 불행한 사람이다.
- 상대방을 뚫어지게 바라보며 이야기하는 사람은 자기 의견만을 내세우는 안하무인으로 남들로부터 비웃음을 산다.
- 소곤소곤 속삭이듯 말하는 사람은 사실은 솔직하지 못한 사람이다. 다정한 사람도 아닌데 작은 목소리로 소곤소곤 말을 하는 사람은 마음속에 비밀이 숨겨져 있는 것이다. 주의해야 한다.
- 상대의 얼굴을 올려다보면서 이야기하는 사람은 반드시 청탁이 있거나 돈을 빌리려는 계산을 가지고 말을 하는 것이니 거래를 잘못하면 피해를 볼 수 있다.
- 변명이나 핑계가 많으면 전력을 다해 일할 능력이 없을 징조이다. 자기 자신에게 솔직하지 못해 인간다움이 없다.
- 이야기 나누면서 자주 시계를 보는 사람은 두 마리의 토끼를 잡으려다 모두 놓쳐버릴 징조이다. 지구력과 결단력이 부족한 사람이다.
- 조용히 얘기하다가 갑자기 추가 주문이나 담배를 시키면서 목소리 톤이 달라지는 사람은 허욕이 강한 사람으로 실패할 징조이다.

264

앉는 모습에서 나타나는 운명징조들

* 늘 구부리고 앉는 사람은 질병으로 고생할 징조이다.
* 늘 두 다리를 꼬고 앉는 사람은 추진하던 일에 문제가 생길 징조이다. 허욕을 부리면 실패하고 불행이 따른다.
* 다리를 짝 벌리고 힘주고 앉는 사람은 무엇이든지 해낼 수 있다는 자신감에 찬 좋은 징조이다. 귀인도 도와주고 재물도 풍요롭다.
* 다리를 짝 벌려 두세 사람 자리까지 독차지한 사람은 구설수에 휘말리거나 재앙이 닥칠 징조이다. 큰 다툼이나 손재수가 따른다.
* 턱을 고이고 앉는 사람은 시비에 참견하다가 다툼이 있고 손해를 볼 징조이다. 좋은 일하다가 뺨 맞는 일이 생길 수 있다.
* 까탈스런 표정으로 의자 끝에 살짝 걸터앉은 사람은 아부형으로 이익이 되는 일에는 좀처럼 양보심이 없다. 돈에는 인연이 없고 인덕도 없다.
* 의자 등받이에 팔을 벌려 걸치고 앉는 사람은 포용력을 지닌 사람으로 재물이 늘고 지위나 명예가 상승할 징조이다.
* 가리는 것 없이 털썩 앉는 사람은 명랑하고 유머가 있어 사회생활도 원만하며 명예와 재운이 따를 징조이다. 남을 먼저 배려하는 마음이 풍요로운 행운을 부른다.

265

걷는 모습에서 나타나는 운명징조들

- 정면을 바라보고 어깨를 펴고 당당하게 걸으면 하는 일마다 뜻을 같이 하는 조력자가 나타날 징조이다. 물속에 잠긴 용이 하늘로 승천할 절호의 기회를 잡을 수 있다.
- 등을 곧게 펴고 힘 있게 걷는 사람은 독립심이 매우 강하고 진취적인 성격으로 입신출세할 징조이다.
- 여유 있는 자세로 한 걸음씩 점잖게 걷는 사람은 통솔력이 뛰어나 많은 사람의 협조자를 얻을 징조이다.
- 어깨를 좌우로 흔들고 걸으면 도박심리나 한탕주의 심리가 강해 하루아침에 망할 징조이다. 씀씀이가 커서 돈 고통을 받는다.
- 조금도 흐트러지지 않는 자세로 걸으면 매사 빈틈없는 자세로 최선을 다해 원하는 것을 성취할 징조이다.
- 급한 일도 없는데 서둘러 걷는 사람은 직장을 잃거나 사업에 실패할 징조이다. 침착성이 없고 사람을 오래 사귀지 못한다.
- 늘 담배를 피우면서 걸으면 몸은 바쁜데 얻는 것이 없어 허망할 징조이다. 새로운 일은 얼마 유지 못하니 옛것을 지키는 것이 좋다.
- 팔자걸음을 걸으면 부동산이나 돈거래로 시비하거나 손해 볼 징조이다. 모든 일에 침착하고 고집과 탐욕을 버려라.
- 배를 내밀고 걸으면 돈에 눈이 멀어 둘도 없는 동지를 잃을 징조이다. 자기 것만 챙기고 남 생각을 하지 않아 귀인을 놓칠 수 있다.
- 앞으로 꼬부라질 듯 불안하게 걷는 사람은 흉사가 있을 징조이다. 스트레스가 쌓여 심기가 불안정한 사람이다.
- 구부정한 모습으로 주머니에 손을 넣고 걸으면 주변에 도와줄 사람이 없어서 하는 일에 장애가 있다.

만사형통 성공하는 사람들의 **운세처방백과**

9장
가족건강
자녀질병
낙태원령
악귀퇴치

만사형통 성공하는 사람들의 **운세처방백과**

266 가족 모두의 건강이 무탈하길 바란다
267 온 가족이 모두 장수하고 싶다
268 환자의 빠른 쾌유를 기원한다
269 신경성 노이로제를 치료하고 싶다
270 우울증을 예방하고 치료하고 싶다
271 부부간의 의처증 의부증을 치료하고 싶다
272 성형수술 잘 되고 빠른 회복을 원한다
273 단명한 사람 수명이 길어지게 하고 싶다
274 불치병이나 암투병자의 속 쾌차를 바란다
275 생사기로에서 의식이 깨어나질 않을 때
276 모든 암에 걸리지 않게 하고 싶다
277 가족의 자살을 예방하고 싶다
278 가족이 병명을 모르고 아플 때
279 상갓집 방문 후 병탈이 났을 때
280 꿈에 누군가에게 쫓기는 악몽에 꿈자리가 사납다
281 가위에 눌려 무서운 것에 쫓기거나 시달린다
282 불면증이 심해 마음 편히 잠을 못 잔다
283 귀신이 씌인 듯 혼잣말을 중얼 거린다

284 신굿이나 내림굿 받고 이유없이 아프다
285 주사 주벽이 심해 술을 끊게 하고 싶다
286 마약이나 상습도박을 끊고 싶다
287 간질병을 고치고 싶다
288 전염병이 돌 때 예방하고 싶다
289 기침을 멈추게 하고 싶다
290 부모의 병이 유전될까 염려스럽다
291 구역질을 멈추게 하고 싶다
292 딸꾹질을 멈추게 하고 싶다
293 부스럼을 빨리 낫게 하고 싶다
294 에서 소리가 나고 울려서 괴롭다
295 힘든 투병생활에서 이기고 싶다
296 낙태한 아기원령 극락왕생하길 바란다
297 상사병(마음의 병)을 치료하고 싶다
298 죽은 사람이 자꾸 꿈에 나타난다
299 질병으로부터 멀리 피하고 싶다
300 행동으로 질병을 부르는 징조들

266

가족 모두의 건강이 무탈하길 바란다

- 무량광황금불화를 거실에 걸어두던가, 금강저108염주를 거실에 보관한다.
- 복용귀병이나 화타통치병 속에 가족원 모두의 생일과 이름을 써서 넣고 생기명당토로 7부 채워서 거실에 둔다.
- 흰 창호지에 가족의 생년월일시와 이름을 써서 작게 접은 후, 호법팔진목과 함께 큰 산에 있는 절 뒷산에 묻고 온다.
- 만병불침목 1개와 백수정각 21개와 무지개색은행알 21개를 노란 주머니에 넣어 장롱 안에 넣어둔다.
- 옹제신 뒷면에 가족 이름을(각각 1개씩) 써서 산에 묻고 그 위에 생기명당토를 뿌리고 온다.

267

온 가족이 모두 장수하고 싶다

- 칠성제천저폐와 호법팔진목을 싱크대 맨 위 칸에 올려 둔다.
- 호법신동복백자 속에 가족의 이름을 써서 넣고 거실에 놓는다.
- 속옷 서랍에는 응재착향 7개와 무지개색은행알 21개, 만병불침목 1개를 노란 주머니에 넣어 같이 넣는다.
- 훼골퇴복피를 1kg 구해서 베개 속에 넣고 잔다.
- 출입문 앞에 오벤전향과 퀄라화향을 노란 주머니에 넣어 걸어 놓는다.
- 태백동복피를 종이컵 ⅔씩 채운 것을 4개 만들어 집안 네 구석에 놓는다.
- 신발장 위에 태백동목검을 올려놓는다.

268

환자의 빠른 쾌유를 기원한다

- 호법태극망을 환자의 요 밑에 깔아놓고 3개월마다 교체한다. (뺀 것은 산에 가서 태우고) 머리맡에 태백동목검을 놓는다.
- 만병불침목 1개와 백수정각 21개와 무지개색은행알 21개를 빨간 주머니에 넣어 속옷 서랍에 넣어둔다.
- 호법신동복백자 속에 환자의 이름을 써서 넣고 거실에 놓는다.
- 금강팔괘목과 만병불침목을 신발장 맨 위 칸에 놓는다.
- 출입문 바깥쪽 화단에 묻고, 흙 위에 적광퇴치석과 생기명당토를 뿌린다. (화분도 가능 함)
- 환자 방 네 구석에 훼골퇴복피 4통을 뚜껑을 열어서 놓는다.
- 환자의 발을 하루에 한번 씩 링첸향수로 닦아준다.
- 훼골퇴복피로 베개 속을 넣어 베고 잔다.

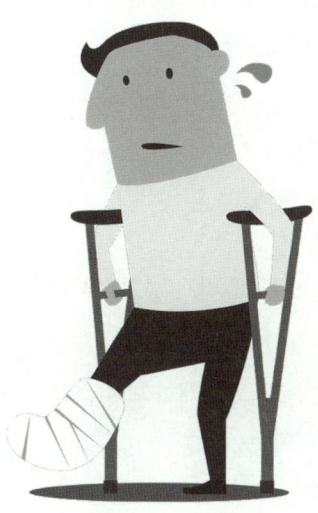

269

신경성 노이로제를 치료하고 싶다

- 일심봉천의 절대적 신앙을 갖는다.
- 선 조상들의 해원을 위한 천도재 공양을 한다.
- 심신을 수양하여 심신 안정을 갖는다.
- 부정적인 생각을 버리고 긍정적인 생각을 가진다.
- 주변 사람들과 잘 화합하고 친목을 도모한다.
- 무량광황금불화를 거실에 걸어두던가, 금강저108염주를 거실에 보관한다.
- 훼골퇴복피로 베개 속을 넣어 베고 잔다.
- 태백동목검에 생일과 이름을 새겨서 큰절 뒷산에 묻는다.
- 호법신동복백자 속에 환자의 이름을 써서 넣고 거실에 놓는다.

270

우울증을 예방하고 치료하고 싶다

- 금강저108염주를 돌리며 매일 금강경을 염송한다. 염송할 때 제랑훠상향을 피우면서 하면 더욱 효험이 크다.
- 호법태극망에 싸서 침대 요 밑에 일 년 간 깔고 잔다.(1년마다 바꾼다) 침대 머리맡에 태백동목검을 놓는다.
- 귀면인매병 속에 생일과 이름을 써서 넣고, 태백복피 5통으로 채워서 거실에 둔다.
- 예귀루복피로 베개 속을 넣어 베고 잔다.
- 구천위성모목 1개와 만병불침목 3개와 백수정각 21개와 무지개색은행알 21개를 입었던 팬티에 싸서 산에 묻는다.
- 태백동목검을 신발장 위에 올려 둔다.

271

부부간의 의처증 의부증을 치료하고 싶다

- 화타통치병 속에 환자의 생일과 이름을 써서 넣은 다음, 재패퇴사 적색 5통으로 채워서 거실에 둔다.
- 오뢰병통치목 4개에 생일과 이름을 새겨서 명산에 가서 묻는다.
- 옹제신 뒷면에 생일과 이름을 쓰고 머리카락 3올과 손톱 발톱 깎은 것을 넣은 다음, 가까운 물가에 가서 깨버린다.
- 훼골퇴복피를 1kg 구해서 베개 속에 넣고 잔다.
- 오뢰병통치목 3개와 백수정각 21개와 무지개색은행알 21개를 빨간 주머니에 넣어 속옷 서랍에 넣어둔다.
- 귀면인매병 안에 부인의 생일과 이름을 흰 창호지에 써서 넣고, 생기명당토로 7부 채워서 침실에 놓는다.
- 벽사양류판에 부부의 생일과 이름을 새겨서 동네에서 큰 나무 밑에 묻어둔다.

272

성형수술 잘 되고 빠른 회복을 원한다

- 귀면인매병이나 화타통치병 속에 환자의 생일과 이름을 써서 넣은 다음, 훼골퇴복피 7통으로 채워서 거실에 둔다.
- 태상팔방귀목에 환자의 생일과 이름을 새겨서 산에 가서 묻는다.
- 옹제신 뒷면에 환자의 생일과 이름을 쓴 다음, 가까운 물가에 가서 깨버린다.(1~3개월에 한 번씩 한다)
- 만병불침목 1개와 압승구 1개와 백수정각 21개와 무지개색은행알 21개를 빨간 주머니에 넣어 속옷 서랍에 넣어둔다.
- 금강팔괘목을 신발장 맨 위 칸에 놓는다.
- 출입문 바깥쪽 화단에 묻고, 흙 위에 적광퇴치석과 생기명당토를 뿌린다.
  (화분도 가능 함)

273

단명한 사람 수명이 길어지게 하고 싶다

- 금강저108염주를 돌리며 매일 금강경을 염송한다. 염송할 때 응재착향을 피우면서 하면 더욱 효험이 크다.
- 귀면인매병이나 화타통치병 속에 환자의 생일과 이름을 써서 넣은 다음, 훼골퇴복피 7통으로 채워서 거실에 둔다.
- 흰 창호지에 단명자의 생년월일시와 이름을 써서 작게 접은 후, 호법팔진목과 함께 명산에 있는 절 뒷산에 묻고 온다.
- 훼골퇴복피를 1kg 구해서 베개 속에 넣고 잔다.
- 팔괘만다라 그림을 걸어놓는다.
- 태백동목검에 단명자 생일과 이름을 새겨서 산에 가서 묻는다.
- 상여 나갈 때 쓴 만장으로 옷을 만들어 입히면 장수한다.

274

불치병이나 암투병자의 속 쾌차를 바란다

- 금강저108염주를 돌리며 매일 금강경을 염송한다. 염송할 때 응재착향을 피우면서 하면 더욱 효험이 크다.
- 화타통치병 속에 환자의 생일과 이름을 써서 넣은 다음, 훼골퇴복피 7통으로 채워서 거실에 둔다.
- 호법태극망을 요 밑에 깔아놓고 3개월마다 교체한다.(뺀 것은 산에 가서 태우고 다시 새것으로 바꾼다) 머리맡에 태백동목검에 이름을 새겨서 놓는다.
- 만병불침목 1개와 백수정각 21개와 무지개색은행알 21개를 빨간 주머니에 넣어 속옷 서랍에 넣어둔다.
- 금강팔괘목과 함께 신발장 맨 위 칸에 놓는다.
- 출입문 바깥쪽 화단에 저주살못 15개와 같이 묻고, 흙 위에 적광퇴치석과 흑훼월석을 뿌려둔다.(화분도 가능 함)
- 환자 방 네 구석에 오행목벽피 4통을, 뚜껑을 열어서 놓는다.

275

생사기로에서 의식이 깨어나질 않을 때

- 금강저108염주를 돌리며 매일 금강경을 염송한다. 염송할 때 응재착향을 피우면서 하면 더욱 효험이 크다.
- 금강팔괘목과 천통상향저폐를 12개 준비해서 선산 조부모 선영(묘를 중심으로 왼쪽에 6군데, 오른쪽에 6군데를 나누어)에 묻는다.
- 복용귀병 안에 원하는 금액을 흰 창호지에 쓰고, 그 아래로 증조부 → 조부 → 부친 → 자신의 이름을 순서대로 내려 쓴 다음, 잘 접어서 봉투에 넣어 봉해서 집어넣은 다음, 안방이나 거실에 둔다.
- 호법태극망을 요 밑에 깔아놓고 3개월마다 교체한다.(뺀 것은 산에 가서 태우고 다시 새것으로 바꾼다) 머리맡에 태백동목검에 이름을 새겨서 놓는다.
- 벽사양류판에 생일과 이름을 새겨서 동네에서 제일 큰 나무 밑에 묻어둔다.

276

모든 암에 걸리지 않게 하고 싶다

- 태상팔방귀목과 호법팔진목을 싱크대에 올려놓고 매일 아침 같은 시간에 훈치퇴향을 피우면서 소원을 읊조리며 기원한다.
- 태백동목검에 생일과 이름을 새겨서 명산에 가서 묻는다.
- 화타통치병 속에 생일과 이름을 써서 넣고 태백복피 5통으로 채워서 거실에 둔다.
- 흰 창호지에 가족의 생년월일시와 이름을 써서 작게 접은 후, 호법팔진목과 함께 명산에 있는 절 뒷산에 묻고 온다.
- 출입문 바깥쪽 화단에 묻고, 흙 위에 적광퇴치석과 생기명당토를 뿌린다.
  (화분도 가능 함)
- 훼골퇴복피를 1kg 구해서 베개 속에 넣고 잔다.

277

가족의 자살을 예방하고 싶다

- 칠성제천저폐와 황금래저폐를 싱크대 맨 위 칸에 올려놓고, 매일 아침저녁으로 훈치퇴향을 피우면서 소원을 읊조리며 기원한다.
- 슬지인목 3개와 백수정각 21개와 무지개색은행알 21개를 노란 주머니에 넣어 속옷 서랍에 넣어둔다.
- 금강팔괘목과 천통상향저폐를 신발장 맨 위 칸에 놓는다.
- 출입문 바깥쪽 화단에 만통구 3개와 슬지인목 3개와 같이 묻고, 흙 위에 생기명당토를 뿌려둔다. (화분도 가능 함)
- 귀면인매병 속에 생일과 이름을 써서 넣은 다음, 생기명당토 7통으로 채워서 거실에 둔다.
- 옹제신 뒷면에 환자의 생일과 이름을 쓰고 손톱 발톱 깎은 것을 넣은 다음, 가까운 물가에 가서 깨버린다.

278

가족이 병명을 모르고 아플 때

- 무량광달마황금불화를 거실에 걸어둔다.
- 동목호관직인 4개에 생일과 이름을 새겨서 동서남북에 있는 큰절의 뒷산에 묻는다.
- 벽사양류판에 생일과 이름을 새겨서 동네에서 제일 큰 나무 밑에 묻어둔다.
- 흰 창호지에 환자의 생년월일시와 이름을 써서 작게 접은 후, 호법팔진목과 함께 명산에 있는 절 뒷산에 묻고 온다.
- 환자의 팬티에 저주살못을 나이 수만큼 꽂아서 호법태극망에 싸서 오색실로 꼭꼭 묶은 후, 산에 묻고 그 위에 적광퇴치석과 흑훼월석을 뿌리고 온다. (술도 같이 뿌리면 좋다)

279

상갓집 방문 후 병탈이 났을 때

◎ 환자의 팬티에 저주살못을 나이 수만큼 꽂아서 호법태극망에 싸서 오색실로 꼭꼭 묶은 후, 태백동복지 5단 위에 올려놓고 불로 태운다. 그 위에 조밥을 해서 뿌리고, 다음 소주를 또 뿌린다.

◎ 호법태극망에 싸서 침대 요 밑에 일 년 간 깔고 잔다.(1년마다 바꾼다) 침대 머리맡에 태백동목검을 놓는다.

◎ 옹제신 뒷면에 환자의 생일과 이름을 쓰고 손톱 발톱 깎은 것을 넣은 다음, 가까운 물가에 가서 깨버린다. (6개월에 한 번씩 한다)

◎ 만병불침목 1개와 백수정각 21개와 무지개색은행알 21개를 빨간 주머니에 넣어 속옷 서랍에 넣어둔다.

◎ 출입문 바깥쪽 화단에 저주살못 21개와 같이 묻고, 흙 위에 태백복피와 흑훼월석을 뿌려둔다. (화분도 가능 함)

◎ 호법신동복백자 속에 환자의 이름을 써서 넣고 거실에 놓는다.

◎ 훼골퇴복피로 베개 속을 넣어 베고 잔다.

280

꿈에 누군가에게 쫓기는 악몽에 꿈자리가 사납다

◉ 부엌칼과 볏짚을 준비하여, 칼자루에는 '신검'이라고 크게 쓴다. 가지런히 고른 볏짚 한 움큼과 태백동복지 7개와 부엌칼을 신문지에 둘둘 말아 침대 밑에 놓는다. 잠들기 전에 이것을 펴 놓고, 볏짚을 칼로 잘라질 정도로 3번 내리친다.(잘라져야 함) 곧바로 태백동복지로 침대며, 몸이며, 주변을 두드려 쫓는 행위를 한다. 그리고 밖으로 잘라진 볏짚과 태백동복지를 가지고나가 불에 태운다. 이때 악몽퇴출부도 1장 같이 태우면 좋고, 침실에 스투파만달옴청을 걸어두면 속히 효험을 볼 수 있다. 쉽게 퇴치되지 않으면, 볏짚 자르기를 매일 밤, 자기 전과 아침에 일어나자마자 자르도록 한다. 자른 것은 분명히 불에 태워야 한다.

◉ 벽사양류판에 사주·이름을 쓴 뒤, 태백동복못과 함께 집안 네 구석에 놓는 것이 효력이 빠르다.

281

가위에 눌려 무서운 것에 쫓기거나 시달린다

◉ 스투파만달옴청을 안방에 걸어 놓는다.

◉ 무량광달마황금불화를 거실에 걸어두던가, 금강저108염주를 거실에 두고 매일 금강경을 염송한다.

◉ 훼골퇴복피를 1kg 구해서 베개 속에 넣고 잔다.

◉ 태백동목검에 생일과 이름을 새겨서 큰절 뒷산에 묻는다.

◉ 호법태극망을 요 밑에 깔고 잔다.

◉ 오행목벽피를 4통을 준비해서 뚜껑을 연채로 집안 네 귀퉁이에 놓는다.

◉ 집주변 땅(화단)에 태백동복못을 8개 박아놓는다.

282

불면증이 심해 마음 편히 잠을 못 잔다

- 토끼 귀(털)를 두 개 구해서 베개 밑에 넣어두면 불면증에서 해방될 수 있다.
- 무량광달마황금불화를 거실에 걸어두던가, 금강저108염주를 거실에 두고 매일 금강경을 염송한다.
- 훼골퇴복피를 1kg 구해서 베개 속에 넣고 잔다.
- 귀면인매병이나 화타통치병 안에 넣고 태백복피 5통으로 채워서 거실에 둔다.
- 호법팔진목과 동목호관직인을 싱크대 위 칸에 올려둔다.
- 상향호관키 1개와 호구투란 1개와 같이 집 주변 화단에(못 들어가면 최대한 가까운 곳에) 묻는다.

283

귀신이 씌인 듯 혼잣말을 중얼 거린다

- 동목호관직인 4개에 생일과 이름을 새겨서 동서남북에 있는 큰절의 뒷산에 묻는다.
- 호법태극망을 침대 요 밑에 일 년 간 깔고 잔다.(1년마다 바꾼다) 침대 머리맡에 태백동목검을 놓는다.
- 태백동목검에 생일과 이름을 새겨서 큰절 뒷산에 묻는다.
- 훼골퇴복피로 베개 속을 넣어 베고 잔다.
- 천기복 팬티를 매일 입고 다닌다.
- 집주변 땅(화단)에 태백동복못을 8개 박아놓는다.
- 옹제신에 생일과 이름을 써서 강가에 가서 깨뜨린다.
- 오동나무로 청제장군(왼쪽)과 적제장군(오른쪽)을 조각하여 거실에 잘 모셔놓고, 매년 단옷날 정성껏 예후하면 좋다.

284

신굿이나 내림굿 받고 이유없이 아프다

- 환자의 팬티에 저주살못을 나이 수만큼 꽂은 후, 호법태극망에 싸서 오색실로 꼭꼭 묶은 뒤, 태백동복지 12단 위에 올려놓고 불로 태운다. 다 탄 재 위에 조밥을 해서 뿌리고, 다음 소주를 뿌린다.
- 하루에 한 번씩 링첸향수로 머리를 감는다.
- 동목호관직인에 이름을 새겨서 동서남북에 있는 명산에 묻고 온다.
- 옹제신 뒷면에 환자의 생일과 이름을 쓰고 손톱 발톱 깎은 것을 넣은 다음, 가까운 물가에 가서 깨버린다.(1개월에 한 번씩 한다)
- 오뢰병통치목 3개와 백수정각 21개와 무지개색은행알 21개를 빨간 주머니에 넣어 속옷 서랍에 넣어둔다.
- 훼골퇴복피로 베개 속을 넣어 베고 잔다.
- 금강팔괘목과 동목호관직인 함께 신발장 맨 위 칸에 놓는다.
- 출입문 바깥쪽 화단에 동목호관직인 1개와 호구투란 3개와 같이 묻고, 흙 위에 오색천사와 태백복피를 뿌려둔다.

285

주사 주벽이 심해 술을 끊게 하고 싶다

- 만병불침목 1개와 압승구 1개와 백수정각 21개와 무지개색은행알 21개를 빨간 주머니에 넣어 속옷 서랍에 넣어둔다.
- 금강팔괘목과 황가목저폐를 신발장 맨 위 칸에 놓는다.
- 출입문 바깥쪽 화단에 저주살못 21개와 같이 묻고, 흙 위에 태백복피와 흑훼월석을 뿌려둔다.(화분도 가능 함)
- 집안 네 구석에 훼골퇴복피 4통을 뚜껑을 열어서 놓는다.
- 금강팔괘목과 천통상향저폐를 12개 준비해서 선산 조부모 선영(묘를 중심으로 왼쪽에 6군데, 오른쪽에 6군데를 나누어)에 묻는다.
- 옹제신 뒷면에 생일과 이름을 쓴 다음, 전국 명산을 찾아다니며 곳곳에 깨버리고 온다.

286

마약이나 상습도박을 끊고 싶다

- 금강저108염주를 돌리며 매일 금강경을 염송한다. 염송할 때 응재착향을 피우면서 하면 더욱 효험이 크다
- 용구부귀병 안에 원하는 금액을 흰 창호지에 쓰고, 그 아래로 증조부 → 조부 → 부친 → 자신의 이름을 순서대로 내려 쓴 다음, 잘 접어서 봉투에 넣어 봉해서 집어넣은 다음, 안방이나 거실에 둔다.
- 동목호관직인 4개에 생일과 이름을 새겨서 동서남북에 있는 큰절의 뒷산에 묻는다.
- 천승산수백자 안에 천통영신향을 넣어 거실에 두던가, 호법태극망에 싸서 침대 요 밑에 일 년 간 깔고 잔다.(1년마다 바꾼다) 침대 머리맡에 태백동목검을 놓는다.
- 훼골퇴복피로 베개 속을 넣어 베고 잔다.

287

간질병을 고치고 싶다

◎ 예부터 내려오는 민간요법이다. 먼저 두께가 1cm 정도 되는 뽕나무판자를 구한다. 약쑥을 태워서 연기로 판자를 그을린다. 다음 먹물로 다음과 같이 주문을 쓴다. 그리고 5치 길이의 못 12개로 子丑寅卯의 순서대로 12지를 박는다. 다음은 '子'의 자리에서 못을 뽑아 天地人日月의 순서대로 못을 박는다. 이런 순서대로 다 박은 다음, 두 손을 널빤지 위에 나란히 편 후 간절히 염원한다. 염원이 끝나면 사용한 판자를 강물에 띄워 보낸다.

◎ 벽사양류판에 환자의 생일과 이름을 새겨서 동네에서 제일 큰 나무 밑에 묻어둔다.

◎ 집주변 땅(화단)에 태백동복못을 8개 박아놓는다.

◎ 호법신동복백자 속에 환자의 이름을 써서 넣고 재패퇴사 청색으로 8부 채운 후, 거실에 놓는다.

288

전염병이 돌 때 예방하고 싶다

- 금강저108염주를 돌리며 매일 금강경을 염송한다. 염송할 때 제랑훠상향을 피우면서 하면 더욱 효험이 크다.
- 칠성제천저폐와 황가목저폐를 싱크대 위 칸에 올려둔다.
- 스투파만달옴청을 안방에 걸어 놓는다.
- 만병불침목 1개와 백수정각 21개와 무지개색은행알 21개를 빨간 주머니에 넣어 속옷 서랍에 넣어둔다.
- 출입문 바깥쪽 화단에 저주살못 15개와 같이 묻고, 흙 위에 적광퇴치석과 흑훼월석을 뿌려둔다.(화분도 가능 함)
- 화타통치병 안에 넣고 태백복피 5통으로 채워서 거실에 둔다.
- 벽사양류판 뒷면에 생일과 이름을 새긴 다음, 가까운 산에 가서 묻는다. (명산이면 더 좋다)

289

기침을 멈추게 하고 싶다

- 오뢰병통치목 1개와 백수정각 21개와 무지개색은행알 21개를 빨간 주머니에 넣어 속옷 서랍에 넣어둔다.
- 만병불침목과 함께 신발장 맨 위 칸에 놓는다.
- 출입문 바깥쪽 화단에 저주살못 15개와 같이 묻고, 흙 위에 적광퇴치석과 흑훼월석을 뿌려둔다.(화분도 가능 함) 집안 네 구석에 훼골퇴복피 4통을 뚜껑을 열어서 놓는다.
- 금강팔괘목과 천통상향저폐를 12개 준비해서 선산 조부모 선영(묘를 중심으로 왼쪽에 6군데, 오른쪽에 6군데를 나누어)에 묻는다.
- 옹제신에 생일과 이름을 써서 강가에 가서 깨뜨린다.

290

부모의 병이 유전될까 염려스럽다

- 탑천팔문신장목와 태상팔방귀목과 호법팔진목을 싱크대에 올려놓고 매일 아침 같은 시간에 훈치퇴향을 피우면서 소원을 읊조리며 기원한다.
- 화타통치병 속에 생일과 이름을 써서 넣고 태백복피 5통으로 채워서 거실에 둔다.
- 동목호관직인 4개에 생일과 이름을 새겨서 동서남북에 있는 큰절의 뒷산에 묻는다.
- 훼골퇴복피로 베개 속을 넣어 베고 잔다.
- 만병불침목 1개와 압승구 1개와 백수정각 21개와 무지개색은행알 21개를 빨간 주머니에 넣어 속옷 서랍에 넣어둔다.

291

구역질을 멈추게 하고 싶다

- 훼골퇴복피로 베개 속을 넣어 베고 잔다.
- 호법태극망을 요 밑에 깔아놓고 3개월마다 교체한다.(뺀 것은 산에 가서 태우고 다시 새것으로 바꾼다) 머리맡에 태백동목검에 이름을 새겨서 놓는다.
- 만병불침목 1개와 백수정각 21개와 무지개색은행알 21개를 빨간 주머니에 넣어 속옷 서랍에 넣어둔다.
- 출입문 바깥쪽 화단에 저주살못 15개와 만통구 1개를 같이 묻고, 흙 위에 적광퇴치석과 흑훼월석을 뿌려둔다.(화분도 가능 함)
- 환자 방 네 구석에 오행목벽피 4통을 뚜껑을 열어서 놓는다.

292

딸꾹질을 멈추게 하고 싶다

- 밥공기나 물 컵에 약수를 7부를 채운 후, 밥공기 안의 물 위에 검지손가락을 세우고 '절 사자 寺'를 3번 쓴다.(시늉으로) 그다음 그 밥공기 안의 물을 3번에 나누어 마시면 딸꾹질이 신기하게 멈춘다.
- 화타통치병 속에 환자의 생일과 이름을 써서 넣은 다음, 훼골퇴복피 7통으로 채워서 거실에 둔다.
- 호법태극망을 요 밑에 깔아놓고 3개월마다 교체한다.(뺀 것은 산에 가서 태우고 다시 새것으로 바꾼다) 머리맡에 태백동목검에 이름을 새겨서 놓는다.

293

부스럼을 빨리 낫게 하고 싶다

- 화타통치병 속에 환자의 생일과 이름을 써서 넣은 다음, 재패퇴사 백색 5통으로 채워서 거실에 둔다.
- 오뢰병통치목 3개에 생일과 이름을 새겨서 산에 가서 묻는다.
- 옹제신 뒷면에 생일과 이름을 쓴 다음, 가까운 물가에 가서 깨버린다. (3개월에 한 번씩 한다)
- 환자의 손과 발을 아침저녁으로 링첸향수로 닦아준다.
- 출입문 바깥쪽 화단에 저주살못 15개와 만통구 1개를 같이 묻고, 흙 위에 적광퇴치석과 흑훼월석을 뿌려둔다. (화분도 가능 함)
- 훼골퇴복피로 베개 속을 넣어 베고 잔다.

294

귀에서 소리가 나고 울려서 괴롭다

- 호법태극망에 싸서 요 밑에 깔아놓고 3개월마다 교체한다. (뺀 것은 산에 가서 태우고 다시 새것으로 바꾼다)
- 오뢰병통치목 3개와 백수정각 21개와 무지개색은행알 21개를 파란 주머니에 넣어 속옷 서랍에 넣어둔다.
- 금강팔괘목과 함께 신발장 맨 위 칸에 놓는다.
- 동목호관직인 4개에 생일과 이름을 새겨서 동서남북에 있는 큰절의 뒷산에 묻는다.
- 출입문 바깥쪽 화단에 오뢰병통치목 1개와 호구투란 1개와 같이 묻고, 흙 위에 재패퇴사 황색과 흑훼월석을 뿌려둔다.(화분도 가능 함)
- 집안 네 구석에 훼골퇴복피 4통을 뚜껑을 열어서 놓는다.

295

힘든 투병생활에서 이기고 싶다

- 태상팔방귀목과 호법팔진목을 싱크대 위칸에 올려 놓고, 매일 아침 시간에 훈치퇴향을 피우면서 소원을 읊조리며 기원한다.
- 오뢰병통치목 3개와 백수정각 21개와 무지개색은행알 21개를 빨간 주머니에 넣어 속옷 서랍에 넣어둔다.
- 환자의 팬티에 저주살못을 나이 수만큼 꽂아서 호법태극망에 싸서 오색실로 꼭꼭 묶은 후, 태백동복지 5단 위에 올려놓고 불로 태운다. 그 재 위에 조밥을 해서 뿌리고 난 후 소주를 또 뿌린다.
- 동목호관직인 4개에 생일과 이름을 새겨서 동서남북에 있는 큰절의 뒷산에 묻는다.
- 오뢰병통치목 3개에 생일과 이름을 새겨서 명산에 가서 묻는다.

296

낙태한 아기원령 극락왕생하길 바란다

- 칠성제천저폐와 순천성모저폐를 싱크대 위 칸에 올려놓고 매일 아침저녁으로 훈치퇴향을 피우면서 소원을 읊조리며 기원한다.
- 화타통치병 속에 생일과 이름을 써서 넣고 태백복피 5통으로 채워서 거실에 둔다.
- 구천위성모목 3개와 백수정각 21개와 무지개색은행알 21개를 노란 주머니에 넣어 속옷 서랍에 넣어둔다.
- 금강팔괘목과 함께 신발장 맨 위 칸에 놓는다.
- 출입문 바깥쪽 화단에 구천위성모목 1개와 만통구 1개와 같이 묻고, 흙 위에 재패퇴사 황색과 태백복피를 뿌려둔다. (화분도 가능 함)
- 동목호관직인 4개에 생일과 이름을 새겨서 동서남북에 있는 큰절의 뒷산에 묻는다.
- 옹제신에 생일과 이름을 써서 강가에 가서 깨뜨린다.

297
상사병(마음의 병)을 치료하고 싶다

- 만병불침목과 옌쮀애심목를 싱크대 위 칸에 올려놓고 매일 아침저녁으로 응재착향을 피우면서 소원을 읊조리며 기원한다.
- 백수정각과 무지개색은행알을 각각 나이 수만큼과 옌쮀애심목 3개를 빨간 주머니에 넣어 속옷 서랍에 같이 넣는다.
- 복용귀병 속에 생일과 이름을 써서 넣고 태백복피 5통으로 채워서 거실에 둔다.
- 상대의 집과 내 집의 중간 지점에 산이나 강둑에 애정착합심목 1개와 흙을 파고 묻는다.
- 상대의 집을 알고 있다면 1세트는 그 집 앞 근처 나무 밑에 성취원키 3개와 옌쮀애심목 3개를 빨간 주머니에 넣어 묻고 온다.
- 나비쵸팬티를 입는다.
- 애정착합심목에 상대의 이름과 자신의 이름을 쓴 다음, 동서남북 사방에 있는 명산에 가서 묻는다.

298

죽은 사람이 자꾸 꿈에 나타난다

- 금강저108염주를 돌리며 매일 금강경을 염송한다. 염송할 때 응재착향을 피우면서 하면 더욱 효험이 크다.
- 탑천팔문신장목과 태상팔방귀목을 싱크대 위 칸에 올려놓고 매일 아침저녁으로 응재착향을 피우면서 소원을 읊조리며 기원한다.
- 화타통치병 속에 생일과 이름을 써서 넣고 태백복피 5통으로 채워서 침실에 둔다.
- 황제착응키 3개를 창호지에 싸서 장롱 속에 넣어둔다.
- 태백동목검을 신발장 맨 위 칸에 놓는다.
- 태백동복못을 집안 네 구석에 3개씩 놓는다.
- 훼골퇴복피를 1kg 구해서 베개 속에 넣고 잔다.
- 호법태극망을 요 밑에 깔고 잔다.

299

질병으로부터 멀리 피하고 싶다

타인이 당신에게 질병이 들어 죽기를 바라고 저주를 하여 몸이 아파 죽을 지경이 되었다면 다음과 같은 예방 비방을 해야 한다.

음력 5월 5일이 단옷날인데 이날, 오전 시간에 서남쪽으로 뻗은 오동나무 가지를 잘라다가 길이 5촌寸쯤(약 10cm 가량) 되게 인형을 깎아 만든 다음, 색동옷을 입힌다. 이 인형을 자신의 왼쪽 어깨에 메고(옷 속으로) 다니면서 입속으로 '질병이여, 물러가라! 재앙이여, 물러가라!' 라고 읊으며 다닌다. 이렇게 하면 예방 비방이 된다.

이때 당신에게 저주를 걸어 보낸 사람에게 그대로 보내고 싶으면 이 방법을 쓴다.

'질병이여, 저주여, 질병 재앙이여! 온 곳으로 되돌아가라!' 하면 상대방이 그대로 재앙을 당하게 된다.

300

행동으로 질병을 부르는 징조들

- 보약을 둘이 나누어 먹으면 약효가 반감된다.
- 의심이 많으면 신경계통에 병이 올 징조이다.
- 병자끼리 병원에 같이 다니면 병이 호전되지 않는다. 건강한 사람과 병원에 같이 가야 환자가 빨리 쾌차한다.
- 앓아누워있는 사람에게 큰절하면 그 사람이 빨리 죽는다.
- 팔자걸음을 걸으면 당뇨병에 걸릴 징조이다. 신체의 불균형으로 인해 운동부족을 초래할 수 있다.
- 치매에 걸린 노인을 야단치고 꾸지람하면 병세가 더욱 악화되어 치매가 더 심해지고, 자신도 늙어서 똑같은 일을 당한다.
- 환자끼리 좋아하면서 키스를 자주 하면 한 사람이 빨리 죽는다.
- 배꼽에서 물이나 고름이 나오면 큰 질병이나 재앙이 올 징조이다.
- 괜히 치아가 부러지거나 빠지면 질병이나 이별, 실패 등 불행한 일이 닥칠 징조이다.
- 병자가 있는 집의 동물이 나가 죽으면 병이 호전되어 낫는다.
- 누운 채로 옷을 꿰매거나 뜨개질을 하면 질병에 걸릴 징조이다.
- 자주 넘어지거나 다쳐 부상을 입으면 남에게 이권을 빼앗기거나 손 재나 구설이 생기는 재앙이 따른다.
- 아이가 자라면서 코를 많이 흘리면 건강하게 자라고 장수할 징조이다.
- 습관적으로 음식을 타박하거나 과식하면 예상치 않은 급성병을 얻어 고생하거나 하는 일이 잘 안 풀리고 정신적 고통이 끊이질 않는다.

만사형통 성공하는 사람들의 **운세처방백과**

10장

천재지변
동물식물
주변물류징조

301 개업하는 날 재수 있는 징조
302 집안이나 가세가 좋아질 징조
303 집안이나 가세가 나빠질 징조
304 청소하고 재수가 좋은 징조
305 출입구나 하수구의 재수 운 징조
306 집안 정돈이 부르는 징조
307 이사하는 것에 부작용들
308 초상집에 갈 때 부작용들
309 집안에 상喪을 당했을 때 처세법
310 제사 지내는 자세의 징조들
311 산소 관리로 부르는 징조들
312 지진이 일어날 징조들
313 천둥 번개 눈비의 징조들
314 무지개가 뜨면 생기는 징조들

315 별·달·유성이 보이면 생기는 징조들
316 태양의 변화가 주는 징조들
317 애완견이나 개에 관련 징후들
318 동물 고양이에 관련 징후들
319 가축 닭의 관련 징후들
320 소나 돼지의 관련 징후들
321 가축이나 동물들에 관련 징후들
322 까치·참새·제비·조류들에 관련 징후들
323 곤충들의 변화 징후들
324 파충류들의 변화 징후들
325 쥐들의 변화 징후들
326 꽃과 나무의 징후들
327 물에 대한 변화 징후들
328 된장 간장 맛 변화 징후들

301

개업하는 날 재수 있는 징조

- 개업하는 날 제일 먼저 모자 쓴 사람이 오면 재수가 있을 징조이다. 사업이 번창하고 성공하게 된다.
- 우연히 장례행렬을 만나면 재수가 있고 행운이 찾아올 징조이다.
- 고사 지낸 후에 청소를 바로 하면 정성 들여 얻은 복을 쓸어내는 징조이다.
- 그날 첫 손님이 낸 돈이나 지폐에 '퉤' 하고 침을 묻히면 그날 하루 매출에 재수가 좋다.
- 담아 놓은 소금 위에 우물 정井자가 생기면 눈먼 돈이 들어오고, 횡재수가 있고 재물이 늘어날 징조이다.
- 화장실을 깨끗이 하면 재수가 있어 돈이 들어온다.

302

집안이나 가세가 좋아질 징조

- 집안에 있는 오래된 나무를 함부로 베어내면 금전고통을 겪게 되고 손재수가 따를 징조이다.
- 화초나 나무가 잘 자라거나 애완동물이 잘 되는 집은 재물이 늘고 행운이 따르는 징조이다. 금전 재수가 좋아진다.
- 집 처마 밑에 구렁이가 살면 부유해지고 자손이 번창할 징조이다.
- 새로 집을 지을 때 족제비가 보이면 집터가 좋고 가세가 융성해져 복이 굴러들어 올 징조이다.
- 집터가 주걱이나 조리처럼 생겼으면 복 터이고, 부자 될 징조이다.
- 좁고 작은 집에 기거하는 사람이 많으면 재물이 늘고 부귀할 징조이다.

303

집안이나 가세가 나빠질 징조

- 집안 마당에 큰 나무를 많이 심으면 눈 뜨고 도둑맞는 식의 손실이 따르고 운이 막혀 재앙이 온다.
- 집이 울리는 소리가 나면 가세가 기울고 재앙이 따른다.
- 풀이나 나무가 잘 자라지 않는 집터에 살면 자식에게 재앙이 따른다.
- 집안이 어둡고 침침하여 곰팡이 냄새가 나면 작은 손재수가 겹쳐 재물손실을 보고, 우환이 끊이질 않고 재앙이 온다.
- 집터에 비해 집이 지나치게 크면 가세가 기울고, 집은 크고 기거하는 사람이 적으면 운세가 허약해 재물이 모이지 않고 재앙이 온다.
- 집의 규모에 비해 출입문이나 창문이 지나치게 크거나 넓으면 복이 모두 달아나서 재물이 모이지 않고 나쁜 일이 초래된다.
- 높은 건물이나 창고가 집 앞을 막으면 가세가 약해져 잘 되던 일도 안 되고 집안도 시끄럽고 손재수가 있을 징조이다.
- 방문이나 창문이 구멍 난 것을 방치하면 죽은 영혼이 왕래하여 가족에게 문제가 생기거나 가장의 신상에 좋지 않을 징조이다.
- 창문이 지나치게 많은 집에 살면 불안하고 초조해지고, 좋은 운이 나가버려 재수가 없고 손재수가 따른다.
- 망해 나간 집터나 건물을 사들이면 자신도 그 운을 피하지 못하고 실패와 파산의 재앙을 입을 수 있다.
- 문턱이나 창틀이 닳았거나 부서진 것을 방치하면 돈줄이 막히고 손재수, 구설수에 휘말리게 된다.
- 꿈자리가 사납거나 잠이 깊이 오지 않는 집은 자신과 맞지 않는 집이고, 재수가 없어 재앙만 계속된다.

304

청소하고 재수가 좋은 징조

❀ 봄 마당을 지저분하게 대충 쓸면 하는 일마다 흐지부지되고 성취가 안 된다. 봄 마당은 티끌 하나까지도 싹싹 쓸어내야 생성 에너지가 생겨 집안에 행운이 들어온다.

❀ 가을마당은 너무 깨끗하게 쓸면 들어오던 복도 나간다. 가을마당을 쓸 때에는 낙엽 몇 장 정도는 남겨두고 쓸어야만 높고 맑은 하늘과 음양의 조화가 이루어져서 집안에 돈이 들어온다.

❀ 앞마당에 흙을 싹싹 쓸어내 버리면 재수가 없고 복이 달아난다.

❀ 밤에 쓸고, 닦고, 청소하면 가난해질 징조이다. 점차적으로 재물이 흩어지고 우환 질병이 생기는 재앙이 올 수 있다.

❀ 밥상 위에 바가지나 빈 그릇을 포개놓으면 가난을 면치 못한다.

❀ 대빗자루로 부엌을 쓸면 집안에 어려움이 생기고 재앙이 온다.

305

출입구나 하수구의 재수 운 징조

- 출입구의 위치를 함부로 바꾸거나 고치면 집안에 흉사가 발생하거나 재물에 손실이 생기고 예기치 않는 재앙이 닥친다.
- 집안의 대들보나 기둥이 무너지면 집안이 망할 징조이다.
- 출입문을 열었을 때 일직선으로 침실이 보이면 매사 이롭지 못하고 하는 일마다 낭패를 보고 금전손실이 따른다.
- 출입문이나 대문 앞에 물건을 쌓아 막으면 하던 일에 문제가 생기고 직장에도 문제가 생길 징조이다. 운세가 막히는 것이다.
- 막힌 하수구를 방치하면 흉사가 따를 징조이고 재물 운이 막힌다.
- 하수구를 낼 때 대문이나 출입구 쪽으로 내면 복과 운이 모두 나가는 형국이라 집안에 해로운 일만 생길 징조이다.

306

집안 정돈이 부르는 징조

- 가구가 잘 정돈되어있고, 늘 밝은 분위기가 집안에 감돌면 재물 복이 굴러들어오고 집안이 풍요로워져서 자식들도 잘 된다.
- 집안에 쓰지 않는 가구나 재활용품을 구석구석 쌓아놓으면 들어오던 재복이 등을 돌려 달아난다. 늘 재수가 없을 징조이다.
- 푹 꺼진 침대나 소리 나는 침대를 계속 사용하면 행운을 놓치거나 재복이 들어오지 않아 가난한 생활을 면하기 어렵다.
- 구멍 뚫린 냄비나 신발들을 집안에 오래도록 쌓아두면 손재수가 따라들어 매사 되는 노릇이 없다.
- 수돗물이 줄줄 새는 것을 고치지 않고 그대로 방치하면 재물이 물 새듯이 빠져나갈 징조이다.

307

이사하는 것에 부작용들

❋ 살고 있는 집 바로 뒤로 이사하거나 1층 집을 2층 집으로 지어 올리면 예상치 못 했던 재앙이 닥칠 징조이다.

❋ 살고 있는 집을 자주 판다고 말하거나 불평을 많이 하면 복이 달아나서 손재수와 중상모략이 따르고 사기를 당할 수 있다.

❋ 이사하는 날 여자가 목 놓아 울면 점차 가세가 기울고, 가장에게 문제가 생기고 애정 문제, 자식에게 재앙이 따른다.

❋ 삼살방, 대장군 방위로 이사를 하거나 집을 지으면 가족에게 질병이 생기거나 하던 일에 장애가 생겨 고통이 따른다.

❋ 상문방 조객방 방위로 이사를 하거나 집을 지으면 가내에 우환 질병이 생기고, 교통사고에 주의해야 한다. 상복 입을 수 있다.

❋ 너무 낡은 헌 옷을 입고 이삿짐을 나르거나 짐 정리를 하면 새로운 복이 들어오지 않고 남의 비방이나 모함으로 억울한 일을 당하거나 생각지 못했던 불운이 닥친다.

❋ 손 있는 날, 이사를 하면 재수가 없고 나쁜 일이 생길 징조이다.

❋ 이사 후, 키우던 개가 차에 치여 다리를 다치면 눈 뜨고 도둑맞는 일이 생기거나 여행이나 먼 길을 갈 때 사고 위험이 따른다.

❋ 이사할 때 눈이나 비가 오면 잘 살 징조이다. 나쁜 기가 눈이나 비에 씻겨내려가 잘 살게 된다는 속설이 있다.

308

초상집에 갈 때 부작용들

- 갓난아기를 초상집에 데리고 가면 부정이 타서 병을 앓을 수가 있다. 이유 없이 보채고 울기만 하면 부정이 탄 것이다.
- 길을 가다가 우연히 장례행렬을 만나면 좋은 일이 생길 징조이다. 영구차를 만나는 것도 같은 징조로 행운이 올 징조이다.
- 임종한 후나 장례가 끝난 후, 무지개가 뜨면 망자가 왕생극락 할 징조이다. 선업을 많이 짓고 떠났다는 것을 알 수 있다.
- 초상집에 갈 때 흉한 일을 피하고 싶다면 붉은 팥이나 굵은소금을 한주먹 흰 봉투에 넣어 주머니에 넣고 갔다가, 나와서 집에 들어가기 전에 얼굴 앞에서 머리 위쪽으로 던져버리고 집에 들어간다.
- 제삿날을 앞두고 초상집에 가면 집안에 궂은일이 생길 수 있다.

309

집안에 상(喪)을 당했을 때 처세법

- 상 중에 있을 때, 결혼식을 올리면 불화가 생기기 쉽고, 부부가 잘 살기 어려워 이별하기 쉽다.
- 결혼 날짜를 받은 남녀가 초상집에 가면 결혼생활이 평탄치 않고, 자식에게도 재앙이 따른다.
- 상 중에 있을 때는 세배도 피하는 것이 좋다. 놀랄 일이 생긴다.
- 시신을 방 윗목에 모시면 망자의 혼이 이승을 빨리 떠나지 못한다. 시신 위에서 눈물을 흘리면 망자의 혼이 떠나지 못해 떠돌이가 된다.
- 이웃집에 초상이 났을 때, 밤에 빨래를 널거나 바느질을 하면 내 집에 우환이 끼고 아픈 사람이 생길 징조이다.
- 하관할 때 삼재가 든 사람이 보면 부정이 타거나 재앙이 있다.

310
제사 지내는 자세의 징조들

- 죽은 사람의 제사를 소홀히 하면 떠돌이 영가가 되어 울며 구천을 헤매고, 집안 식구에게 나쁜 화를 입힌다.
- 망자를 저승으로 보내려면 죽은 지 7일째 되는 전날 밤에 죽은 사람이 누워 있던 방에 쑥을 넣어두면 망자의 혼이 편안하게 저승으로 향하게 된다.
- 제사를 지낼 때 불평불만이 많으면 조상이 괘씸히 여기고 화를 낼 것이니 좋지 않은 일이 생길 징조이다.
- 제사상을 뒤엎으면 집안에 재앙이 들어 악재가 연속된다.
- 제사상에 비늘이 없는 생선을 올리면 우환이 끊고 불운이 닥친다.
- 제사상에 꽁치, 갈치, 삼치 등 '치' 자가 들어간 생선을 올리면 망자가 구천을 떠돌며 승천하지 못한다.
- 제사를 지낸 후에 음복을 하면 지은 업장이 소멸되고 복이 들어온다.

311

산소 관리로 부르는 징조들

* 태풍이나 폭우로 훼손이 된 산소를 방치해 두면 조상이 화를 자초해 집안 가족들에게 재앙이 따를 징조이다.
* 산소 앞의 절하는 곳 땅이 15° 이상 솟아올라와 높으면 우환이 생기고 재수가 없다. 낮추어야 한다.
* 산소에 구멍이 뚫리거나 봉분이 내려앉았으면 집안에 재앙이 닥칠 징조이다. 사업 파산, 불치병, 교통사고 등을 유의해야 한다.
* 산소 앞부분이나 뒷부분을 함부로 파거나 깎아버리면 자손이 진로에 애로가 생기고, 높은 직위 파면, 중도 좌절과 실패의 연속이다.
* 묘 앞에서 넘어지면 3년을 넘기지 못하고 죽는다.
* 남의 묘 앞에서 대변이나 소변을 보면 망신을 당하거나 재앙이 따른다.

312

지진이 일어날 징조들

* 꿩이 맹렬히 울어대면 지진이 날 징조이다.
* 까마귀나 휘파람새가 평소 울음소리와 다르게 울면서 이리저리로 불안하게 날아다니면 지진이 일어날 징조이다.
* 양봉하던 벌이 갑자기 모두 사라지면 지진이 일어날 징조이다.
* 닭, 오리, 거위들이 땅에서 3m 정도 날아오르면서 퍼덕거리면 지진이 일어날 징조이다.
* 소들이 싸우거나 개나 여우가 뛰거나 울부짖거나 죽은 듯이 몰려 있으면 지진이 일어날 징조이다.
* 사육장에서 키우던 사슴들이 모두 도망가면 지진이 일어날 징조이다.

313

천둥 번개 눈비의 징조들

- 천둥 벼락이 칠 때 향을 피우면서 기도하면 벼락에 맞는 일은 없다.
- 천둥 번개가 칠 때 엎드리면 살고, 반듯하게 누우면 죽을 수도 있는 재앙이 따른다.
- 천둥번개 치며 비가 올 때 우산을 쓰거나 큰 나무 밑으로 피하면 위험하다.
- 높은 산에 있는 구름이 내려오면 비가 올 징조이다.
- 아침에 갑자기 안개가 생기면 큰 비가 올 징조이다.
- 아침에 본 저녁의 노을은 비가 올 징조이고, 저녁노을은 맑을 징조이다.
- 안개가 심하면 3일 이내에 비가 오거나 날이 맑을 징조이다.
- 이슬이 촉촉하게 많이 내리면 다음 해에 풍년이 들 징조이다.
- 첫눈이 함박눈이면 그 해에는 모든 것이 순탄하고 풍요롭다.
- 그해 처음으로 떨어지는 우박을 맞거나 받아먹으면, 머리숱이 없어지거나 머릿결이 나빠진다.
- 태어나는 날, 비나 눈이 내렸다면 그 사람의 장례식 날에도 비나 눈이 내릴 경우가 많다.
- 5월 1일의 이슬은 피부를 윤택하게 하여 얼굴이 예뻐지는 영험함이 있다는 속설이 있다.
- 비를 흠뻑 맞으며 걷길 좋아하면 되는 일이 적고, 남모를 근심을 만들어 고독해한다.
- 우박이 자주 내리면 그 해는 홍수가 날 징조이다. 우박이 자주 내린 토지는 벼, 보리 등 농사가 잘 되지 않는다.

314

무지개가 뜨면 생기는 징조들

- 아침에 무지개가 뜨면 비가 올 징조이고, 저녁 무지개는 맑을 징조이다.
- 2월에 무지개가 뜨면 쌀과 생선 물가가 오를 징조이다.
- 정월과 7월에 무지개가 뜨면 쌀값이 오를 징조이다.
- 6월에 무지개가 뜨면 삼베 값이 오를 징조이다.
- 8월에 무지개가 뜨면 이듬해 봄, 좁쌀 값이 오를 징조이다.
- 9월에 무지개가 뜨면 삼베나 오곡 값이 오를 징조이다.
- 11월에 무지개가 뜨면 콩 값이 오를 징조이다.
- 어떤 일을 하러 갈 때나 하고 났을 때 무지개를 보면 행운이 따라 좋은 결과가 있을 징조로 본다.

315

별·달·유성이 보이면 생기는 징조들

- 달이 파랗게 보이면 비가 올 징조이고, 하얀 달은 맑을 징조이다.
- 달이 붉게 보이면 건조에 의한 화재가 있을 징조이다.
- 달에 별이 가까워 있으면 흉사가 있을 징조이다.
- 음력 정월의 상현달이 세로로 반듯이 뜨면 그 해는 죽는 사람이 많을 징조이다.
- 유성이 빨갛게 보이면 모든 것이 순조로울 징조이다.
- 밤하늘의 유성이 떨어지는 것을 보면, 가까운 사람이 죽을 징조이다.
- 유성이 육지에 떨어지면 흉년이 들 징조이다.
- 유성이 바다에 떨어지면 고기가 잡히지 않을 징조이다.
- 유성이 푸르게 보이면 도깨비의 장난처럼 불행한 일이 생길 징조이다.
- 평소보다 별이 크게 보이거나 움직이듯 보이면, 3일 이내에 태풍이 올 조짐이니 출항을 금하는 것이 좋다.
- 하늘이 낮게 보이고, 별이 가깝게 보이면 조만간에 비가 올 조짐이다.
- 낮 정오에 수성이 보이면 홍수가 올 징조이다.
- 수성에 변화가 있으면 날씨가 고르지 못하다.
- 혜성이 나오면 태풍, 지진, 화재 등 기상의 이변이 생기거나 국가적으로는 전쟁, 대란, 전염병 등의 흉사가 발생하는 재앙이 올 수 있다.

- 금성 · 수성 · 목성이 한자리에 모이면 나라에 큰 재앙이 따를 수 있다. '왕은 자리를 잃고, 장관은 화를 당하고, 자식은 아버지를 해하고, 신하는 임금을 죽이고, 전란 또는 전염병이 도는 불운이 일어난다.'라고 고서 『태평기』에 기록되어 있다.
- 일식은 흉사의 조짐이 있어 징, 북, 꽹과리 등을 치며 액운과 재앙을 몰아내는 속설이 있다.
- 유성이 떨어진 곳은 갑자기 그곳의 사람이 횡사하는 재앙이 생긴다.
- 별에 붉은 원형 고리가 생기면 바람이 불 징조이다.
- 별빛이 안정되지 않고 반짝반짝 빛나면, 다음 날 바람이 심하게 불 징조이다.
- 자주 밤하늘에 떠있는 달이나 별을 감상하면, 이치에 맞지 않는 고귀한 성품이 되어 구설, 송사, 다툼을 멀리하게 된다.

316

태양의 변화가 주는 징조들

- 태양이 황색이면 가뭄이 들 징조이다.
- 태양이 붉으면 흉작이 될 징조이다.
- 태양 주위에 별이 보이면 흉사가 있을 징조이다.
- 태양에 24시간 둥근 테가 걸려 있으면 파도가 거칠어질 징조이다. 돛을 내리고 정박함이 옳다.
- 태양의 둘레가 흐려지고 어두우면 큰 비나 태풍이 올 징조이다.
- 매일 아침 떠오르는 태양을 바라보고 빌면 원하는 것을 순조롭게 성취할 수 있고, 건강과 행운도 따른다.

317

애완견이나 개에 관련 징후들

* 밤에 개가 멀리서 자주 짖으면 근처에서 흉사가 일어나거나 화재가 일어날 징조이다. 개는 영감이 발달되어 미리 감지를 한다.
* 개나 고양이가 마당을 자주 파면 집안에 우환이 들거나 하는 일이나 직장에 나쁜 문제가 생길 징조이다.
* 병자가 있는 집의 개나 고양이가 밖에 나가 죽으면 병자가 완쾌되고, 집안에서 죽으면 병자도 같이 죽는다.
* 개가 부엌 바닥이나 아궁이를 파면 주인에게 흉사가 있을 징조이다.
* 개가 대문 앞의 땅을 파면 예상치 않은 불상사나 손재, 다툼, 누명 등 좋지 않은 일이 발생할 징조이다.
* 초상난 집의 개가 처량하게 짖으면 계속해서 사람이 죽는 재앙이 따를 수 있다. 개가 눈물을 흘려도 동네 초상이 날 징조이다.
* 병자를 보며 개가 하염없이 짖으면 중병을 앓고 있던 병자가 점점 차도를 보이며 완쾌될 징조이다.
* 아침에 검은 개를 보면 불상사나 사고, 우환이 따를 징조이다.
* 집을 나서는데 개가 왼쪽다리의 냄새를 맡으며 따라오면 재물이 생기고 구하고자 하는 것을 얻게 될 징조이다.
* 집을 나서는데 개가 오른쪽다리의 냄새를 맡으며 따라오면 연인이나 부부 간에 불화 또는 타인과 다툼이 있을 징조이니 조심한다.
* 개가 지붕 위로 올라가면 집안에 흉사가 있거나 금전적 손실이 생긴다.
* 개가 집에 있는 물건을 물고 나가면 재수가 없고 불리한 일이 생긴다.
* 남의 개가 집으로 따라 들어오면 집안이 점점 안정되고 운이 좋다.
* 기르는 개가 살이 찌면 집안이 번성할 징조이다.

318

동물 고양이에 관련 징후들

- 고양이가 세수하는 것을 보면 손님이 올 징조이다. 앞발로 사람을 부르는 시늉을 하고 있는 고양이를 가게 장식물로 두면 손님이 온다.
- 여행 중에 고양이가 길을 가로지르면 몸가짐을 주의하고, 위험한 곳은 조심하고 운전도 주의해야 한다. 나쁜 징조이다.
- 고양이가 죽은 사람 가까이 가면 부정이 타서 집안에 우환이 올 수 있다. 사람이 죽으면 굴뚝을 막고 고양이를 묶어두는 풍습이 있다.
- 아이를 낳은 집에 고양이를 들이면 산모나 아기에게 불행이 다가온다.
- 집안이나 침실에 개나 고양이의 대소변 냄새가 배어 있으면 가내 재앙이 따르는 경우가 많다. 특히 어린아이나 결혼을 앞둔 청춘 남녀들의 행운을 막는다.
- 검은 고양이를 자주 보면 의외로 좋은 일이 생길 수 있다.
- 고양이를 함부로 죽이면 집안에 좋지 않은 일이 생길 수 있다.
- 키우던 개나 고양이를 내쫓아 버리면 가운이 쇠퇴하거나 우환이 생길 수 있다.

319

가축 닭의 관련 징후들

* 집에서 키우는 닭이 달걀을 많이 낳으면 재물이 늘어날 징조이다. 그날 좋은 일이나 횡재수가 있다.
* 한밤중에 암탉이 구슬프게 울면 구설수에 오를 수 있다. 남의 비밀을 지키지않는 것도 마찬가지다. 누가 시비를 걸더라도 참고 인내하는 것이 좋다.
* 닭이 높은 곳으로 날아오르면 비가 올 징조이다. 닭은 습기를 싫어하기 때문에 비가 올 것을 미리 알고 높은 곳으로 올라가는 것이다.
* 닭이 불안해하며 뛰어다니면 가족에게 불상사가 생길 징조이니 먼 길을 떠나는 것을 삼가라.
* 집 앞에서 닭이 서로 다투고 있는 것을 보면 작은 일로 큰 불화가 생길 징조이다. 너그러움으로 이해를 하면 만사형통이다.
* 밤에 닭이 우는소리를 흉내 내면 뜨거운 물이나 불로 인해 상처를 입는 좋지 않은 일이 생길 수 있다.
* 새벽에 수탉 울음소리가 계속해서 3번 들리면 집안에 기쁜 일이 생길 징조이다. 반가운 소식이나 뜻밖의 선물이 들어온다.
* 1000마리의 흰 닭을 모으면 절호의 기회를 얻을 징조이다. 용이 여의주를 얻은 격이니 이름을 사방에 떨치는 행운을 얻게 된다.
* 닭의 눈을 멀게 하면 앞 못 보는 자식을 두게 된다.
* 암탉의 울음소리를 자주 흉내 내면 가출하는 자가 생긴다.

320
소나 돼지의 관련 징후들

❀ 소똥을 밟거나 백마를 보면 그날 기쁜 일이 생기거나 좋은 인연을 만날 징조이다.

❀ 술이나 도박에서 이득을 보려면 소의 배 부분 곱슬곱슬한 털을 몸에 지니고 다녀야 이득이 생긴다는 속설이 있다.

❀ 염소가 우는 것을 보면 경사스러운 일이 생기고 기쁜 소식이 올 징조이다.

❀ 고사용 돼지가 눈웃음을 지으면 재수가 좋고 번성할 징조이다.

❀ 남의 집 뜰이나 대문 앞에 자기가 키우는 가축의 대소변을 뿌리면 이름 모를 종기나 혹으로 인한 큰 병을 얻어 고생할 수 있다.

❀ 돼지가 주둥이로 땅을 파면 비가 올 징조이다.

❀ 돼지를 늙을 때까지 키우면 불상사가 생길 징조이다.

❀ 인연이 안 맞는 가축을 기르면 질병으로 고생하거나 집안에 우환이 생긴다.

❀ 아침부터 돼지, 고슴도치, 토끼 등이 화제에 오르면 나가서 하는 일에 기쁨이 있고 귀인의 도움으로 성취될 덕담을 나눌 수 있다.

321

가축이나 동물들에 관련 징후들

* 산제를 지내는 날, 흰토끼를 보면 예기치 않은 불상사가 생기거나 건강에 문제가 생길 수 있는 불운이 온다.
* 아침에 원숭이 이야기를 하면 언짢은 일이나 언쟁이나 오해나 다툼으로 마음 상할 징조이다. 사람이 모이는 장소는 피하는 것이 좋다.
* 야생동물이 집에 들어왔을 때 잡거나 죽이면 나쁜 일이 생기니 잘 보살펴서 돌려보내는 것이 좋다.
* 야생동물을 집에서 키우면 집안에 흉사가 생긴다.
* 산에 사는 동물이 인가에 들어오면 그 집안에 흉한 일이 생기거나 손재를 볼 징조이다.
* 죽은 동물의 뼈를 출입구에 묻어두면 재앙을 물리칠 수 있다.
* 불면증에 시달리면 토끼 귀를 두 개 구해서 베개 밑에 넣고 자면 효험을 볼 수 있다.

322

까치 · 참새 · 제비 · 조류들에 관련 징후들

- 임산부가 새털을 지니면 안전하게 순산한다는 속설이 있다.
- 집안에 새가 날아들면 키우던 애완동물을 잃어버리거나 아끼던 귀금속이나 패물을 잃을 수 있다.
- 새가 무엇인가를 물고 집에 들어오면 좋은 일이 생길 징조이다. 어려운 일이 쉽게 풀리고 하는 일마다 순조로워 풍요로워진다.
- 새똥이 머리나 옷 위에 떨어지면 좋은 일이 생기거나 귀인의 도움으로 재물이 들어온다. 그러나 남의 말을 믿으면 얻었던 재물을 다시 토해내야 하는 일이 생길 수 있다.
- 새 울음소리가 기분 나쁘게 들리면 울 일이 생기거나 초상 치를 일이 생길 수 있다.
- 제비가 집안에 집을 지으면 가세가 번창하고 영화가 깃든다.
- 여러 종류의 새가 떼를 지어 머리 위를 떠돌면 불길한 일이 생길 징조이다. 출행을 삼가라. 괴이한 일이 생겨 놀라게 되는 사고를 당할 수 있다.
- 강남 갔던 제비가 돌아오지 않으면 가세가 기울고 차차 운이 막히는 조짐이니 집안을 재정비하고 큰 소리를 내지 않는 것이 좋다.
- 제비가 집을 이동하면 화재를 조심해라. 꺼진 불도 다시 봐야 한다.
- 제비를 잡으면 키우고 있는 가축에 병이 돌거나 병이 돌아 죽는 재앙이 올 수 있다.
- 집안에 족제비가 들락거리면 가운이 번창하고 부유해질 징조이다.
- 아침에 까치가 울면 반가운 사람이 오거나 좋은 일이 생길 징조이다.
- 아침에 3마리의 까치가 울면 소원하는 일이 반드시 이루어진다.
- 새똥을 밟으면 기쁜 일, 좋은 일이 생기고 원하는 것을 얻게 될 징조이다.
- 황새가 굴뚝에 집을 지으면 고생은 끝이고 좋은 일만 생길 징조이다. 건강과 재물 복이 들어와 가족들이 모두 평화롭다.

- 집안에서 키우던 새가 알을 부화해 새끼가 늘어나면, 가세가 번창하고 영화가 깃든다.
- 늦은 가을밤에 뻐꾸기가 울면 가까운 곳에 재해가 생길 징조이다.
- 참새가 높은 곳에 집을 지으면 홍수가 날 조짐이다.
- 올빼미가 지붕 위에 앉아 울면 그 집에 흉사나 초상이 발생할 징조이다.
- 비둘기를 죽이면 재앙이 닥친다. 비둘기는 평화의 신으로서, 신神의 사자로 본다.
- 비둘기가 집으로 들어오면 불길한 징조이다. 하얀 비둘기는 1년 후에, 얼룩 비둘기는 6개월 후에, 잿빛 비둘기는 당일에 흉사가 생긴다고 속설이 전한다.
- 집 근처에 학이 날거나 노랫소리가 들리면 길운이 들어 기쁜 일이 생기거나 재물이 늘고 좋은 배필을 만나거나 천운이 들어 집안이 번성한다.
- 키우던 꿩이 울고 소동을 피우면 집안에 재앙이 생긴다.
- 물총새가 알을 품고 있으면 파도가 잔잔해지고 태풍이 없다.
- 까마귀가 낮게 날면 비가 올 징조이다.
- 새알을 함부로 밟거나 깨트리면 자손에게 재앙이 온다.
- 할미새가 짝짓기 하는 것을 보면 뜻밖에 기쁜 소식과 재물 이득이 생길 징조이다.
- 새집을 부수거나 없애면 보금자리를 잃어버리는 불운이 온다.

323

곤충들의 변화 징후들

- 혼례 옷에 나비 무늬를 넣으면 부부가 화목하고, 행운이 오고, 장수할 징조이고, 자손에게 영화가 따른다.
- 봄에 처음으로 흰나비를 보면 그해 가족 중 한 사람이 재앙이 따를 수 있으니 살생을 피하고 상갓집도 주의한다.
- 비단벌레를 몸에 지니면 마음에 두고 있는 사람의 사랑을 얻게 되는 행운이 따른다.
- 무당벌레를 죽이면 불행이 닥친다. 기독교에서 무당벌레는 성모마리아의 상징이고, 고대이집트에서는 행운을 가져오는 길조로 보았다.
- 나비가 방에 날아들면 집안에 초상 날 징조이다.
- 아침에 거미나 지네를 보면 귀인의 도움으로 순조로울 징조이다.
- 아침에 거미가 집을 지으면 사랑하는 사람이 찾아올 징조이다.
- 밤에 거미가 내려오면 반갑지 않은 손님이 오거나 근심이 생길 징조이다.
- 거미가 줄을 타고 내려와 옷에 붙으면 반가운 손님이 오거나 기쁜 일이 생길 징조이다.
- 흰 거미가 천장에서 내려오면 근심이 사라지고 재물이 늘어 부자가 될 징조이다.
- 낮에 거미가 줄을 타고 내려오면 집안의 우환이 사라질 징조이다.
- 파리가 번식하는 해는 메밀과 팥이 풍작을 이룰 징조이다.
- 파리가 많이 생기면 그해 홍수가 날 조짐이다.
- 중환자가 있는 집에 청파리가 모여들면 환자의 병세가 악화될 징조이다.
- 개미의 정액은 사랑의 묘약이다. 유럽의 불개미로 술을 만들어 먹으면 정력이 증진된다.
- 집에 꿀벌이 들어 벌집을 지으면 가세가 번성하고 재물이 는다.
- 집에서 큰 지네가 눈에 띄면 돈이 생길 징조이다. 재물이 불어나고 뜻밖의 이권이 생길 수 있다.

- 귀뚜라미가 부엌에서 울면 집안이 번성하고 재물이 늘 징조이다.
- 귀뚜라미를 보면 경영이 순조로워 수입이 좋아지거나 행운이 깃든다. 집에 귀뚜라미가 자주 보이면 많은 돈이 생길 조짐이다.
- 가뭄이 들었을 때 개미가 떼 지어 이동하면 단비가 내릴 징조이다.
- 지렁이를 함부로 죽이면 허리 병으로 고생할 수 있다.
- 벌집을 함부로 태우면 소갈증을 얻어 고생할 수 있다.
- 잠자리나 나비를 잔인하게 죽이면 높은 곳에서 떨어져 낙상하거나 관절염으로 고생한다.
- 사마귀가 손등이나 옷에 앉으면 좋은 소식이나 즐거운 일이 있을 징조이다.
- 개미가 구멍을 막거나 높은 곳에 집을 지으면 큰 비가 오거나 홍수가 날 징조이다. 막힌 하수구나 수로 등을 점검하는 것이 좋다.
- 개미가 줄을 지어 이동하거나 흰개미가 날면 지진이나 땅으로 인한 천재지변이 일어날 징조이다.

324

파충류들의 변화 징후들

- 개구리를 죽이면 비가 오거나 울 일이 생길 징조이다.
- 가뭄이 들었을 경우 논밭에서 개구리가 울면 단비가 내릴 징조이다.
- 비가 내린 후 집안으로 두꺼비가 들어오면 재물이 늘고 좋은 일이 생길 징조이다.
- 개업하는 날 두꺼비를 본다면 사업이 번창하여 손님이 많을 징조이다.
- 두꺼비가 뱀을 먹는 것을 보면 윗사람에게 야단을 맞거나 신상에 문제가 생길 징조이다. 두꺼비는 행운을 상징한다.
- 뱀이 나무에 오르면 큰 비가 올 징조이다.
- 흰 뱀이 눈물을 흘리면 길조로 본다. 재물이 물밀듯 들어와 부자가 될 징조이다.
- 흰 뱀을 우연히 보게 되면 재수가 있고 행운이 따를 징조이다.
- 뱀을 보면 그날은 돈 생길 일이 생길 징조이다.
- 집으로 들어온 뱀이나 집에 사는 뱀을 죽이면 가난해질 징조이다.
- 길을 가다가 뱀이 맞서서 오면 불길한 징조이다. 괴한이나 사고를 당하거나 손재수가 생긴다.
- 우물 속에 뱀이 있으면 집안에 불길한 징조이다. 재물손실이 있고, 시끄러운 관재수로 위기가 찾아온다.
- 구렁이가 집 밖으로 나가면 불길한 징조이다. 재물손실과 파산 위기로 집안에 흉사가 생긴다.
- 보신으로 뱀을 많이 먹으면 건강보다 흉사가 더 생긴다.
- 도마뱀을 죽이면 몸에 상처와 흉터가 생기고 재앙이 따른다.

325

쥐들의 변화 징후들

* 쥐가 집에서 없어지면 예상치 못한 일로 재물손실이 생기고 가난해질 징조이다.
* 천장에서 쥐가 자주 소란을 피우면 하는 일마다 소득이 없고 손재수가 발생한다.
* 쥐가 천장에서 떨어지면 가족 중의 한 사람이 다치거나 안 좋은 일이 생긴다.
* 쥐의 울음소리를 들으면 길조로 본다. 재물이 점차 늘어나고 집안에 좋은 일이 생긴다.
* 쥐를 욕하면 쥐가 더욱 극성을 떨고 욕한 사람의 옷을 갉아먹는다는 속설이 있다.
* 야뇨증이 있는 환자가 있으면 쥐를 검게 구워서 먹으면 낫는다는 속설이 있다.
* 출항하는 배에 있던 쥐들이 도망가면 머지않아 배가 침몰한다는 징크스가 있다.

326

꽃과 나무의 징후들

- 꽃이나 나무를 함부로 꺾지 않으면 불운에서 행운으로 바뀌고, 어려운 일에 직면했을 때 누군가가 도와준다.
- 연꽃의 줄기가 두세 줄기가 되면 그 꽃 주인에게 불행이 찾아올 징조이다. 질병에 주의해야 한다.
- 연꽃 잎사귀를 머리에 쓰면 키가 크지 않고 땅딸보가 된다는 속설이 있다.
- 꽃이나 화초를 이불 속에 넣으면 이불 주인에게 해로운 일이 생길 징조이다.
- 꽃송이를 선물할 때는 홀수로 선물하는 것이 좋다고 한다. 두 송이를 주면 뜨거웠던 사랑이 식어버린다는 속설이 있다.
- 시골마을에 있는 고목이 이유 없이 쓰러지면 마을에 흉사가 생길 징조이다.
- 목을 매어 자살한 나무를 배 만드는데 사용하면 물고기가 많이 잡힌다는 속설이 있다.
- 집에 있는 오동나무를 가지를 세 번 쳐주고 키우면 가세가 번창하고 자손이 크게 출세 성공하여 이름을 날린다.
- 어린 나무에 꽃이 정도 이상으로 많이 피면 어린아이에게 나쁜 일이 생길 징조이다.
- 마당에 있는 나무에서 이유 없이 나뭇가지가 꺾이면 불길한 징조이고, 가족 간에 불화나 다툼이 생기기 쉬우니 참는 게 최고 좋다.
- 버드나무 가지를 꺾어 아이를 때리면 아이가 성숙하는 데 늦어지고, 문제가 생긴다.

327

물에 대한 변화 징후들

- 샘물이나 우물에 돌연히 물고기가 살면 재물이 늘고 부자가 될 징조이다.
- 우물이나 약수터에서 악취가 풍기면 마을에 흉사가 있고 재앙이 생길 징조이다.
- 옹달샘이나 약수터에서 물을 마시고 나서 은동전을 두고 가면 행운이 따른다.
- 물맛이 변하거나 물에서 악취가 나면 재앙이 닥칠 징조이다.
- 산이나 약수터 근처에서 돈을 주우면 반드시 좋은 일이 생긴다.
- 바닷물의 수온이 올라가거나 물거품이 많이 생기면 태풍이 올 조짐이다.
- 강의 흐름이 바뀌거나 강이나 연못에 물이 마르면, 그 마을에 좋지 않은 일이 계속 발생하고 재앙이 따를 징조이다.
- 물은 예부터 신성시하면서 신에게 바치는 첫 번째 성수로 여겼다. 또한 물은 인간들의 재물로도 여기면서 물이 많으면 돈이 많은 것으로 치부하는 속설도 전해내려 오고 있다.

328

된장 간장 맛 변화 징후들

- 메주를 보기 좋게 만들면 얼굴이 예쁜 딸을 낳을 징조이다.
- 장맛이 쓰거나 냄새가 나면 집안이 불길할 징조이다. 다툼이 생기거나 시끄러운 일이 생긴다.
- 된장이나 간장을 밤에 퍼 가면 가운이 기울고 우환이 생길 수 있다.
- 된장을 자주 먹으면 건강해지고 질병이 따르지 않는다.
- 매실효소 절임이 썩으면 불길한 조짐이다.
- 김장김치가 물러지고 맛이 변하면 일이 꼬이고 나쁜 징조이다.
- 곡식이나 음식을 자주 썩혀버리면 매사 허망한 일뿐이고 손재수로 운이 불길하다.
- 집에서 기르는 콩나물이 잘 자라면 점점 재물이 굴러들어올 징조이다.
- 남이 애써 지어 놓은 곡식이나 농작물을 도둑질하면 불치병으로 고통을 받거나 교통사고 등 뜻하지 않은 사고로 불구자가 된다.
- 다른 사람의 논이나 밭을 가로채면 3대에 걸쳐 집안이 몰락하고 패가망신 한다. 가족 중에 불구자가 생긴다.
- 쌀이나 팥 등 먹는 곡식으로 뿌려버리거나 장난을 하면 손재수가 생기고 못생긴 사람과 짝을 맺거나 배신을 당한다.
- 병든 논을 갈면 사고나 위험에 부닥치고 불행한 일이 생긴다.
- 바다에서 곡식을 구하면 용왕님이 노해서 큰 고통이나 재앙을 준다.

만사형통 성공하는 사람들의
운세처방백과

10장 천재지변·동물식물·주변물류징조 | **291**

만사형통 성공하는 사람들의 **운세처방백과**

11장
관재구설
삼재팔란
사주신상흉살

329 억울한 관재 송사시비 재판에서 이기고 싶다
330 소송 재판에서 증인 증거가 없어 불리하다
331 재판에서 누명을 벗고 승소하고 싶다
332 겹치는 관재구설로 신수가 괴롭다
333 옴호사령으로 모든 관재에서 이기고 싶다
334 옥중 수감자가 빨리 출감하길 바란다
335 다툼이나 시비에서 무조건 이기길 바란다
336 삼재가 드는 해 삼재풀이를 하고 싶다 (입삼재)
337 묵은 삼재일 때 삼재풀이를 하고 싶다 (출삼재)
338 가족 중에 삼재가 둘 셋 이상 들었다
339 백호대살 삼형살 괴강살로 운세가 나쁠 때
340 현침살 양인살 육해살로 운세가 나쁠 때
341 원진살 고신살 과숙살로 운세가 나쁠 때
342 자궁살 음욕살로 팔자가 쎄 살풀이하고 싶을 때
343 역마살 가출살 주도살로 집밖으로 떠돌
344 현량살 자액살로 자살을 유도할 때
345 손재수 사기수로 돈이 막 새나갈 때

346 나쁜 기운으로 재수가 없고 식구들이 아플 때
347 초상 치른 후 우환이 끊고 집안 싸움할 때
348 장사가 안 되고 돈이 마를 때
349 님이 딱 끊기고 수금이 잘 안 될 때
350 방해자가 있어 훼방되고 불편할 때
351 배신자로 인해 망신당하고 위기에 처했을 때
352 매사가 답답하고 꼬일 때
353 사기나 보이스피싱을 예방하고 싶을 때
354 강도나 도적을 예방하고 싶을 때
355 경사 전 집안에 사고나 우환이 겹칠 때
356 줄초상이 나고 사고가 연이어 발생할 때
357 새 차 구입 시 무사고를 바랄 때
358 운전면허증 처음 발급받고 무사고를 바랄 때
359 운전 영업 직업으로 늘 교통사고가 걱정될 때
360 급살 노상횡액 돌발 사고를 방지하고 싶을 때
361 오토바이나 위험 직종 자에 위험을 막고 싶다
362 여행 출장이 잦아 항공사고 예방하고 싶다

329

억울한 관재 송사시비 재판에서 이기고 싶다

- 팔괘만다라 그림을 걸어놓는다.
- 칠성제천저폐와 신장옹호관저폐를 싱크대 맨 위 칸에 올려놓고, 매일 아침저녁으로 제랑훼샹향을 피우면서 소원을 읊조리며 기원한다.
- 귀면인매병 속에 생일과 이름을 써서 넣은 다음, 생기명당토 7통으로 채워서 거실에 둔다.
- 옹제신 뒷면에 생일과 이름을 쓰고 손톱과 발톱 깎은 것을 넣은 다음, 가까운 물가에 가서 깨버린다.
- 전승취승구 3개와 백수정각 21개와 무지개색은행알 21개를 노란 주머니에 넣어 속옷 서랍에 넣어둔다.
- 탑천팔문신장목을 신발장 맨 위 칸에 놓는다.
- 출입문 바깥쪽 화단에 전승취승구를 묻고, 흙 위에 태백복피와 흑훼월석을 뿌려둔다.(화분도 가능 함)
- 집안 네 구석에 훼골퇴복피 4통을 뚜껑을 열어서 놓는다.

330

소송 재판에서 증인 · 증거가 없어 불리하다

- 태상팔방귀목에 생일과 이름을 새겨서 산에 가서 묻는다.
- 금강팔괘목과 황가목저폐를 신발장 맨 위 칸에 놓는다.
- 출입문 바깥쪽 화단에 전승취승구를 묻고, 흙 위에 태백복피와 흑훼월석을 뿌려둔다. (화분도 가능 함)
- 집안 네 구석에 훼골퇴복피 4통을 뚜껑 열어서 놓는다.
- 호구투란을 주머니에 넣고 다닌다.
- 욕실이나 베란다에 링첸향수를 뿌리고, 매일 링첸향수로 손발을 닦는다.
- 훼골퇴복피를 1kg 구해서 베개 속에 넣고 잔다.
- 태백동목검에 생일과 이름을 새겨서 산에 가서 묻는다.
- 천기복 팬티를 매일 입고 다닌다.

331

재판에서 누명을 벗고 승소하고 싶다

- 금강저108염주를 돌리며 매일 금강경을 염송한다. 염송할 때 응재착향을 피우면서 하면 더욱 효험이 크다.
- 태상팔방귀목과 호법팔진목을 싱크대 맨 위 칸에 올려놓고, 매일 아침 같은 시간에 훈치퇴향을 피우면서 소원을 읊조리며 기원한다.
- 금강팔괘목과 천통상향저폐를 6개 준비해서 선산 조부모 선영(묘를 중심으로 왼쪽에 3군데, 오른쪽에 3군데를 나누어)에 묻는다.
- 동목호관직인 4개에 생일과 이름을 새겨서 동서남북에 있는 큰절의 뒷산에 묻는다.
- 태백동목검을 신발장 맨 위 칸에 놓는다.
- 천기복 팬티를 매일 입고 다닌다.

332

겹치는 관재구설로 신수가 괴롭다

- 팔괘음양화 그림을 벽에 걸어둔다.
- 동목호관직인 4개에 생일과 이름을 새겨서 동서남북에 있는 큰절의 뒷산에 묻는다.
- 호법신동복백자 속에 생일과 이름을 써서 넣은 다음, 생기명당토 7통으로 채워서 거실에 둔다.
- 옹제신 뒷면에 생일과 이름을 쓰고 손톱 발톱 깎은 것을 넣은 다음, 가까운 물가에 가서 깨버린다.
- 전승취승구 3개와 백수정각 21개와 무지개색은행알 21개를 노란 주머니에 넣어 속옷 서랍에 넣어둔다.
- 태백동목검을 신발장 맨 위 칸에 놓는다.
- 차 안에 스투파만달옴청을 걸고 다닌다.
- 천기복 팬티를 매일 입고 다닌다.
- 프라나옴청을 늘 가지고 다닌다.

333

옴호사령으로 모든 관재에서 이기고 싶다

- 신장옹호관저폐와 탑천팔문신장목을 자신의 땅에 묻는다. (아파트이면 안방 바닥에 눌러 놓는다)
- 귀면인매병 속에 생일과 이름을 써서 넣은 다음, 생기명당토 7통으로 채워서 거실에 둔다.
- 집안 네 구석에 태백동복못을 놓는다.
- 출입문 바깥쪽 화단에 전승취승구와 상향호괸키를 묻고, 흙 위에 태백복피와 적광퇴치석을 뿌려둔다. (화분도 가능 함)
- 동목호관직인 4개에 생일과 이름을 새겨서 동서남북에 있는 큰절의 뒷산에 묻는다.
- 훼골퇴복피를 1kg 구해서 베개 속에 넣고 잔다.

334

옥중 수감자가 빨리 출감하길 바란다

- 귀면인매병 속에 수감자 생일과 이름을 써서 넣은 다음, 생기명당토 7통으로 채워서 거실에 둔다.
- 신장옹호관저폐와 탑천팔문신장목에 수감자 생일과 이름을 써서 감옥이 있는 가까운 산에 가서 묻는다.
- 동목호관직인 1개와 전승취승구 3개와 백수정각 21개와 무지개색은행알 21개를 노란 주머니에 넣어 수감자의 (집) 옷 서랍에 넣어둔다.
- 옹제신에 생일과 이름을 써서 강가에 가서 깨뜨린다. (자주 하면 좋다.)
- 황제착응키 3개를 창호지에 수감자의 생일과 이름을 쓴 후, 그 창호지에 싸서 장롱 속에 넣어둔다.
- 태백동복피로 베개 속을 넣어 베고 잔다.

335

다툼이나 시비에서 무조건 이기길 바란다

- 금강저108염주를 돌리며 매일 금강경을 염송한다. 염송할 때 훈치퇴향을 피우면서 하면 더욱 효험이 크다.
- 천통상향저폐와 탑천팔문신장목을 싱크대 위 칸에 올려둔다.
- 동목호관직인 1개와 전승취승구 1개와 백수정각 7개와 무지개색은행알 21개를 빨간 주머니에 넣어 속옷 서랍에 둔다.
- 천호관 목걸이를 몸에 지니고, 천기복 팬티를 매일 입고 다닌다.
- 호법태극망을 요 밑에 깔고 잔다.
- 훼골퇴복피로 베개 속을 넣어 베고 잔다.
- 차 안에 스투파만달옴청을 걸고 다닌다.
- 태백동목검에 생일과 이름을 새겨서 큰절 뒷산에 묻는다.

336

삼재가 드는 해 삼재풀이를 하고 싶다 (입삼재)

- 태백동목검에 생일과 이름을 새겨서 큰절 뒷산에 묻는다.
- 전승취승구 3개와 백수정각 7개와 무지개색은행알 21개를 빨간 주머니에 넣어 속옷 서랍에 둔다.
- 옹제신 안에 손톱 발톱 깎은 것과 머리카락 3올을 넣은 다음, 뒷면에 본인의 생년월일시, 이름, 삼재풀이라고 쓰고, 산에 묻고 온다.
- 훼골퇴복피를 4통을 준비해서 뚜껑을 연채로 집안 네 귀퉁이에 놓는다.
- 금강팔괘목을 신발장 맨 위 칸에 놓는다.
- 천기복 팬티를 매일 입고 다닌다.
- 차 안에 프라나옴청을 걸고 다닌다.

337

묵은 삼재일 때 삼재풀이를 하고 싶다 (출삼재)

- 금강저108염주를 돌리며 매일 금강경을 염송한다. 염송할 때 훈치퇴향을 피우면서 하면 더욱 효험이 크다.
- 귀면인매병 속에 삼재부와 생일과 이름을 써서 넣은 다음, 생기명당토 7통으로 채워서 거실에 둔다.
- 옹제신 뒷면에 생일과 이름을 쓰고 손톱과 발톱 깎은 것을 넣은 다음, 가까운 물가에 가서 깨버린다.
- 호법태극망을 침대 요 밑에 일 년 간 깔고 잔다.
- 호법신동복백자 속에 가족의 이름을 써서 넣고 거실에 놓는다.
- 천기복 팬티를 매일 입고 다닌다.
- 차 안에 프라나옴청을 걸고 다닌다.

338

가족 중에 삼재가 둘 셋 이상 들었다

- 금강저108염주를 돌리며 매일 금강경을 염송한다. 염송할 때 훈치퇴향을 피우면서 하면 더욱 효험이 크다.
- 훼골퇴복피를 4통을 준비해서 뚜껑을 연채로 집안 네 귀퉁이에 놓는다. 두 번째, 태백동복못을 4개 준비해서 집을 중심으로 동쪽으로 81걸음 되는 곳에 땅에 박고, 1개는 서쪽으로, 1개는 남쪽으로, 1개는 북쪽으로 같은 방식으로 박는다.
- 훼골퇴복피로 베개 속을 넣어 베고 잔다.
- 금강팔괘목과 압승구를 신발장 맨 위 칸에 놓는다.
- 가족 수대로 삼재부를 몸에 지니고, 천기복 팬티를 입는다.
- 태백동목검에 삼재 든 사람 생일과 이름을 써서 큰절 뒷산에 묻는다.

339

백호대살 · 삼형살 · 괴강살로 운세가 나쁠 때

- 신장옹호관저폐와 탑천팔문신장목을 싱크대 위 칸에 올려두고 매일 아침에 훈치퇴향을 피우면서 소원을 읊조리며 기원한다.
- 호법신동복백자 속에 가족의 이름을 써서 넣고 거실에 놓는다.
- 태백동복못 4개를 집안 네 귀퉁이에 놓는다.
- 태백동목검에 생일과 이름을 새겨서 큰절 뒷산에 묻는다.
- 백수정각 21개와 무지개색은행알 21개와 호법팔진목 3개를 빨간 주머니에 넣어 속옷 서랍에 같이 넣는다.
- 훼골퇴복피로 베개 속을 넣어 베고 잔다.
- 링첸향수로 샤워를 하고 천기복 팬티를 입고 나간다.
- 천호관 목걸이를 몸에 지니고 다닌다.
- 옹제신 뒷면에 생일과 이름을 쓴 다음, 전국 팔도 명산을 찾아다니며 곳곳에 깨버리고 온다.

340

현침살 · 양인살 · 육해살로 운세가 나쁠 때

- 태상팔방귀목과 호법팔진목을 싱크대에 올려놓고 매일 아침 같은 시간에 훈치퇴향을 피우면서 소원을 읊조리며 기원한다.
- 동목호관직인에 생일과 이름을 새겨서 큰절 뒷산에 묻는다.
- 용구부귀병 속에 생일과 이름을 써서 넣고 태백복피 5통으로 채워서 거실에 둔다.
- 금강팔괘목과 압승구 3개와 백수정각 21개와 무지개색은행알 21개를 노란 주머니에 넣어 속옷 서랍에 넣어둔다.
- 훼골퇴복피를 1kg 구해서 베개 속에 넣고 잔다.
- 옹제신 뒷면에 생일과 이름을 쓴 다음, 전국 팔도 명산을 찾아다니며 곳곳에 깨버리고 온다.

341

원진살 · 고신살 · 과숙살로 운세가 나쁠 때

- 팔괘만다라 그림을 걸어놓는다.
- 귀면인매병 속에 생일과 이름을 써서 넣고 태백복피 5통으로 채워서 거실에 둔다.
- 동목호관직인에 생일과 이름을 새겨서 큰절 뒷산에 묻는다.
- 탑천팔문신장목과 호구투란 3개와 백수정각 21개와 무지개색은행알 21개를 노란 주머니에 넣어 속옷 서랍에 넣어둔다.
- 집주변 땅(화단)에 태백동복못을 8개 박아놓는다.
- 천호관목걸이를 걸던가, 천기복팬티를 매일 입는다.
- 욕실이나 베란다와 화장실에 링첸향수를 뿌린다.
- 옹제신에 생일과 이름을 써서 강가에 가서 깨뜨린다.

342

자궁살 · 음욕살로 팔자가 쎄 살풀이하고 싶을 때

- 귀면인매병 속에 생일과 이름을 써서 넣고 재패퇴사 청색 5통으로 채워서 거실에 둔다.
- 탑천팔문신장목과 호구투란 3개와 백수정각 21개와 무지개색은행알 21개를 노란 주머니에 넣어 속옷 서랍에 넣어둔다.
- 태백동복피를 종이컵 ⅜씩 채운 것을 4개 만들어 집안 네 구석에 놓는다.
- 호법태극망을 침대 요 밑에 일 년 간 깔고 잔다.
- 훼골퇴복피로 베개 속을 넣어 베고 잔다.
- 옹제신 입 부분을 본드를 칠하고, 뒷면에 당사자의 생일과 이름을 쓴 다음, 가까운 물가에 가서 깨버린다.(6개월에 한 번씩 한다)
- 나비좁 팬티를 매일 입고, 옌쮀따랑 목걸이를 걸고 다닌다.

343

역마살 · 가출살 · 주도살로 집밖으로 떠돌 때

- 금강저108염주를 돌리며 매일 금강경을 염송한다. 염송할 때 훈치퇴향을 피우면서 하면 더욱 효험이 크다.
- 태백동복못 4개를 집안 네 귀퉁이에 놓는다.
- 태백동목검에 생일과 이름을 새겨서 큰절 뒷산에 묻는다.
- 백수정각 21개와 무지개색은행알 21개와 호법팔진목 3개를 빨간 주머니에 넣어 속옷 서랍에 같이 넣는다.
- 천호관목걸이를 걸던가, 천기복팬티를 매일 입는다.
- 욕실이나 베란다와 화장실에 링첸향수를 뿌린다.
- 동목호관직인 4개에 생일과 이름을 새겨서 동서남북에 있는 큰절의 뒷산에 묻는다.

344

현량살 · 자액살로 자살을 유도할 때

- 태상팔방귀목과 신장옹호관저폐를 싱크대에 올려놓고, 매일 아침 같은 시간에 훈치퇴향을 피우면서 소원을 읊조리며 기원한다.
- 용구부귀병에 넣을 흰 창호지에 생일과 이름을 쓰고, 그 아래로 증조부 → 조부 → 부친 → 자신의 이름을 순서대로 내려쓴 다음, 넣고 봉해서 안방이나 거실에 둔다.
- 예귀착전목과 백수정각 21개와 무지개색은행알 21개와 호법팔진목 1개를 빨간 주머니에 넣어 속옷 서랍에 같이 넣는다.
- 훼골퇴복피로 베개 속을 넣어 베고 잔다.
- 태백동목검에 생일과 이름을 새겨서 큰절 뒷산에 묻는다.
- 차 안에 스투파만달옴청을 걸고 다닌다.
- 속옷에 제압퇴창과 저주살못 나이 수만큼 꽂아서 호법태극망에 싸서 산에 가지고 가서 태운다.

345

손재수 · 사기수로 돈이 막 새나갈 때

- 동목호관직인 4개에 생일과 이름을 새겨서 동서남북에 있는 큰절의 뒷산에 묻는다.
- 귀면인매병 속에 생일과 이름을 써서 넣고 태백복피 5통으로 채워서 거실에 둔다.
- 칠성제천저폐와 황가목저폐를 싱크대 위 칸에 올려둔다.
- 황제착응키 3개를 창호지에 싸서 장롱 속에 넣어둔다.
- 호법태극망에 싸서 침대 요 밑에 일 년 간 깔고 잔다.(1년마다 바꾼다) 침대 머리맡에 태백동목검을 놓는다.
- 훼골퇴복피로 베개 속을 넣어 베고 잔다.
- 천기복 팬티를 매일 입고 다닌다.
- 옹제신에 생일과 이름을 써서 강가에 가서 깨뜨린다.
- 호구투란을 가방 속에 넣고 다닌다.
- 프라나옴청을 몸에 지니고 다닌다.

346

나쁜 기운으로 재수가 없고 식구들이 아플 때

- 금강팔괘목과 황가목저폐를 싱크대에 올려놓고 매일 아침 같은 시간에 훈치퇴향을 피우면서 소원을 읊조리며 기원한다.
- 화타통치병 속에 생일과 이름을 써서 넣고 태백복피 5통으로 채워서 거실에 둔다.
- 훼골퇴복피를 4통을 준비해서 뚜껑을 연채로 집안 네 귀퉁이에 놓는다.
- 호법태극망에 싸서 요 밑에 깔아놓고 6개월마다 교체한다. 머리맡에 태백동목검에다가 이름을 새겨서 놓는다.
- 출입문 바깥쪽 화단에 태상팔방귀목 1개를 묻고, 흙 위에 훼골퇴복피와 적광퇴치석을 뿌려둔다.(화분도 가능 함)
- 욕실이나 베란다와 화장실에 링첸향수를 뿌린다.

347

초상 치른 후 우환이 끊고 집안 싸움할 때

- 태상팔방귀목과 호법팔진목을 싱크대에 올려 놓고 매일 아침 같은 시간에 훈치퇴향을 피우면서 소원을 읊조리며 기원한다.
- 호법신동복백자 속에 가족의 이름을 써서 넣고 거실에 놓는다.
- 태백동목검에 생일과 이름을 새겨서 명산에 가서 묻는다.
- 화타통치병 속에 생일과 이름을 써서 넣고 적광퇴치석 5통으로 채워서 거실에 둔다.
- 동목호관직인 4개에 생일과 이름을 새겨서 동서남북에 있는 큰절의 뒷산에 묻는다.
- 훼골퇴복피를 1kg 구해서 배게 속에 넣고 잔다.
- 차 안에 스투파만달옴청을 걸고 다닌다.

348

장사가 안 되고 돈이 마를 때

- 귀면인매병 안에 생일과 이름과 상호를 흰 창호지에 써서 넣고, 생기명당토로 7부 채워서 가게에 놓는다.
- 싱크대 맨 위 칸엔 수복금저폐와 신장옹호관저폐를 올려놓고 훈치퇴향을 매일 1개씩 피우면서 소원을 기원한다.
- 가게 출입문 잎에 오벤전향과 퀄라화향을 노란 주머니에 넣어 걸어 놓는다.
- 보재원곤목 3개를 오색실로 묶어 금고 안에 넣어둔다.
- 재물용 두꺼비를 출입구 쪽에 둔다.
- 동남쪽으로 뻗은 돌 복숭아 나뭇가지를 구하여 신발장 위에 걸어놓는다. 없으면 태백동복지로 대신한다.
- 링첸향수로 샤워를 하고 천기복 팬티를 입고 나간다.
- 속에 나비춉 팬티를 입고 간다.

349

손님이 딱 끊기고 수금이 잘 안 될 때

- 수복금저폐와 황가목저폐를 싱크대 위 칸에 올려둔다.
- 동목호관직인 4개에 생일과 이름을 새겨서 동서남북에 있는 큰절의 뒷산에 묻는다.
- 호법신동복백자 속에 주인의 이름을 써서 넣고 가게에 놓는다.
- 무지개색은행알 49개와 백수정각 15개와 동목호관직인 1개와 망래랍전 3개를 빨간 주머니에 넣어 금고 속에 넣어둔다.
- 옹제신 뒷면에 생일과 이름을 쓴 다음, 전국 명산을 찾아다니며 곳곳에 깨버리고 온다.
- 집안과 사업장 네 구석에 오행목벽피와 링첸향수를 1병씩 놓는다.
- 태백동복지를 5가지 현관입구에 걸어둔다.
- 상향호관키 1개와 호구투란 1개를 출입문 바깥쪽 화단에 묻고, 흙 위에 적광퇴치석과 생기명당토를 뿌린다. (화분도 가능 함)

350

방해자가 있어 훼방되고 불편할 때

- 전승취승구 3개와 호법팔진목 2개와 백수정각 21개와 무지개색은행알 21개를 노란 주머니에 넣어 중요 서랍에 넣어둔다.
- 소창에 방해자의 생일과 이름. 주소를 써서 저주살못을 방해자 나이 수만큼 꽂는다. 그 속에 고춧가루 3주먹과 더러운 쓰레기를 넣은 다음, 삼베 끈으로 일곱 번 묶어서 방해자 집 주변에 최대한 가까이 묻고서 흑훼월석 3통을 뿌리고 소변을 본 다음 돌아온다.
- 액맥이화살에 방해자 생년월일시와 이름을 쓴 종이를 끼워 과녁(도화지로 만듦)에 12번 쏜다. 이것을 달이 없는 밤에 방해자 집 부근에서 불로 태우고 나서 재를 흔적도 없이 흙으로 덮은 뒤, 발로 열십자로 긋는다. 그 위에 적광퇴치석을 뿌리고 오면 된다.
- 옹제신에 생일과 이름을 써서 강가에 가서 깨뜨린다.

351

배신자로 인해 망신당하고 위기에 처했을 때

- 탁탑천왕신장목과 호법팔진목으로 눌러놓고, 매일 아침 같은 시간에 훈치퇴향을 피우면서 소원을 읊조리며 기원한다.
- 금강팔괘목과 호법팔진목 함께 신발장 맨 위 칸에 놓는다.
- 동목호관직인 4개에 생일과 이름을 새겨서 동서남북에 있는 큰절의 뒷산에 묻는다.
- 태백동목검에 이름을 새겨서 방해자 집과 내 집 중간 사이에 묻는다.
- 태백동목검에 생일과 이름을 새겨서 큰절 뒷산에 묻는다.
- 차 안에 스투파만달옴청을 걸고 다닌다.
- 귀면인매병 속에 자신의 생일과 이름을 써서 넣고 태백복피 7통으로 채워서 거실에 둔다.

352
매사가 답답하고 꼬일 때

- 팔괘만다라 그림을 걸어놓는다.
- 금강저108염주를 금강경을 외며 돌린다.
- 만통구 3개와 상향호관키 1개와 백수정각 21개와 무지개색은행알 21개와 호법팔진목 1개를 빨간 주머니에 넣어 속옷 서랍에 넣는다.
- 귀면인매병 속에 생일과 이름을 써서 넣고, 백수정각 12개를 넣은 다음, 생기명당토 7통으로 채워서 거실에 둔다.
- 오행목벽피로 베개 속을 넣어 베고 잔다.
- 동목호관직인 4개에 생일과 이름을 새겨서 동서남북에 있는 큰절의 뒷산에 묻는다.
- 옹제신에 생일과 이름을 써서 강가에 가서 깨뜨린다.
- 천기복 팬티를 매일 입고 다닌다.

353

사기나 보이스피싱을 예방하고 싶을 때

- 전승취승저폐와 금강팔괘목과 훼이치향을 싱크대 위 칸에 올려둔다.
- 복용귀병 속에 생일과 이름을 써서 넣고 재패퇴사 청색 7통으로 채워서 거실에 둔다.
- 압승구 3개와 호법팔진목 2개와 백수정각 21개와 무지개색은행알 21개를 노란 주머니에 넣어 중요 서랍에 넣어둔다.
- 호구투란을 2개를 출입문 바깥쪽 화단에 묻고, 흙 위에 적광퇴치석과 흑훼월석을 뿌린다. (화분도 가능 함)
- 벽사양류판을 신발장 앞에 걸어둔다.

354

강도나 도적을 예방하고 싶을 때

- 태상팔방귀목과 호법팔진목를 싱크대 위 칸에 올려놓고 매일 아침 같은 시간에 훈치퇴향을 피우면서 소원을 읊조리며 기원한다.
- 스투파만달옴청을 안방에 걸어 놓는다.
- 집안과 사업장 네 구석에 오행목벽피와 링첸향수를 1병씩 놓는다.
- 출입문 바깥쪽, 화분이나 화단에 호구투란 3개를 묻고, 흙 위에 마른 대나무잎 한주먹과 흑훼월석과 금화퇴석을 뿌려둔다.
- 태백동목검을 신발장 맨 위 칸에 놓는다.
- 동목호관직인에 생일과 이름을 새겨서 큰절 뒷산에 묻는다.
- 집주변 땅(화단)에 태백동복못을 8개 박아놓는다.

355

경사 전 집안에 사고나 우환이 겹칠 때

- 칠성제천저폐와 황가목저폐를 싱크대 위 칸에 올려둔다.
- 금강팔괘목과 천통상향저폐를 6개 준비해서 선산 조부모 선영(묘를 중심으로 왼쪽에 3군데, 오른쪽에 3군데를 나누어)에 묻는다.
- 복용귀병 속에 백수정각을 24개와 태백복피 5통으로 채워서 거실에 둔다.
- 집안 네 구석에 훼골퇴복피와 링첸향수를 1병씩 놓는다.
- 천기명당백자 속에 가족의 이름을 써서 넣는다.
- 옹제신 뒷면에 가족 이름을(각각 1개씩) 써서 산에 묻고 그 위에 생기명당토를 뿌리고 온다.
- 동목호관직인에 생일과 이름을 새겨서 큰절 뒷산에 묻는다.

356

줄초상이 나고 사고가 연이어 발생할 때

- 금강저108염주를 돌리며 매일 금강경을 염송한다. 염송할 때 제랑훠샹향을 피우면서 하면 더욱 효험이 크다.
- 태상팔방귀목과 호법팔진목을 싱크대 위 칸에 올려놓고, 매일 아침 같은 시간에 훈치퇴향을 피우면서 소원을 읊조리며 기원한다.
- 만병불침목 1개와 상향호관키 2개와 백수정각 21개와 무지개색은행알 21개를 노란 주머니에 넣어 속옷 서랍에 넣어둔다.
- 압승구 3개를 출입문 바깥쪽 화단에 묻고, 흙 위에 적광퇴치석과 생기명당토를 뿌린다. (화분도 가능 함)
- 훼골퇴복피를 1kg 구해서 베개 속에 넣고 잔다.
- 스투파만달옴청을 안방에 걸어 놓는다.
- 옹제신에 가족의 생일과 이름을 써서 강가에 가서 깨뜨린다.
- 태백동목검에 가족의 생일과 이름을 새겨서 산에 가서 묻는다.

357

신차 구입 시 무사고를 바랄 때

- 천통상향저폐와 태상팔방귀목을 싱크대 위 칸에 올려놓고 매일 아침에 훈치퇴향을 피우면서 소원을 기원한다.
- 귀면인매병 속에 운전자의 생일과 이름을 써서 넣은 다음, 백수정각 15개와 태백복피 7통으로 채워서 거실에 둔다.
- 태상팔방귀목과 태백동목검을 신발장 위에 올려놓는다.
- 차바퀴 앞에 옹제신을 내리쳐 깨버린다.(바퀴마다 하는 것이 좋다)
- 자동차 바퀴 네 곳과 앞면과 뒷면에 링첸향수를 뿌린다.
- 차 안에 금강저108염주를 사물함에 가지고 다닌다.
- 태상팔방귀목에 운전자의 생일과 이름을 새겨서 산에 가서 묻는다.

358

운전면허증 처음 발급받고 무사고를 바랄 때

- 스투파만달옴청을 안방에 걸어 놓는다.
- 탑천팔문신장목을 속옷 서랍에 넣어둔다.
- 자동차 바퀴 네 곳과 앞면과 뒷면에 링첸향수를 뿌린다.
- 옹제신 뒷면에 생일과 이름을 쓴 다음, 사람 왕래가 많은 사거리에서 깨버린다.
- 동목호관직인에 생일과 이름을 새겨서 큰절 뒷산에 묻는다.
- 집 출입문 앞에 호구투란 1개와 같이 화분이나 화단에 묻고 흙 위에 오색천사와 생기명당토를 뿌린다.
- 천호관 목걸이를 몸에 지니고 다닌다.
- 훼골퇴복피로 베개 속을 넣어 베고 잔다.

359

운전 영업 직업으로 늘 교통사고가 걱정될 때

- 천통상향저폐와 태상팔방귀목과 금강팔괘목을 싱크대 위 칸에 올려 놓고, 매일 아침에 훈치퇴향을 피우면서 소원을 기원한다.
- 스투파만달옴청을 안방에 걸어 놓는다.
- 천기명당백자 속에 가족의 이름을 써서 넣고 거실 둔다.
- 차 안에 금강저108염주를 사물함에 가지고 다닌다.
- 동목호관직인에 생일과 이름을 새겨서 큰절 뒷산에 묻는다.
- 옹제신 뒷면에 생일과 이름을 쓴 다음, 사람 왕래가 많은 사거리에서 깨버린다. (6개월에 한 번씩 한다)
- 탑천팔문신장목을 속옷 서랍에 넣어둔다.
- 침대 머리맡에 태백동목검을 놓는다.
- 호법팔진목을 신발장 위에 올려놓는다.
- 차바퀴 앞에 옹제신을 내리쳐 깨버린다.(바퀴마다 하는 것이 좋다.)
- 천호관 목걸이를 몸에 지니고 다닌다.
- 훼골퇴복피로 베개 속을 넣어 베고 잔다.

360

급살 노상횡액 돌발 사고를 방지하고 싶을 때

- 금강저108염주를 돌리며 매일 금강경을 염송한다. 염송할 때 제랑훠상향을 피우면서 하면 더욱 효험이 크다.
- 귀면인매병 속에 생일과 이름을 써서 넣은 다음, 무지개색은행알 21개와 태백복피 7통으로 채워서 거실에 둔다.
- 호법태극망에 싸서 침대 요 밑에 일 년 간 깔고 잔다. (1년마다 바꾼다) 침대 머리맡에 태백동목검을 놓는다.
- 태상팔방귀목에 생일과 이름을 새겨서 명산에 가서 묻는다.
- 옹제신 뒷면에 생일과 이름을 쓴 다음, 가까운 물가에 가서 깨버린다. (6개월에 한 번씩 한다)
- 태백동목검에 생일과 이름을 새겨서 큰절 뒷산에 묻는다.
- 차 안에 천수관음만해달을 걸고 다닌다.
- 베란다와 화장실에 링첸향수를 하루에 1병씩 뿌린다.

361

오토바이나 위험 직종 자에 위험을 막고 싶다

- 귀면인매병 속에 생일과 이름을 써서 넣은 다음, 무지개색은행알 21개와 태백복피 7통으로 채워서 거실에 둔다.
- 환자의 팬티에 저주살못을 나이 수만큼 꽂아서 호법태극망에 싸서 오색실로 꼭꼭 묶은 후, 태백동복지 5단 위에 올려놓고 불로 태운다. 그 위에 조밥을 해서 뿌리고, 다음 소주를 또 뿌린다.
- 태상팔방귀목에 생일과 이름을 새겨서 명산에 가서 묻는다.
- 오행목벽피를 4통을 준비해서 뚜껑을 연채로 집안 네 귀퉁이에 놓는다.
- 훼골퇴복피로 베개 속을 넣어 베고 잔다.
- 사물함 안에 천수관음만해달을 넣고 다닌다.
- 두 바퀴에 한 달에 1번씩 링첸향수를 뿌려준다.

362

여행 출장이 잦아 항공사고 예방하고 싶다

- 무량광황금불화를 거실에 걸어두던가, 금강저108염주를 거실에 보관한다.
- 귀면인매병 속에 생일과 이름을 써서 넣은 다음, 무지개색은행알 21개와 태백복피 7통으로 채워서 거실에 둔다.
- 만병불침목 1개와 호구투란 3개와 백수정각 21개와 무지개색은행알 21개와 압승구 3개를 속옷 서랍에 같이 넣어둔다.
- 출입문 앞에 호구투란 1개와 태상팔방귀목 1개를 화분이나 화단에 묻고 흙 위에 태백복피와 적광퇴치석을 뿌린다.
- 천호관 목걸이를 몸에 지니고 다닌다.
- 태상팔방귀목에 생일과 이름을 새겨서 명산에 가서 묻는다.

만사형통 성공하는 사람들의 **운세처방백과**

12장

집의 이사나 입주
점포매매 임대
가정동토재앙

363 새집으로 이사하고 우환이 생겼다
364 이사한 집이 터가 쎄 으스스 무섭다
365 집고치고 병이 났거나 괴변이 발생한다
367 이사할 때 탈날까 미리 예방하고 싶다
368 대장군방 삼살방 흉방으로 이사해서 탈났다
369 오방신장에게 수호를 받고 싶다
370 천살방향으로 이사 갔을 때 예방하는 법
371 집이 장성살 문일 때 재앙 예방하는 법
372 땅을 빠른 시간 안에 팔고 싶을 때
373 상가 점포 매매가 잘 안 될 때
374 부동산이 속 매매되길 바랄 때
375 매매를 속히 성사시키는 양법

376 강도 도난 도둑을 예방하고 싶다
377 집안이나 영업장에 잡귀가 들끓는다
378 새집 짓기 전 터 비방하고 싶다
379 입춘 일에 악귀 쫓는 방법
380 집터가 부정이 타고 재수가 없다
381 이웃이 가하는 훼방을 막고 싶을 때
382 괘씸한 사람 벌주고 싶다
383 남들의 비난을 받고 궁지에 몰렸다
384 옆 가게로부터 해코지나 훼방을 당한다
385 기다리던 사람을 속히 오게 하고 싶다
386 싫은 사람을 빨리 보내고 싶다

363

새집으로 이사하고 우환이 생겼다

◎ 무량광황금불화를 거실에 걸어두던가, 금강저108염주를 거실에 보관한다.

◎ 팔괘만다라 그림을 걸어놓는다.

◎ 귀면인매병 속에 생일과 이름을 써서 넣은 다음, 무지개색은행알 21개와 훼골퇴복피 7통으로 채워서 거실에 둔다.

◎ 오행목벽피를 4통을 뚜껑을 연채로 집안 네 귀퉁이에 놓는다.

◎ 금강팔괘목을 가족 숫자대로 준비해 각자 속옷 서랍에 넣어둔다.

◎ 동목호관직인에 생일과 이름을 새겨서 큰절 뒷산에 묻는다.

◎ 훼골퇴복피를 1kg 구해서 베개 속에 넣고 잔다.

◎ 호법태극망을 요 밑에 깔고 잔다.

◎ 출입문 앞에 만통구 1개와 호구투란 1개를 같이 화분이나 화단에 묻고 흙 위에 태백복피와 적광퇴치석을 뿌린다.

364

이사한 집이 터가 쎄 으스스 무섭다

- 금강저108염주를 돌리며 매일 금강경을 염송한다. 염송할 때 제랑훠샹향을 피우면서 하면 더욱 효험이 크다.
- 팔괘만다라 그림을 걸어놓는다.
- 귀면인매병 속에 생일과 이름, 집 번지수를 써서 넣은 다음, 무지개색은행알 21개와 금강팔괘목과 태백복피 7통으로 채워서 거실에 둔다.
- 탑천팔문신장목과 칠성제천저폐와 황가목저폐를 싱크대 위 칸에 올려둔다.
- 호법태극망에 싸서 침대 요 밑에 일 년 간 깔고 잔다. 침대 머리맡에 태백동목검을 놓는다.
- 태상팔방귀목에 생일과 이름을 새겨서 명산에 가서 묻는다.
- 동목호관직인 4개에 생일과 이름을 새겨서 동서남북 명산의 큰절 뒷산에 묻는다.
- 화제커 3개와 도살루카 5개를 대문 앞에 묻고 훼골퇴복피와 링첸향수를 뿌려둔다.
- 방마다 탑천팔문신장목을 놓는다. (장롱 위나 침대 밑에)
- 오뢰병통치목 4개와 태상팔방귀목 4개를 집주변에 묻는다.
- 태백동목검을 신발장 위에 올려 둔다.
- 착라전응향을 매일 피우고, 황제착응망을 요 밑에 깔고 잔다.
- 훼골퇴복피를 1kg 구해서 베개 속에 넣고 잔다.
- 옹제신 뒷면에 가족 이름을(각각 1개씩) 써서 산에 묻고 그 위에 생기명당토를 뿌리고 온다.
- 베란다와 화장실에 링첸향수를 하루에 1병씩 뿌린다.

365

집 고치고 병이 났거나 괴변이 발생한다

◎ 탑천팔문신장목과 금강팔괘목을 싱크대 위 칸에 올려두고 매일 아침에 훼이치향을 피우면서 소원을 읊조리며 기원한다.

◎ 귀면인매병 속에 가족의 생일과 이름을 써서 넣은 다음, 재패퇴사청색 5통으로 채워서 거실에 둔다.

◎ 태백동목검에 생일과 이름을 새겨서 산에 가서 묻는다.

◎ 옹제신 뒷면에 생일과 이름을 쓴 다음, 가까운 물가에 가서 깨버린다. (3개월에 한 번씩 한다)

◎ 홰제커 3개와 도살루카 5개를 대문 앞에 묻고 훼골퇴복피와 링첸향수를 뿌려둔다.

◎ 탑천팔문신장목과 같이 신발장 맨 위 칸에 놓는다.

◎ 훼골퇴복피로 베개 속을 넣어 베고 잔다.

◎ 욕실이나 베란다나 화장실에 링첸향수를 뿌린다.

366

이사할 때 탈날까 미리 예방하고 싶다

- 탑천팔문신장목('가인총터이동'이라 새김)을 이사 전 집 주방에 두었다가 이사 후, 싱크대 위 칸에 올려둔다.
- 호구투란 3개와 금강팔괘목 1개와 백수정각 15개와 무지개색은행알 21개를 노란 주머니에 넣어 속옷 서랍에 넣어둔다. 이사한 후에도 그대로 가지고 간다.
- 구계성취목을 이사 가기 전 집의 신발장 맨 위 칸에 두었다가 이사하는 날 제일 먼저 화장실에 놓는다. (3일 후에 신발장 위에 놓)
- 이사 전집 거실에 두었다가 이사하고 나서 새집 출입문 바깥쪽 화단에 태상팔방귀목 1개와 같이 묻고, 흙 위에 훼골퇴복피와 적광퇴치석을 뿌려둔다. (화분도 가능 함)
- 새로 이사한 집안 네 구석에 태백동복못을 놓는다.
- 새로 이사한 집 욕실이나 베란다와 화장실에 링첸향수를 뿌린다.

367

대장군방 삼살방 흉방으로 이사해서 탈났다

- 탑천팔문신장목과 천통상향저폐를 싱크대 위 칸에 올려두고 매일 아침에 훼이치향을 피우면서 소원을 읊조리며 기원한다.
- 귀면인매병 속에 가족의 생일과 이름을 써서 넣은 다음, 재패퇴사청색 5통으로 채워서 거실에 둔다.
- 욕실이나 베란다나 화장실에 링첸향수를 뿌린다.
- 집안 네 구석에 훼골퇴복피와 태백동복못을 놓는다.
- 착라전응향을 매일 피우고, 황제착응망을 요 밑에 깔고 잔다.
- 출입문 바깥쪽 화단에 태상팔방귀목 1개와 같이 묻고, 흙 위에 훼골퇴복피와 적광퇴치석을 뿌려둔다. (화분도 가능 함)
- 집주변 땅(화단)에 태백동복못을 8개 박아놓는다.

368

오방신장에게 수호를 받고 싶다

- 금강팔괘목과 황가목저폐를 신발장 맨 위 칸에 놓는다.
- 동목호관직인 4개에 생일과 이름을 새겨서 동서남북에 있는 큰절의 뒷산에 묻는다.
- 호구투란 3개와 압승구 3개와 백수정각 15개와 무지개색은행알 21개를 노란 주머니에 넣어 속옷 서랍에 넣어둔다.
- 태백동목검과 같이 신발장 맨 위 칸에 놓는다.
- 출입문 바깥쪽 화단에 태상팔방귀목 1개와 같이 묻고, 흙 위에 훼골퇴복피와 적광퇴치석을 뿌려둔다. (화분도 가능 함)
- 집안 네 구석에 태백동복못을 놓는다.
- 욕실이나 베란다와 화장실에 링첸향수를 뿌린다.
- 옹제신 뒷면에 이름을 8번 써서 집을 중심으로 동쪽으로 가서 1개 깨버리고, 서쪽으로 가서 1개 깨버리고, 남쪽도, 북쪽도 같은 방법으로 한다. (산이나 개천이 좋다)

369

천살방향으로 이사 갔을 때 예방하는 법

첫 번째, 쑥 부정풀이를 먼저 한 다음, 훼골퇴복피를 4통과 오색천사 4통을 준비해서 뚜껑을 연채로 집안 네 귀퉁이에 놓는다.

두 번째, 천살예방부 5장씩에 호법팔진목을 한 장에 1개씩 넣고 싼다. 5개가 만들어 졌으면 집 외부에서 네 구석에(아파트이면 건물 전체의 네 구석)에 1개씩 묻고 나머지 1개는 출입문 앞 화단에 묻는다. 묻고 난 뒤 생기명당토를 뿌린다. (막걸리는 자유)

- ◎ 호구투란 3개와 압승구 3개와 백수정각 15개와 무지개색은행알 21개를 빨간 주머니에 넣어 속옷 서랍에 넣어둔다.
- ◎ 동목호관직인1개와 호구투란 3개를 신발장 맨 위 칸에 놓는다.
- ◎ 출입문 바깥쪽 화단에 태상팔방귀목 1개를 묻고, 흙 위에 훼골퇴복피와 오색천사를 뿌려둔다.(화분도 가능 함)
- ◎ 욕실이나 베란다와 화장실에 링첸향수를 뿌린다.
- ◎ 금강팔괘목과 보재원곤목 2개 준비해서 집에서 천살방향에 있는 큰 나무(100m 이내) 밑에 묻는다.
- ◎ 집주변 땅(화단)에 태백동복못을 8개 박아놓는다.

370

집이 장성살 문일 때 재앙 예방하는 법

첫 번째, 쑥 부정풀이를 먼저 한 다음, 훼골퇴복피를 4통과 오색천사 4통을 준비해서 뚜껑을 연채로 집안 네 귀퉁이에 놓는다.

두 번째, 오방신장수호다라니와 장성살부정동토다라니 5장씩에 호법팔진목을 한 장에 1개씩(오방다라니+장성살부정다라니+호법팔진목) 넣고 싼다. 5개가 만들어졌으면 집 외부에서 네 구석에(아파트이면 건물 전체의 네 구석)에 1개씩 묻고 나머지 1개는 출입문 앞 화단에 묻는다. 묻고 난 뒤 생기명당토를 뿌린다.(막걸리를 뿌리면 더욱 좋음)

세 번째, 각 방주인들에 띠로 장성 살 방향에 창문이 있다면 합판으로 막는 것이 가장 좋고, 어려우면 암막 커튼을 친다.

◎ 216 장성살부정동토다라니와 267 산왕대신선청다라니와 436 터주신발복합의부와 477 금강저금기퇴출부와 585 동토속퇴치부와 587 이사무탈안정부를 참파탑봉투에 넣어 싱크대 맨 위 칸에 올려놓고 천통상향저폐와 탑천팔문신장목으로 눌러놓는다. 매일 아침 같은 시간에 훼이치향을 피우면서 소원을 읊조리며 기원한다.

◎ 위와 같은 부적을 1세트는 호법태극망에 싸서 요 밑에 깔아놓고 6개월마다 교체한다.

◎ 1세트는 호구투란 3개와 압승구 3개와 백수정각 15개와 무지개색은행알 21개를 빨간 주머니에 넣어 속옷 서랍에 넣어둔다.

◎ 옹제신 뒷면에 가족 이름을(각각 1개씩) 써서 산에 묻고 그 위에 생기명당토를 뿌리고 온다.

이사를 하고 난 후, 알고 보니 부부의 천살 방향으로 이사를 한 것을 알게 되었다. 또는 가게, 사업장을 옮겼는데 알고 보니 천살 방향으로 옮긴 것을 알게 되었다. 이사는 인륜지 大事대사인데 또 옮긴다는 것이 쉬운 일이 아니다.

천살 방향이란 본인의 띠를 기준으로 12신살 중 천 살에 해당하는 것을 말하는데, 이 방향으로 이사를 하게 되면 자신의 조상신을 직접 건드리게 되기 때문에 조상의 노여움이나 탈을 자초하게 되어 뜻하지 않은 돌발 사고나 집안에 액운이 끼고, 특히 금전손재수가 발생하여 사업이 파산되는 수가 많다.

천 살이란 아래 도표와 같다

申 子 辰 生	巳 酉 丑 生	寅 午 戌 生	亥 卯 未 生
남서쪽	동남쪽	북동쪽	서북쪽

장성 살 방향이란 본인의 띠를 기준으로 장성 살에 해당하는 것을 말하는데 이 방향으로 이사를 하게 되면 자신의 주체 신이 몸 밖으로, 집 밖으로 나돌기 때문에 재수가 없고 되는 일이 없어 결국 파산, 파국이 온다는 의미이다. 실제 영향력이 크게 닥쳐온다.

장성 살이란 아래 도표와 같다

申 子 辰 生	巳 酉 丑 生	寅 午 戌 生	亥 卯 未 生
북쪽	서쪽	남쪽	동쪽

371

땅을 빠른 시간 안에 팔고 싶을 때

- 속매매달성부를 참파탑봉투에 넣어 신발장 맨 위 칸에 올려놓고 수복금저폐로 눌러 놓는다. 매일 아침 같은 시간에 퀄라화향을 피우면서 소원을 기원한다.
- 위와 같은 부적을 1세트는 호법태극망에 싸서 잠자는 요 밑에 깔아놓는다.
- 1세트는 상향호관키 3개와 **엔쮀애심목** 3개와 백수정각 15개와 무지개색은행 알 21개를 파란 주머니에 넣어 중요 서랍에 넣어둔다.
- 1세트는 **엔쮀애심목** 1개와 함께 출입문 바깥쪽 화단에 묻고, 흙 위에 적광퇴치석과 태백복피와 오색천사를 뿌린다.(화분도 가능 함)
- 4세트를 매매할 땅의 네 귀퉁이에 흙을 파고 묻는다. 흙 위에 오행목벽피와 링첸향수를 1병씩을 뿌려둔다.
- 출입문 옆에 말편자나 마매매신호목을 묻어둔다.
- 옹제신 뒷면에 명의자의 생일과 이름을 쓰고 머리카락 7개와 손톱과 발톱 깎은 것과 나이 수만큼 은전을 같이 배주머니에 넣고 묶는다. 이 물건을 강가에 던져서 깨뜨려 버린 뒤, 오색천사와 적광퇴치석을 세 주먹씩을 뿌리면서 침을 세 번 뱉고, '악살터 주살퇴치속매매발원'이라고 말하며 치우지 말고 뒤도 돌아보지 말고 집으로 온다.

372

상가 점포 매매가 잘 안 될 때

- 속매매달성부와 새터새주인합의부를 참파탑봉투에 넣어 신발장 맨 위 칸에 올려놓고 수복금저폐로 눌러놓는다. 매일 아침 같은 시간에 퀄라화향을 피우면서 소원을 기원한다.
- 위와 같은 부적을 1세트는 호법태극망에 싸서 잠자는 요 밑에 깔아놓는다.
- 1세트는 상향호관키 3개와 망래랍전 3개와 백수정각 15개와 무지개색은행알 21개를 빨간 주머니에 넣어 매매할 점포 카운터 안 서랍에 넣어둔다.
- 1세트는 옌쮀애심목 1개와 함께 출입문 바깥쪽 화단에 묻고, 흙 위에 적광퇴치석과 태백복피와 오색천사를 뿌린다.(화분도 가능 함)
- 4세트를 매매할 점포의 안에서 네 귀퉁이에 놓는다.
- 음식점이라면 1세트를 점포의 주방 안에 그릇장 위쪽에 올려놓고 수복금저폐로 눌러 놓는다.
- 출입문 옆에 말편자나 마매매신호목을 걸어둔다.
- 출입문 입구에 있는 발판 밑에 백 원짜리 동전을 108개 깔아놓고 생기명당토를 뿌려놓는다.
- 금강팔괘목과 광득명합격저폐를 신발장 맨 위 칸에 놓는다.
- 마매매신호목에 명의자 이름을 새겨서 동네에서 제일 큰 나무 밑에 묻어둔다.

373

부동산이 속 매매되길 바랄 때

◎ 첫 번째, 훼골퇴복피를 4통을 준비해서 뚜껑을 연채로 집안 네 귀퉁이에 놓는다. 두 번째, 태백동복못을 4개 준비해서 집을 중심으로 동쪽으로 81걸음 되는 곳에 땅에 박고, 1개는 서쪽으로, 1개는 남쪽으로, 1개는 북쪽으로 같은 방식으로 박는다.

◎ 속매매달성부와 새터새주인합의부를 참파탑봉투에 넣어 신발장 맨 위 칸에 올려놓고 수복금저폐로 눌러놓는다. 매일 아침 같은 시간에 퀄라화향을 피우면서 소원을 기원한다.

◎ 4세트를 매매할 점포의 안에서 네 귀퉁이에 놓는다.

◎ 1세트는 상향호관키 3개와 망래랍전 3개와 백수정각 15개와 무지개색은행알 21개를 빨간 주머니에 넣어 매매할 점포 서랍에 넣어둔다.

◎ 1세트는 겉에 주소를 써서 동네에서 가장 큰 나무 밑에 묻고 오색천사 2통을 뿌려둔다.

◎ 팔괘음양화 그림을 벽에 걸어두고, 출입문 앞에 말편자나 마매매신호목을 걸어둔다.

374

매매를 속히 성사시키는 양법

◎ 상문을 먼저 풀고, 통북어 3마리를 준비하여 아가리에 동전을 물린 뒤, 칠마부에 – 새 주인 갈망 속 매매 발원 – 이라 쓴 뒤, 북어를 싸서 옹제신과 같이 그 땅에 묻는다.

◎ 팔방귀목을 매매할 곳의 네 귀퉁이와 중앙에 놓는다.

◎ 일주일 간 날짜와 시간(새벽시간)을 정해 놓고, 매일 새벽에 퀄라화향을 피워놓고 동서남북으로 절을 세 번씩 한 뒤에, 동쪽을 향해 서서 다시 절을 세 번하고 허공에 ∞자를 쓰면서 박달 박달 박달을 108번 한다.

◎ 태백동복목부적을 출입문 앞에 세워두고, 속매매부를 출입문 위에 붙인다.

◎ 전승취승구 3개와 성취원키 3개와 은행알(안 깐)을 주인 나이 수만큼 구해서 출입문 앞 왼쪽에 화분 속에 넣어둔다.

◎ 날고기를 잘게 썰어 막걸리에 섞어 매매 터를 휘둘러 내어 버린 뒤에 출입문 밖에 동전을 되도록 많이 깔아놓는다.

◎ 100 가지 성을 노란 종이에 써서 출입문 앞에 붙인다. (경면주사로 쓰면 더 효험이 있다)

◎ 생기명당토를 뚝배기에 가득 채워서 4개를 만든 다음, 이것을 집안 네 구석에 놓는다. 그런 후 장님(시각장애인)이 사용하는 지팡이를 몰래 훔쳐다가 상가나 점포에 갔다가 놓으면 매매가 쉽게 된다고 한다.

◎ 속매매성취부를 붙여놓고, 오색천사와 태백복피를 각각 4개씩 만들어서 집 사방 네 모서리에 놓는다. 출입문 밖 쪽에는 생기명당토를 많이 뿌려놓는다.

375

강도 도난 도둑을 예방하고 싶다

- 집안 네 구석에 훼골퇴복피 4통을 뚜껑을 열어서 놓는다.
- 귀면인매병에 생일과 이름 써서 넣고 흑훼월석(5통정도)으로 ¾ 채운 다음, 자는 방에 둔다.
- 동목호관직인에 생일과 이름을 새겨서 큰절 뒷산에 묻는다.
- 금강팔괘목과 태백동목검을 신발장 위에 올려 둔다.
- 태백동복지를 이웃집과의 경계선에 많이 꽂아둔다.
- 출입문 바깥쪽에 화분이나 화단에 금화퇴석과 흑회월석을 뿌려둔다.
- 화제커 3개와 도살루카 5개를 대문 앞에 묻고 훼골퇴복피와 링첸향수를 뿌려둔다.
- 집주변 땅(화단)에 태백동복못을 8개 박아놓는다.

376

집안이나 영업장에 잡귀가 들끓는다

- 금강팔괘목과 황가목저폐을 싱크대에 올려놓고 매일 아침 같은 시간에 훈치퇴향을 피우면서 소원을 읊조리며 기원한다.

- 훼골퇴복피를 4통을 준비해서 뚜껑을 연채로 집안 네 귀퉁이에 놓는다. 두 번째, 잡귀퇴치부에 주소 생일 이름을 쓴 후, 망래랍전을 한 장에 1개씩 넣고 싼다. 5개가 만들어졌으면 이것을 내 집을 중심으로 동쪽에 있는 나무 밑에 파고 묻고, 생기명당토를 뿌린다. 이런 방식으로 1개는 서쪽, 1개는 남쪽, 1개는 북쪽으로 묻으면 된다.

- 호법태극망을 침대 요 밑에 깔고 잔다.(1년마다 바꾼다) 침대 머리맡에 황가목저폐를 놓는다.

- 호구투란 3개와 압승구 2개와 백수정각 21개와 무지개색은행알 21개를 빨간 주머니에 넣어 속옷 서랍에 넣어둔다.

- 신장옹호관저폐와 호법팔진목으로를 신발장 맨 위 칸에 놓는다.

- 욕실이나 베란다와 화장실에 링첸향수를 뿌린다.

- 태백동목검에 생일과 이름을 새겨서 산에 가서 묻는다.

- 출입문 바깥쪽 화단에 저주살못 15개와 같이 묻고, 흙 위에 적광퇴치석과 흑훼월석을 뿌려둔다.(화분도 가능 함)

- 동목호관직인 4개에 생일과 이름을 새겨서 동서남북에 있는 큰절의 뒷산에 묻는다.

- 옹제신 뒷면에 생일과 이름을 쓴 다음, 전국 팔도 명산을 찾아다니며 곳곳에 깨버리고 온다.

- 홰제커 3개와 도살루카 5개를 대문 앞에 묻고 훼골퇴복피와 링첸향수를 뿌려둔다.

377

새집 짓기 전 터 비방하고 싶다

◎ 터주신에게 먼저 대접하는 의미로 제물상을 준비하는데(삼색 과일 3개씩과 삼색나물과 밤, 대추, 북어, 팥시루 떡 시루째, 흰쌀밥, 막걸리 등) 이것을 준비해 놓고 지신축원을 한 뒤에 술과 음식은 터의 사방팔방으로 던진다.

◎ 동토속퇴치부와 새터새주인합의부를 참파탑봉투에 넣어 살고 있는 집 싱크대 맨 위 칸에 올려놓고 천통상향저폐와 탑천팔문신장목으로 눌러놓는다. 매일 아침 같은 시간에 훼이치향을 피우면서 소원을 읊조리며 기원한다.

◎ 복용귀병 안에 원하는 금액을 흰 창호지에 쓰고, 그 아래로 증조부 → 조부 → 부친 → 자신의 이름을 순서대로 내려 쓴 다음, 잘 접어서 봉투에 넣어 봉해서 집어넣은 다음, 안방이나 거실에 둔다.

◎ 금강팔괘목을 신발장 위에 올려 둔다.

◎ 동목호관직인에 이름을 새겨서 뒷산에 묻는다.

378

입춘 일에 악귀 쫓는 방법

첫 번째

창호지(속옷을 쌀 수 있을 정도의 크기)를 넓게 펴 놓고, 위 속옷(주소·생년월일·성명 '소원성취 발원' 기입)을 먼저 펴놓고 그 위에 팬티를 펴놓는다. 그다음 입춘 부귀 평안 다라니와 입춘 백사 대길 부흥 다라니를 넣고 짚신을 올려놓고 돌돌 말아 꼭꼭 싼다. 삼베 끈을 3개 준비해 놓았다가 돌돌 말은 것을 세 마디로 묶는다. 이것을 식구 숫자대로 만든 다음. 상차림 한 밑에 놓았다가 의식이 모두 끝나면 집 밖으로 멀리 가지고 가서 불에 태운다. 입춘 백사 대길 부흥 다라니 1장 뒷면에 온 가족의 이름을 쓰고 같이 태운다.

두 번째

볏짚은 열 十字로 마당(옛날에는 공터나 사거리에서 행하였다.) 이나 행사하는 바닥에 깔고, 창호지 3마 3치를 펴놓는다. 그 위 가운데에 백설기, 술, 신 한 켤레, 동정 1개를 올려놓는다.

세 번째

상차림은 간단하게 해도 무방하다. 해당 경문을 순서대로 낭송한다. 정심경 ⇒ 태을보신경 ⇒ 부정경(부정을 가셔내기 위하여 된장과 고춧가루 풀은 물에 향을 부스러기를 넣고 주위를 돌면서 신칼로 찍어가며 뿌린다. 다음 오방기를 휘둘러 부정을 쳐내기도 하고, 소지종이를 불살라서 부정을 소하기도 한다.) ⇒ 천수경 ⇒ 축원문 ⇒ 횡수풀이 축원문 ⇒ 열두 달 액풀이경 ⇒ 부부해로경 ⇒ 가택발원 성주경 ⇒ 반야심경 ⇒ 뒷전풀이 (재가집 그 집안의 상황에 맞추어 축원을 추가하여 낭송한다.)

379

집터가 부정이 타고 재수가 없다

- 팔괘음양화 그림을 벽에 걸어둔다.
- 귀면인매병 속에 가족의 생일과 이름을 써서 넣은 다음, 재패퇴사청색 5통으로 채워서 거실에 둔다.
- 호법팔진목과 훼골퇴복피로 베개 속을 넣어 베고 잔다.
- 집안 네 구석에 태백동목부적을 놓는다.
- 욕실이나 베란다나 화장실에 링첸향수를 뿌린다.
- 옹제신 뒷면에 생일과 이름을 쓴 다음, 가까운 물가에 가서 깨버린다.(3개월에 한 번씩 한다)
- 화제커 3개와 도살루카 5개를 대문 앞에 묻고 훼골퇴복피와 링첸향수를 뿌려둔다.
- 금강팔괘목과 태백동목검을 신발장 위에 올려 둔다.
- 집주변 땅(화단)에 태백동복못을 8개 박아놓는다.
- 태백동목검에 생일과 이름을 새겨서 산에 가서 묻는다.

380

이웃이 가하는 훼방을 막고 싶을 때

- 전승취승구 3개와 성취원키 3개와 백수정각을 108개 빨간 주머니에 넣어 속옷 서랍에 둔다.
- 귀면인매병 속에 생일과 이름 써서 넣고 흑훼월석(5통정도)으로 ¾ 채운 다음, 거실에 둔다.
- 금강팔괘목과 태백동목검을 신발장 위에 올려 둔다.
- 태백동복지를 이웃집과의 경계선에 많이 꽂아둔다.
- 출입문 바깥쪽에 전승취승구와 압승구를 화분이나 화단에 묻고, 금화퇴석과 흑회월석을 뿌려둔다.
- 태백동목검에 생일과 이름을 새겨서 동네에서 제일 큰 나무 밑에 묻고 훼골퇴복피를 뿌려둔다.
- 옹제신 뒷면에 생일과 이름을 쓴 다음, 사람 왕래가 많은 사거리에서 깨버린다.

381

괘씸한 사람 벌주고 싶다

- 금강저금기퇴출부와 문경멸죄부와 저주술도살부를 참파탑봉투에 넣어 싱크대 맨 위 칸에 올려놓고 전승취승저폐와 신장옹호관저폐로 눌러놓는다. 매일 아침, 저녁으로 훈치퇴향을 피우면서 소원을 읊조리며 기원한다.
- 출입문 바깥쪽 화단에 호구투란 3개와 압승구 3개와 같이 묻고, 흙 위에 태백복피와 적광퇴치석을 뿌려둔다. (화분도 가능 함)
- 삼베 천에 괘씸한 사람 이름을 쓰고 얼굴을 그린 다음, 얼굴에 저주살못을 48개 꽂는다. 위의 부적 582부 1장과 작살루카 3개를 넣고 오색실로 꽁꽁 묶어서 그 사람 집 부근에 묻고 온다. 반드시 자신의 몸에 위의 부적을 지니던가, 천호관목걸이를 하고 행한다. 묻은 후 곧장 집에 들어가지 말고 사람 많은 곳을 돌아다니다가 집에 들어간다.
- 동목호관직인 1개와 전승취승구 3개를 집에서 가까운 산에 묻고 재패퇴사청색을 뿌리고 온다.

382

남들의 비난을 받고 궁지에 몰렸다

- 타인위협공격퇴격부를 참파탑봉투에 넣어 중요 서랍에 넣어놓고, 호법팔진목과 금강팔괘목으로 눌러놓는다.
- 귀면인매병 속에 타인위협공격퇴격부(뒷면에 본인 생일과 이름 써서)를 넣고 훼골퇴복피(5통정도)로 ¾ 채운 다음, 거실에 둔다.
- 금강팔괘목과 태백동목검을 신발장 위에 올려 둔다.
- 훼골퇴복피로 베개 속을 넣어 베고 잔다.
- 태백동복지로 집안을 자주 털어내고 불로 태운다.
- 출입문 바깥쪽에 화분이나 화단에 태백복피와 훼골퇴복피를 뿌려둔다.
- 착라전응향을 하루에 3개씩 피운다(아침 점심 저녁)
- 옹제신 안에 손톱 발톱 깎은 것과 머리카락 3올을 넣은 다음, 뒷면에 본인의 생년월일시, 이름, 필승이라고 쓴 다음, 산에 묻고 온다.
- 천호관 목걸이를 몸에 지니고 다닌다.

383

옆 가게로부터 해코지나 훼방을 당한다

◎ 타인위협공격퇴격부와 라이벌 압승부를 참파탑봉투에 넣어 싱크대 맨 위 칸에 올려 놓고 탁탑천왕신장목과 호법팔진목으로 눌러놓는다. 매일 아침에 훈치퇴향을 피우면서 소원을 읊조리며 기원한다.

◎ 위와 같은 부적을 호법태극망에 싸서 잠자는 요 밑에 깔아놓고 6개월마다 교체한다. 침대 머리맡에 태백동목검을 놓는다.

◎ 위 부적을 전승취승구 3개와 호법팔진목 2개와 백수정각 21개와 무지개색은행알 21개를 노란 주머니에 넣어 중요 서랍에 넣어둔다.

◎ 금강팔괘목과 호법팔진목 함께 신발장 맨 위 칸에 놓는다.

◎ 위 부적을 호구투란 3개를 출입문 바깥쪽 화단에 묻고, 흙 위에 적광퇴치석과 흑훼월석을를 뿌린다.(화분도 가능 함)

◎ 집안과 사업장 네 구석에 오행목벽피와 링첸향수를 1병씩 놓는다.

◎ 태백동목검에 생일과 이름을 새겨서 동네에서 제일 큰 나무 밑에 묻는다.

384

기다리던 사람을 속히 오게 하고 싶다

◎ 애정착합심목과 옌줴애심목 1개씩과 백수정각 36개를 빨간 주머니에 넣어 옷장 속 깊이 넣어둔다.

◎ 예귀루복피로 베개 속을 넣어 베고 잔다.

◎ 두 사람 집 중간지점에 큰 나무 밑에 묻고 오색천사와 생기명당토를 뿌려둔다.

◎ 벽사양류판에 애인의 생년월일시와 이름과 '연락요망'이라 쓴다. 이것을 요 밑에 하룻밤 놓았다가 다음 날 동쪽에 있는 산에 가서 묻는다. 두 번째 날에는 남쪽에 있는 산에 묻고, 세 번째 날에는 서쪽에 있는 산에 묻고, 네 번째 날에는 북쪽에 있는 산에 묻고, 다섯 번째에는 애인 집 근처에 있는 산에 묻고 온다. (하루에 다하면 효험이 적다)

385

싫은 사람을 빨리 보내고 싶다

◎ 대문 앞에 빗자루를, 세수수건을 씌워 거꾸로 세워 놓으면 손님이 간다.

◎ 액맥활화살을 준비하여 화살촉에 싫은 사람의 이름을 써서 끼운 후에 신발장 위에 올려놓는데 이때 화살촉이 꼭 밖을 향하도록 해야 한다.

◎ 싫은 사람의 신발을 바깥쪽을 향하여 놓고, 신발장 앞에 재패퇴사와 금화퇴석을 1통씩 뚜껑을 연 상태로 놓는다.

◎ 변소에서 슬지인목을 손에 쥐고 변소신(측간신)에게 간절히 빈다.

만사형통 성공하는 사람들의 운세처방백과

13장
산소탈 처방
산소바람
이장 가묘
명당터 동기감응

386 산소 일하러 가기 전 예방하고 싶다
387 이장이나 가묘 쓰기 전 예방하고 싶다
388 산소바람 산소탈 묘탈 제거하고 싶다
389 산소나 납골당 안치 후 영가평안 바란다
390 조상 묘 명당터로 동기감응 받고 싶다

386
산소 일하러 가기 전 예방하고 싶다

- 산소일전예방부를 참파탑봉투에 넣어 베개 밑에 두고 잔다.(가기 전날) 이것을 다음 날 산에 갈 때 몸에 지니고 간다.
- 위 부적을 호구투란 1개와 같이 가지고 가는 가방 안에 넣어둔다.
- 위 부적을 산소일 하기 전에 태우고 일을 시작한다.
- 산소 일이 다 끝나면 가방 안에 있는 것을 꺼내어 산소에 인사하면서 태우고 내려온다.
- 몸에 있는 부적은 집에 들어가기 전에 태우고 들어간다.
- 산에 오르기 전에 본인의 사주·이름이 새겨진 옹제신에 나이 수만큼 동전을 넣은 다음, 산 입구에 깨버려 자신의 몸에 붙은 불길하고 사악한 기운을 없애고 가면 더욱 좋다.

387

이장이나 가묘 쓰기 전 예방하고 싶다

- 산소진육묘탈제거다라니와 이장가묘탈방지부와 영생정토탈지옥부를 참파탑봉투에 넣어 싱크대 맨 위 칸에 올려놓고 칠성제천저폐와 탑천팔문신장목으로 눌러놓고, 매일 아침에 훼이치향을 피우면서 소원을 읊조리며 기원한다.
- 위와 같은 부적을 호법태극망에 싸서 요 밑에 깔아놓고 잔다. 머리맡에 천통영신향을 놓는다.
- 위 부적을 호구투란 3개와 압승구 3개와 백수정각 12개와 무지개색은행알 21개를 노란 주머니에 넣어 속옷 서랍에 넣어둔다.
- 위 부적을 태백동목검과 같이 신발장 맨 위 칸에 놓는다.
- 위 부적을 출입문 바깥쪽 화단에 태상팔방귀목 1개와 같이 묻고, 흙 위에 훼골퇴복피와 생기명당토를 뿌려둔다. (화분도 가능 함)
- 산에 갈 때 주머니에 만통구를 넣고, 천기복 팬티를 입고 간다.
- 산에 오르기 전에 본인의 사주·이름이 새겨진 옹제신에 나이 수만큼 동전을 넣은 다음, 산 입구에 깨버려 자신의 몸에 붙은 불길하고 사악한 기운을 없애고 가면 더욱 좋다.
- 위 부적을 산소일 하기 전에 태우고 일을 시작한다.
- 4세트는 산소봉분의 동서남북 네 면(봉분에서 70cm 떨어진 곳을 깊이 두 뼘 정도)에 파묻고 생기명당토를 뿌린다.
- 위 부적을 산소 일이 다 끝나면 산소에 인사하면서 태우고 내려온다.

388

산소바람 산소탈 묘탈 제거하고 싶다

- 산에 오르기 전에 본인의 사주·이름이 새겨진 옹제신에 나이 수만큼 동전을 넣은 다음, 산 입구에 깨버려 자신의 몸에 붙은 불길하고 사악한 기운을 없애고 가면 더욱 좋다.
- 산소진육묘탈제거다라니와 산소탈묘탈제거부와 산탈동토진백호방부를 참파탑봉투에 넣어 싱크대 맨 위 칸에 올려놓고 칠성제천저폐와 탑천팔문신장목으로 눌러놓는다.
- 위 부적을 산소일 하기 전에 태우고 일을 시작한다.
- 위 부적 4세트를 산소봉분의 동서남북 네 면(봉분에서 70cm 떨어진 곳을 깊이 두 뼘 정도)에 파묻고 생기명당토를 뿌린다.
- 위 부적을 산소 상석 밑에 파묻고 생기명당토를 뿌린다.
- 위 부적을 산소 일이 다 끝나면 산소에 인사하면서 태우고 내려온다.

389

산소나 납골당 안치 후 영가평안 바란다

- 천도재해원다라니와 영생정토탈지옥부와 납골당영가평안치부를 참파탑봉투에 넣어 싱크대 맨 위 칸에 올려놓고 칠성제천저폐와 수복금저폐로 눌러놓는다. 매일 아침 같은 시간에 훼이치향을 피우면서 소원을 읊조리며 기원한다.

- 위와 같은 부적을 1세트는 호법태극망에 싸서 요 밑에 깔아놓고 6개월마다 교체한다. 머리맡에 천통영신향을 놓는다.

- 1세트는 호구투란 3개와 전승취승구 3개와 백수정각 12개와 무지개색은행알 21개를 노란 주머니에 넣어 속옷 서랍에 넣어둔다.

- 1세트는 천통상향저폐와 같이 납골당 맨 위 칸에 놓는다.

- 1세트는 납골당 출입문 바깥쪽 화단에 태상팔방귀목 1개와 같이 묻고, 흙 위에 훼골퇴복피와 생기명당토를 뿌려둔다.(근처 산도 가능 함)

- 산에 갈 때 주머니에 만통구를 넣고, 천기복 팬티를 입고 간다.

- 1세트는 영가가 즐겨 입던 옷이나 좋아하던 물건과 같이 산(동네 산)에 가서 파묻고 생기명당토를 뿌린다.

- 1세트는 복용귀병 속에 넣은 다음, 생기명당토 7통으로 채워서 거실이나 놓고 싶은 곳에 둔다.

390

조상묘 명당터로 동기감응 받고 싶다

- 산소를 쓰고 난 뒤, 또는 납골당에 모셨거나 수목장을 했을 때 그 모신 자리가 명당 터로 터 기운이 바뀌어 자손들과 동기감응하길 바랄 때, 자식이 잘 되려면 그 어떤 기도보다도 조상이 도와야만 제일 빠르게 잘 풀린다. 특히 가족 중에 대선 출마나 관직 고위직 출세, 대기업 성공, 취업 등 큰 과업을 성취하려 할 때 사용하는 비방술이다.

- 무량광달마황금불화를 거실에 걸어두던가, 금강저108염주를 거실에 두고 매일 금강경을 염송한다.

- 옹제신에 나이 수만큼 동전을 넣은 다음, 산 입구에 깨버려 자신의 몸에 붙은 불길하고 사악한 기운을 없애고 시작하면 더욱 좋다.

- 토령지신발복다라니와 산왕대신선청다라니와 조상왕생극락염원다라니와 천도재해원다라니와 납골당영가평안치부와 명당터동기감응부를 참파탑봉투에 넣어 싱크대 맨 위 칸에 올려놓고 칠성제천저폐와 수복금저폐로 눌러놓는다. 매일 아침 같은 시간에 응재착향을 피우면서 소원을 읊조리며 기원한다.

산소가 있는 경우

- 위에 명당터동기감응부 부적 뒷면에 증조부 → 조부 → 부친 → 자신의 이름을 순서대로 내려쓴 다음, 잘 접어서 천기명당백자 속에 넣고 생기명당토로 가득 채운 다음, 명당 터로 동기감응 받고 싶은 산소에 간다. 술과 포를 올려 인사를 고하고 하고자 하는 의도를 고한다. 봉분에서 2.5m 되는 부분을 파고 준비해 온 천기명당백자를 묻고 흙으로 덮으면 된다.

납골당에 모셨을 경우

❋ 위에 명당터동기감응부 부적 뒷면에 납골당에 계신 고인의 이름과 그 밑에 자신의 이름을 내려쓴 다음, 잘 접어서 천기명당백자 속에 넣고 생기명당토로 가득 채운 다음, 동기감응 받고 싶은 납골당에 간다. 제일 먼저 고인께 인사를 하고 하고자 하는 바램을 고한다. 두 번째 밖으로 나와 납골당 부근 산에 파기 좋은 적당한 곳을 찾았으면 그 자리에 술과 포를 올려 인사를 고하고 하고자 하는 의도를 고한 다음, 땅을 파고 준비해 온 천기명당백자를 묻고 흙으로 덮으면 된다.

산소도 없고 납골당도 없는 경우

❋ 화장을 했거나 산소를 잃어버렸거나 이북이 고향인 실향민일 경우에도 조상의 명당터 기운을 감응할 수 있다.

❋ 위에 명당터동기감응부 부적 뒷면에 돌아가신 고인의 이름과 그 밑에 자신의 이름을 내려 쓴 다음, 잘 접어서 천기명당백자 속에 넣고 생기명당토로 가득 채운 다음, 자신의 천살방향에 있는 산에 간다.(고향선산이 있으면 그곳으로) 제일 먼저 산신님께 인사를 하고 하고자 하는 바램을 고한다.

두 번째, 산에 파기 좋은 적당한 곳을 찾았으면 그 자리에 술과 포를 올려 인사를 고하고 하고자 하는 의도를 고한 다음, 땅을 파고 준비해 온 천기명당백자를 묻고 흙으로 덮으면 된다.

세 번째, 집 안방에 위와 같은 명당터동기감응부 부적을 써넣은 천기명당백자를 잘 모셔둔다. 이때 방향도 묻고 온 산 방향으로 올려 둔다.

만사형통 성공하는 사람들의 **운세처방백과**

14장

운명 알아차리기
운명의 인과응보
행복한 인생

391 운명을 바꾸는 돈오점수
392 운을 나쁘게 만드는 것이 무엇인가
393 지금의 운을 만드는 인과응보 죄와 복 현상

391

운명을 바꾸는 돈오점수 頓悟漸修

행복이든 불행이든 반드시 얼굴에서 그 징조가 나타난다. 여기서 징조로 보는 것은 얼굴의 기색을 말한다. 기색, 즉 혈색이란 피부의 색을 말함인데 피부색은 앞으로 다가올 운의 상황을 알려준다. 우주의 천지자연 기운과 자기의 신명이 어우러져 기쁨이나 슬픔을 알려주게 되는데 그 가운데에서도 얼굴에 나타난 기색으로서 기쁨이나 길함을 예시해 주고, 얼굴의 그림자로서 슬픔 중의 불행이나 고난이 다가올 것을 알려준다.

오래전 옛날, 부처님 시대의 얘기이다. 부처님께서 진리를 설파하기 위하여 한 마을을 지나가는데 앙굴라 말라라는 악마가 나타나 "이 까까중아 – 게 섰거라! 내가 너를 죽이겠다!" 하고 큰 소리를 치며 칼을 치켜들었다.

이 악마는 그동안 죽여 온 사람들의 손가락을 잘라서 다발로 엮어서 어깨에 주렁주렁 매달고 다니는 악마였다. 그에게 앙굴리말라 라는 이름이 붙여진 것도 바로 앙굴리 말라가 손가락을 다발로 묶는다는 지발指髮이란 뜻인데, 이러한 앙굴리 말라 라는 이름을 자랑으로 여기는 악마중의 악마였다. 그러한 악마가 100명의 손가락을 채우기 위해 부처님을 죽이려 하는 것이었다.

그러나 부처님은 연민의 정이 가득 찬 눈으로 바라보며 말씀하셨다. "앙굴리 말라야 – 나는 이렇게 멈추어 있다. 너는 어리석어 무수한 사람의 생명을 지금까지 해쳐왔고 나를 죽이려 하지만 나는 이렇게 멈추어 있어도 마음이 평온하다. 너를 가엽게 여겨 여기에 왔다."

이 말을 듣는 순간 앙굴리 말라는 악몽에서 깨어나 제정신으로 돌아왔다. 마치 시원한 물줄기가 훨훨 타오르는 악령을 꺼버리는 듯했다. 그는 칼을 내던지고 무릎을 꿇고 엎드려 "부처님 저의 어리석음을 용서해 주십시오." 하고 엉엉 울어대었다.

마침내 앙굴리 말라는 이러한 시점을 계기로 과거를 회개하고 진리의 길에 들어섰으며 나중에는 성자의 경지에 이를 정도로 남을 위해 헌신하게 되었다.

깨달음이란 이처럼 한마디의 말에 번개가 치듯 이루어지는데 이를 돈오頓悟라고 한다. 마치 수백만 년 동안 깜깜했던 동굴도 불을 비추면 그 순간 어둠이 사라지고 밝아지듯이 돈오는 한마디의 진리에 어리석음에서 벗어나게 한다.

그리고 점차적인 수양으로 이루어지는 깨달음을 점수漸修라고 한다. 그런데 중요한 사실은 한마디의 진리에 깨달음을 얻은 돈오의 경우는 대체적으로 속알찌가 넓은 사람들이라는 점이다. 속알찌는 넓은데 속알찌 안으로 들어오는 생각의 작용이 나쁘기 때문에 어리석음으로 가득 찬 것뿐이다.

바로 이러한 어리석음을 일깨워 주는 진리를 접하면 어리석은 생각 대신 좋은 생각이 담아져 좋은 빛으로 나타나고 좋은 마음으로 되는 것이다. 한마디로 말해 앙굴리 말라는 비록 악마이기는 하지만 속알찌 하나는 넓은 사람이라 할 수 있다. 이와 반면에 오랜 수양을 통해서 어리석음에서 벗어나 현명한 사람이 되는 경우가 있는데 이러한 경우 대부분이 속알찌가 좁은 사람들이다.

속이 좁은 그릇 속에는 큰 것이 들어갈 수 없듯이 속알찌가 좁으면 아무리 좋은 진리도 좀처럼 먹혀 들어가지가 않는다.
하지만 풀밭 속의 좁은 길도 자주 걸으면 길이 넓어지듯이 오랜 수양을 통하여 점차적으로 의식을 넓히고 마음을 넓히는데 이것이 바로 점수漸修인 것이다. 그러나 아무리 넓은 길이 되었다 할지라도 그 길을 열심히 걷지 않으면 다시 풀밭으로 되돌아오듯이 아무리 깨달음을 얻었다 할지라도 계속 정진해야만 한다.

물론 속알찌가 아주 좁아도 강력한 깨달음을 통하여 의식 세계와 마음이 동시에 넓어지는 돈오의 경우가 있는가 하면, 한 번의 깨달음을 평생 동안 실천에 옮기는 사람이 있는데 이는 몇 백만 명중에 한번 일어날까 말까 할 정도로 극히 드문 일이다.

바로 이 때문에 우리는 돈오만 해서도 안 되고 점수만 해서도 안 되는 것이다. 돈오점수를 동시에 실행해야 하는데 바로 그것의 방법이 지금까지의 내용을 이해하는 것이다.

이해는 이해하는 것만큼 의식 세계를 넓혀주고 크게 해준다. 그리고 이와 동시에 그것을 담을 수 있는 마음의 그릇이 이루어지는 것이며 실천을 통하여 그것을 소유하는데 이것이 덕德이다. 운명을 구체적으로 바꾸는 방법임과 동시에 인간의 완성을 위한 구체적인 돈오점수이다.

약사여래본원경에 이런 대목이 있다.

부처님께서 만수실리보살에게 설법한 내용이다.

또한 만수실리야 모든 중생들은 괴리하고 배신하는 것을 좋아해서 서로 싸우고 송사하나니, 이러한 무리들은 악한 마음이 생기는 것을 좋아해서 중생들의 몸과 입과 뜻에 항상 모든 악업을 짓는다. 욕심 때문에 서로 손해를 끼치고 각각 항상 이익 되지 아니하는 일을 서로 시킨다.

혹은 숲의 신神이나 나무의 신이나 산신이나 무덤의 신 등 갖가지 다른 신들에게 고하고 모든 축생을 중이며, 그 고기와 피를 가져다가 일체의 야차夜叉와 나찰羅刹과 고기와 피를 먹는 무리에게 제사를 지내며, 밉고 원망하는 사람의 이름이나 사주를 쓰고 아울러 그 사람의 형상을 만들어서 갖가지 독하고 해로운 짓과 주술을 성취시키며, 엽매魘魅와 고도蠱道와 시체를 일으키는 귀주鬼呪로 저 사람의 생명을 끊고 그 몸마저 파괴하고자 한다.

그러나 세존 약사유리광여래의 명호를 들은 일이 있게 되면 이 모든 악한 일은 능히 상하게 하거나 해롭게 하지 못하며 끝내는 모두 사랑하는 마음과 유익한 마음과 혐의嫌意하고 원한을 가지는 마음을 없게 하는 마음을 일으켜서 각각 즐거운 마음으로 모두가 서로를 이해하고 서로의 뜻을 받아들이게 된다.

우리 인간들이 서로 미워하고 싸우고 저주하며 멸망시키고 죽이려고 한 것은 부처님 생존 시에 그 훨씬 이전에도 있었을 것이다. 그러니까 부처님께서 이와 같은 법문을 말씀하시었다.

392
운을 나쁘게 만드는 것이 무엇인가

가난한 사람이 믿지 않고 어리석음과 원망을 더하여 아끼고 탐하고 악하고 삿된 생각으로 우치憂恥 또는 미혹迷惑해서 승려僧侶와 도사道師의 계행을 가지고 많은 법문을 아는 사람을 헐뜯어 말하고 칭찬하지 않으며, 다른 이가 보시하고 받는 것을 막으며, 이 같은 사람은 현세로부터 내세에 이르기까지 마땅히 고통 지옥 중에 떨어져서 어둠으로부터 어둠에 들어가느니라.

만약 빈궁한 사람이 있어서 진실하게 믿고 탐내는 마음과 원망이 적으며 항상 부끄러운 마음을 내며 희생하여 탐욕과 간사함의 군더더기를 벗어나 승려 범지梵志의 계를 다져서 다문多聞한 사람을 보고 겸허하게 물으며 마땅함에 따라 잘 공양하고 남에게 권하여 보시하게 하며, 보시하고 받는 자를 찬탄하며 이 같은 선을 닦는 사람은 차세로부터 후세에 이를 때에 착한 곳으로 취향趣向하여 천상에 나서 어둠으로부터 밝으므로 들어가느니라.

죄와 복의 응하고 울림이 그림자가 형체의 따름과 같아서 착한 일을 행하여 복 받지 않음이 없고, 나쁜 일을 행하여 재앙을 받지 않는 자가 없느니라.

죄와 복은 그 증거가 있느니라. 마땅히 부처님의 경전과 계를 지녀서 서로 거느림을 도道로서 할지니라. 선을 행하여 덕을 펴서 선을 제도하고 괴로움을 떠나면 생사에 뛰어나느니라. 어진 이를 보고 교만하지 말며, 선을 보고 비방하지 말고 작은 허물로서 남의 큰 죄를 인증하지 말지니 법을 어기고 이치를 잃으면 그 죄보다 더 큰 것이 없는지라. 남의 적은 죄를 탓하기에 앞서 보이지 않는 자기의 죄를 찾아보라.

죄罪와 복福은 증거가 있으니 가히 두려운 것이니라. 악행은 몸을 위태롭게 하는데 어리석은 사람은 쉽다고 하며, 선행은 가장 몸을 편안케 하는데 어리석은 사람은 어렵다고 하느니라.

악惡은 스스로 자기가 죄를 받고, 선善은 스스로 복을 받는지라. 모름지기 각각 익힐 것이니 서로 대신하지 않느니라.

모든 사람이 몸을 받아 태어나되,

- 국왕이나 대신 또는 호귀한 사람이 되는 자는 전생에 불법佛法 중에서 많고큰 공덕을 짓고 태어났으며,
- 큰 부자가 되는 사람은 전생에 보시를 많이 하고 태어났으며,
- 오래 사는 사람은 전생에 남의 목숨을 죽이지 않고 태어났으며,
- 얼굴이 얌전한 사람은 전생에 인욕과 참음을 많이 하고 태어났으며,
- 지혜와 총명을 갖고 태어난 사람은 불경도 많이 읽고 정진 수양을 많이 하고 태어났으며,
- 음성이 좋은 사람은 전생에 부처님께 공양을 올렸거나 아니면 소리 나는 물건을 부처님께 올리고 태어났으며,
- 몸이 맑고 병 없이 건강하게 태어난 사람은 전생에 자선봉사를 많이 하고 태어났으며,
- 남에게 존경받는 사람은 남에게 공경을 많이 하고 태어났으며,
- 남이 대수롭지 않게 여기는 사람은 전생에 남을 많이 멸시하고 태어났으며,
- 얼굴이 누추한 사람은 성을 많이 내고 태어났으며, 아무것도 아는 것이 없는 사람은 전생에 남에게 배울 것이 없다고 하여 듣고 봄이 없이 태어났으며,
- 어리석은 사람은 전생에 남을 가르치지 아니하고 태어났으며,
- 벙어리가 된 사람은 남을 쓸데없이 비방한 죄이며,
- 남의 심부름하는 사람이 된 것은 전생에 빚을 갚지 못하고 태어났으며,
- 얼굴이 검고 더러운 사람은 전생에 부처님의 광명을 가리어 남을 못 보게 하고 불교를 비방한 죄를 받고 태어난 사람이며,
- 가슴이 항상 아픈 사람은 전생에 남을 주고 뒤에 후회하는 마음이 맺혀서 태어났으며,
- 몸에 악한 종기가 나는 사람은 매로서 모든 중생을 많이 때린 죄이며,
- 남이 나를 보고 즐거워하는 사람은 전생에 내가 남에게 즐거운 일을 많이 한 연고이고,

◉ 자주 관재구설에 오르는 사람은 전생에 여러 중생들을 많이 붙들어서 얽어둔 연고니라.

불자야!
◉ 만약 법문을 듣고 그 가운데서 두 가지 말을 하며 법문을 할 때 잡담하고 뒤에서 자기를 내세워 두 가지 말을 하며 남의 마음을 현란케 하든지 법사의 허물을 지어내어 남의 믿음을 물러가게 하는 자는 죽어서 귀가 나풀어진 개의 몸을 받을 것이요

◉ 법문을 듣고 마음에 찬탄하는 바가 없으면 죽어서 귀가 긴 당나귀 몸을 받을 것이요.

◉ 탐심이 지중하여 혼자 먹고 혼자 쓰는 사람은 죽어서 배고픈 아귀가 되어서 무량한 고통을 받다가 다시 사람이 되더라도 가난하고 아주 천하여 항상 배고픔을 면치 못할 것이요.

◉ 나쁜 음식을 남을 주어 먹게 하면 죽어서 돼지가 되고 도는 쇠똥구리 벌레가 될 것이요.

◉ 남의 재물을 겁탈하거나 속여서 빼앗는 사람은 죽어서 소가 되어 뺏어온 수대로 다 갚아주고 그 몸을 두루 다 먹게 하는 것이요.

◉ 도적질 하기를 좋아한 사람은 죽어서 소와 말이 되어서 주인의 돈을 갚아주고 다시 사람이 되더라도 남의 종이 되어서 거짓말하기를 좋아하여 악한 것을 남에게 전하다가 또 죽어서 지옥에 떨어지면 녹인 구리 쇳물을 입에 마시고 혀를 빼서 쇠를 갈다가 그 죄가 다 되면 까마귀가 되어 까욱까욱 울면 듣는 사람들이 모두 싫다하고 미워하느니라.

◉ 항상 술 취하기를 좋아하는 사람은 죽어서 똥물이 끓는 지옥에 떨어져서 죄를 다 받고는 비린내 나는 중생의 몸을 받았다가 다시 사람이 되더라도 완악하고 아는 것이 없어서 남이 인간 취급을 아니하여 항상 슬프고 외롭게 살게 되며,

◉ 힘을 자랑하는 사람은 죽어서 호랑이나 사자가 되어서 서로 기운 풀기를 다하면 다시 부귀한 사람이 되어서 남을 업신여겨서 함부로 때리고 치고 하다가 해원을 빌고 풀 데가 없게 하다가 또 죽어 물소가 되었고 코를 꿰어 배를 끌고 수레도 당겨서 맞고 또 맞아 그전에 지었던 죄를 틀림없이 다 도로 받느니라.

다시 불자야!
- 몸을 추잡하게 가지는 사람은 전생에 돼지가 되었다가 태어났으며,
- 간탐을 부려서 저도 먹고 입기를 떠는 사람은 전생에 개가 되었다가 태어났으며,
- 사람이 가벼워 참을성이 없는 것은 전생에 원숭이가 되었다가 태어났으며,
- 몸에서 비린내가 나는 사람은 전생에 물고기와 자라가 되었다가 태어났으며,
- 독한 사람은 독사가 되었다가 태어났으며,
- 자비한 마음이 없는 사람은 전생에 호랑이가 되었다가 태어났느니라.

불자야!
사람이 세상에 태어나서 병도 많고 명도 없고 복도 없고 병신도 많고 하다. 따라서 가지가지 고통을 받는 것은 다 탐심과 이간질과 거짓말의 세 가지 업으로서 지옥과 아귀와 축생에 떨어져서 한량없는 고통을 다 받느니라.

불자야!
사람이 세 가지 독한 것이 있으니 탐심과 진심과 치심이요, 또 세 가지 악한 것이 있으니 그것은 입으로 항상 악한 말을 하는 것이요, 마음으로 항상 악한 말을 하는 것이요, 마음으로 항상 악한 것만 생각하는 것이다. 몸으로 항상 악한 일을 행하는 것이니 이 여섯 가지 악한 것으로서 항상 고통을 쉬지 않고 받다가 모르는 결에 그만 목숨이 없어지면 외로운 혼魂이 돌아가더라도 선망부모와 형제 친구와 먼저 간 친척이 많더라도 능히 구하지 못하고 문득 사이에 염라대왕의 앞에 이르면 판관 옥졸들이 존비귀천 높고 낮음의 차별을 묻지 아니하고 다만 살아있을 때 선과 악의 지음이 많고 작음을 판단하여, 죽은 고혼은 저절로 자복이 되고 조금이라도 속일 수가 없게 되나니 이와 같은 인연으로서 내가 생전에 선악 지은 대로 받게 되며 또 천신이 온 사람의 선악을 기록하되 털끝만치라도 빼버리지 아니하므로 사람이 착하게 행하면 복도 받고 목숨도 더 할 수 있으며 사람이 악하게 살면 목숨도 짧고 복도 없어져서 고통만 받느니라.

이와 같이 전전하여 아귀도에 떨어졌다가 또 지옥에 떨어져 고를 받고 다시 축생으로 떨어져서 받는 고통을 참기 어려우며 또한 마칠 기한도 없느니라.

불자야!
악을 지으면 악을 받고 선을 지으면 선을 받을지니 조그마한 착한 것이라도 업신여겨 복이 되지 않는다하지 말지니라. 방울 물이 비록 작지만 바다 같은 큰 그릇을 채우나니 작은 착한 것이라고 모으지 않으면 어진 것을 이루지 못하는 것이요, 조금 악한 것을 업신여겨 죄 없다 하지 말라. 작은 악한 것이라도 모으면 장차 몸을 없이 하느니라.

불자야!
마땅히 알아라. 길흉화복이 모두 너의 마음으로 짓는 것이니 만약 악연만 짓지 않으면 과果는 받지 아니하느니라.

불자야!
앙화殃禍, 죄의 앙갚음으로 받는 재앙을 모아 놓으면 죄가 크고, 착함을 모아 놓으면 복이 많은 것은 너의 육안으로는 능히 보지 못하거니와 모든 부처님과 천신은 다 보고 듣고 하나니, 만약 너의 눈에는 아니 보인다고 너희들의 방탕한 마음을 따라서 선악도 가리지 아니하고 함부로 행하는 연고로 세간에 가지가지 말 못할 참혹한 앙화를 다 받는 것이니라.

불자야!
마땅히 알아라. 금생에 허물을 깨쳐서 악한 것을 버리고 착한 데도 쫓지 아니하면 결코 이 몸을 버리고는 지옥에 떨어질 것이니라. 어찌하여 그러한고? 하면 자세히 들어보아라. 대저 죄를 지을 때는 독하고 모질고 미운 마음을 품어서 만약 한 사람에게 성을 내면 반드시 죽이고 싶고, 만약 한 사람에게 미운 마음을 내면 그 사람의 좋은 것도 다 밉게 보이고, 만약 한 사람을 훼방하면 반드시 그 사람을 고통받도록 하게 하고, 만약 한 사람을 때리면 하늘에 사무치게 아프게 하느니라.

불자야!
또 보아라. 성낸 마음과 모진 뜻은 높고 낮은 것도 살피지 아니하고 행욕패설을 하여 고함치는 소리는 우레와 같고, 두 눈 속의 동자는 불빛을 흩날리리라.

불자야!
죄를 지을 때는 우레와 같거니와 복을 지을 때는 착한 마음이 가늘어서 처음에는 많이 하고자 하다가 그만 줄어서 적게 하며, 처음에는 속히 하고자 하다가 뒤에는 그만두게 되느니라. 먹은 마음이 지극하지 아니하므로 날과 달이 지나면 영영 잊혀져 버리느니라.

불자야!
알아라. 이러한 연고로 죄를 지을 때는 뜻이 큼을 쫓아서 가늘고 악한지라 이제 악한 선으로서 굳센 악보惡報를 어찌 당적 하여 여의 리오. 그러므로 이 몸을 버리고는 설혹 조금 선근이 있다 하더라도 큰 악함을 이기지 못하여 반드시 지옥에 떨어지느니라.

불자야!
마땅히 알아라. 만약 사람이 나의 법을 믿어서 허물을 뉘우치고 깨달으면 크고 작은 죄가 그 자리에서 녹아 없어지고 착한 길로 향하며 복을 받느니라.

393

지금의 운을 만드는 인과응보 죄와 복 현상

자신이 한 행동과 말이 원인의 씨앗이 되어 응당히 그 열매는 자신이 받게 되는 것을 인과응보(因果應報)라 한다. 이 인과응보의 죄와 복 대가에 대해 알아보자.

- 높고 귀하게 벼슬을 하는 사람은 전생에 부처님 신상을 절에 불사했거나 신상에 금으로 단장해드린 보시의 공덕이요.
- 높게 출세하여 명예를 얻은 사람들은 절 불사에 열심히 정성 들인 공덕이요.
- 말 또는 큰 차를 타고 편하게 사는 사람은 전생에 길 닦아주고 다리를 놓아 많은 사람에게 편함을 준 공덕이요.
- 먹고 입는 것이 풍족한 부자로 사는 사람은 전생에 가난한 사람에게 베풀기를 많이 한 공덕이요.
- 으리으리하게 좋은 집에서 사는 사람은 높은 산에 큰 절을 지어준 공덕이고 시주한 공덕이요.
- 단정하고 잘 생긴 외모로 타고난 사람은 전생에 사람 차별을 안 하고 못난 사람들을 보살핀 공덕이고, 부처님께 꽃 공양을 드린 공덕이요.
- 아름답고 예쁜 여자를 아내로 맞은 사람은 많은 사람을 절로 가도록 불심을 전파한 공덕이요.
- 수명이 길게 장수하는 사람은 전생에 산목숨을 죽음에서 건진 방생을 많이 한 공덕이요.
- 능라금수 같은 화려하고 좋은 비단옷을 잘 입고 사는 사람은 전생에 절의 스님들에게 옷을 지어 보시한 공덕이요.
- 못된 자식을 갖거나 방탕아나 패륜아로 잘못 기르게 되는 것은 전생에 주색에 빠져 허망하게 살아온 과보요.
- 부모 없이 사는 외로운 고아로 사는 것은 전생에 많은 새를 잡아 죽인 과보요.
- 결혼한 후 해로하지 못하고 과부가 되어 외롭게 사는 사람은 전생에 남편을 못되게 학대한 과보요.

- 늙어서도 눈이 밝은 사람은 전생에 부처님께 등불공양과 초 공양을 많이 한 공덕이요.

- 귀머거리나 벙어리로 태어난 사람은 전생에 부모에게 욕하고 멸시한 불효의 과보요.

- 팔다리가 온전치 못한 사람은 전생에 손과 발로 나쁜 짓과 도둑질을 한 과보요.

- 다리가 비틀어진 사람은 전생에 길가는 사람을 막고 시비를 걸어 행패를 부리고 때린 과보이고,

- 소나 말로 태어난 것은 전생에 남은 빚을 갚지 않고 돈 있는 것을 자기만 쓰다가 죽은 과보니라.

- 병으로 늘 고통받는 사람은 전생에 작은 목숨도 중히 여기지 않고 살생을 많이 한 사람이요.

- 병이 없고 항상 건강한 사람은 전생에 병들고 힘든 사람을 잘 보살핀 공덕이요.

- 먹고 입는 것이 넉넉지 못한 사람은 전생에 돈 한 푼 남에게 베풀지 않은 탓이요.

- 독약 먹고 죽은 사람은 전생에 냇물을 막고 독약을 풀어 고기 잡은 과보이다.

- 미모가 아름답고 수려한 사람은 전생에 부처님께 꽃 공양을 올린 공덕이고, 선행을 많이 한 공덕이요.

- 부부가 백년해로하는 사람은 부처님 법당에 불사를 많이 하고, 예쁜 천과 보배로 장엄 장식을 해드린 공덕이다.

- 귀머거리는 전생에 부처님 염불소리와 경 읽는 소리를 싫어한 과보이고,

- 거지가 되어 구걸을 하러 다니는 사람은 악한 마음을 품고 불쌍한 사람을 천시하고 고통받게 한 과보이다.

- 감옥살이를 하는 사람은 전생에 남의 사정을 안 돌아보고 자신의 이익만 챙기고 고약한 짓을 한 과보이고,

- 길바닥에서 비참하게 죽은 사람은 걸인을 무시한 과보이요, 전쟁에서 싸우다가 살인을 한 과보이요.

- 간질병이나 미친 병으로 고통받는 사람은 전생에 부처님 도량에서 싸움하거나 피 흘린 시비와 외도를 전도한 사람이요.
- 벼락 맞아 죽는 사람은 전생에 저울 눈금이나 됫박질이나 수량을 속여 폭리를 챙긴 과보이다.
- 짐승에게 물려 죽은 사람은 전생에 원수 짓고 마주치면 해코지를 하고 피해를 입힌 과보요.
- 금생에 한 쪽 눈을 못 뜨고 보지 못한 사람은 전생에 길 묻는 이에게 올바른 길을 똑바로 가르쳐주지 않은 탓이요.
- 금생에 입병 잘 앓는 사람은 전생에 부처님 앞에 있는 등불이나 촛불을 불어서 꺼버린 과보이고,
- 꼽추로 태어난 사람은 예불하는 사람을 보고 잘한다 잘못한다 듣기 싫다는 둥 뒷말하고 비웃은 과보니라.
- 팔이 비틀어진 사람은 전생에 그 손으로 도둑질과 나쁜 짓을 한 탓이고,
- 다리가 비틀어진 절름발이가 된 사람은 전생에 길가는 사람을 무작정 때린 탓이요.
- 부모님이 다 계시며 부모에게 사랑받는 사람은 무슨 연고인가? 전생에 혼자된 사람을 잘 돌봐주고 공경한 공덕이요.
- 아들이나 손자 자손이 많은 사람은 전생에 갇혀있는 새들을 창공으로 날려 보낸 공덕이요.
- 병이 없고 무병한 사람은 전생에 병든 사람에게 치료해 주고, 약을 준 공덕이니라.
- 현세에 강제로 부모님 재산을 빼앗거나 파산시킨 사람은 죽어서 병들고 거지가 되어 굶어서 수없는 고통을 받다가 말과 소로 태어난다.
- 금생에 난쟁이로 태어난 사람은 전생에 부처님 경전을 땅바닥에 놓고 본 탓이요,
- 고독한 신세가 되어 구걸 다니는 사람은 전생에 악한 마음을 품고 따지기를 좋아해서 미움받은 탓이요,
- 몸에서 나쁜 냄새가 나는 사람은 전생에 가짜 향을 판 탓이요,

- 금생에 굶어죽는 사람은 전생에 쥐구멍 뱀구멍을 막은 과보이고,
- 중풍이나 치매로 똥오줌을 못 가리는 사람은 전생에 불교를 비방하여 절에 못 가게 한 연고이니라.
- 금생에 오래 살지 못하는 사람은 전생에 산목숨을 많이 죽인 탓이다.
- 늙어서 혼자되어 외롭고 슬프게 사는 사람은 전생에 다정한 사람들을 시기하여 의리를 끊어 놓은 과보이다.

이 외에 불설죄복보응경에 따르면, 더욱 복을 지을 수 있는 길이 있다고 말씀하셨다.

한 대에 부처님께서 기유라위국 석씨정사에 계시자 제자 일천이백오십인과 더불어 구월제를 마치고 마침내 그 정사를 떠나 사위국 기수급고독원 이란 곳으로 행하시옵더니 이때에 두 나라 사이에 돈나무 하나가 있는데 이 나무 이름은 이구류라이고, 나무 높이는 일백이십 척이요, 지엽은 방원하여 육십 척을 덮었으며, 그 나무에는 좋은 과실이 수천 개가 열렸는데, 그 과실을 따먹은 맛은 꿀맛과 같이 향기가 나고 달며 그 과실이 익어 땅에 떨어져서 모든 사람이 주워 먹으면 모든 병이 다 낫고 눈이 밝아지더라.

부처님께서 이 나무 아래에 앉으시니 모든 제자들이 그 과실을 달게 다 먹고 있거늘 이때에 부처님께서 아란에게 말씀하시되 "내가 천지만물을 보니 각가各家가 옛 인연이 있더라." 하시니 아란이 곧 일어나 부처님께 예배를 올리고 꿇어앉아 부처님에게 사루어 말씀하되 "어떠한 인연이 있다는 말씀이옵니까. 듣기를 원하오니 자세히 말씀해 주시옵소서."

- 부처님이 아란에게 말씀하시되 "착하고 착하다. 내 너희를 위하여 일체중생들의 옛 인연을 말해 줄 터이니 잘 들어보라.
- "금생에 사람이 호걸스럽고 귀하게 되며 국왕 내지 장자가 되는 것은 전생에 불사를 많이 하고 불법승 삼보를 지성으로 공경한 연고요.
- 금생에 재물이 많은 부자가 되는 것은 전생에 보시를 많이 한 연고요.

- 금생에 오래 살고 병 없고 몸이 건강한 사람은 전생에 계행을 잘 지킨 공덕이요.
- 사람이 단정하고 얼굴이 좋으며 체격이 잘 생기고 깨끗하여 모든 사람들이 모양과 얼굴을 보면 즐겨 하지 않는 이가 없고 항상 보아도 싫은 마음이 없이 존경받는 사람은 전생에 인욕 수행과 욕됨을 참는 공부를 많이 한 연고요.
- 사람이 공부에 열중하고 복 짓기를 즐겨 하는 자는 전생에 정진심을 많이 쓴 연고요.
- 사람이 조용하고 자상하며 말과 행실을 얌전하게 하는 자는 전생에 참선공부를 많이 한 연고요.
- 사람이 재주가 많고 정신이 총명하여 심오한 법을 통달해 알고 묘한 의지를 찬탄하여 어리석은 사람을 깨우쳐주되 모든 사람들이 그 말을 들으면 누구나 즐거이 듣고 보배를 삼게 하는 자는 전생에 세상의 사리 이치와 지혜를 많이 닦은 연고요.
- 사람이 음성이 맑고 좋은 자는 전생에 불법승 삼보를 많이 노래하고 염불을 많이 한 연고요.
- 사람이 깨끗하고 병이 없는 자는 전생에 자비심을 많이 쓴 연고이니라."
- 하시거늘 아란존자 부처님께 사뢰어 말씀하시되 "무엇을 자비심이라고 하시나이까?" 부처님께서 아란에게 말씀하시되 "첫째는 중생을 어여삐 여기기를 어머니가 자식을 사랑하는 것 같이 하는 것이요. 둘째는 모든 중생이 악도에 떨어짐을 불쌍히 생각 하사 그 악도를 면해 주고져 하는 마음이요. 셋째는 마음이 항상 즐거운 것이요. 넷째는 능히 모든 것을 두호하고 생각해 주는 마음이니 이것을 자비심이라 하나니라."

부처님께서도 아란에게 말씀하시되

- 사람이 키가 크고 건강한 자는 전생에 다른 사람을 많이 공경한 연고요.
- 사람이 키가 작고 용렬한 자는 전생에 다른 사람을 많이 내리쳐다 본 연고요.
- 사람이 추하고 더러운 자는 전생에 항상 얼굴을 찡그리고 진심 내기를 좋아한 연고요.
- 아무것도 아는 것이 없는 자는 전생에 학문을 배우지 아니한 연고요.
- 사람이 전혀 천치 같은 자는 전생에 남을 잘 가르쳐 주지 않은 연고요.

- 금생에 벙어리가 되는 자는 전생에 다른 사람을 많이 모함하고 비방한 연고요.
- 금생에 귀먹고 장님이 되는 자는 전생에 좋은 법설이나 경 읽는 소리를 듣기 싫어한 연고요.
- 금생에 남의 종노릇하는 자는 전생에 남의 돈을 꾸어 쓰고 갚지 않은 연고요.
- 금생에 비루하고 천하게 되는 자는 전생에 불법승 삼보를 존경치 않은 연고요.
- 금생에 얼굴이 푸르고 검은 자는 전생에 부처님이나 그 법을 비방하여 부처님의 광명을 널리 뻗치지 못하게 한 연고요.
- 금생에 옷을 입지 못하고 벌거벗고 사는 중생이 된 것은 전생에 비단이나 명주 같은 가벼운 옷 입기를 좋아하고 장엄해 놓은 불당이나 부처님의 처소를 능멸이 여긴 연고요. 금생에 발바닥에 징과 못을 박은 말이 되는 것은 전생에 신을 신고 그대로 사람 사는 방이나 불당이나 부처님 앞을 함부로 밟고 다니기 좋아한 연고요.
- 금생에 노루나 사슴이나 고라니 같은 짐승이 되는 것은 전생에 사람 놀래기를 좋아한 연고요.
- 금생에 이무기가 되는 것은 전생에 못된 조화와 재주를 부려서 사람들을 많이 농락한 연고요.
- 몸에 모진 창병이 생겨 낫기 어렵게 된 자는 전생에 사람이나 짐승이나 중생들을 매질과 때리기를 좋아한 연고요.
- 다른 사람이 나를 보고 반가워하는 것은 내가 남을 보고 반가워한 연고요.
- 다른 사람이 나를 보고 반가워하지 않는 연고는 내가 남을 보고 반겨 하지 않은 연고요.
- 관리에게 매달이고 감옥에 갇히고 수갑을 차게 되는 것은 전생에 사람이나 여러 생명을 잡아 가두고 매달아서 자유를 빼앗은 연고요.
- 금생에 입술이 찢어지는 언청이가 된 자는 전생에 고기 낚기(낚시질)를 좋아하여 물고기 입을 많이 절단 낸 연고요.
- 좋은 말과 선한 말을 듣고 마음에 즐겨하지 아니하며 설사 듣는다 하여도 두 사람이나 세 사람이 어울려 말하며 설법 듣는 사람들을 어지럽게 하는 자는 후생에 귀가 너털너털한 개가 되나니라.

부처님께서 또 아란에게 말씀하시되,

- 세상에 어리석은 사람이 있어 좋은 법설을 듣고도 마음에 반가운 생각이 없고 실행해 볼 마음이 나지 않는 자는 후생에 귀가 긴 나귀나 말이 되며,

- 혹은 사람이 되더라도 음식에 욕심이 많아서 혼자 먹기를 좋아하고 다른 사람의 배고픈 사정을 몰라주는 자는 후생에 아귀가 되고 설사 그 보를 벗고 사람이 될지라도 항상 가난한 업보를 받아 입을 것도 없고, 먹을 것도 없이 될 것이며

- 사람이 좋은 음식은 자기가 먹고 낮은 음식은 남을 주기를 좋아하는 자는 후생에 돼지나 말똥구리 같은 것이 될 것이며

- 다른 사람의 물건을 겁탈하기를 좋아하는 자는 후생에 염소가 되어 가죽을 생으로 벗겨 옛 죄를 받게 되며

- 사람이 살생하기를 좋아하는 자는 후생에 물 위에 뜬 하루살이가 되어 아침에 생겼다가 저녁나절 죽는 단명한 업보를 받게 되며

- 남의 재물 도적질하기를 좋아하는 자는 후생에 남의 집 종이나 우마가 되어 묵은 빚을 갚게 되며

- 유부녀 간통하기를 좋아하는 자는 죽어서 지옥에 들어가되 남자는 불이 벌건 구리쇠 기둥을 보듬어 안게 되고 여자는 불이 벌건 쇠로 된 상 위에 누이며 설사 지옥에서 나올지라도 항상 하천에 떨어져 마땅히 닭이나 오리 같은 음탕한 물체가 되며

- 사람이 망령된 말하기를 좋아하고 다른 사람의 악한 일을 전파하길 좋아하는 자는 죽어서 지옥에 들어가 구리쇠로서 입을 봉하고 그 혀를 빼어 소로서 갈게 하며 설사 지옥에서 나올지라도 독수리나 올빼미나 부엉이 같은 새가 되어 사람들이 그 우는소리를 들으면 놀라지 않는 사람이 없고다 변괴라 하여 어서 죽기를 바라는 것이 되며

- 사람이 술 마시고 취하여 본 정신을 잃고 광언망설 하여 서른여섯 가지 과실을 범하는 자는 죽어서 끓는 오줌이나 똥이나 진흙 가운데서 헤매고 다니는 물체가 되고 설사 나온다 할지라도

- 다시 성성이라는 술 잘 먹는 짐승이 되며, 다행히 사람이 될지라도 우치하여 아무것도 모를 것이요.

- 부부간에 서로 화순치 못하고 싸우기를 좋아하여 서로 쫓고 보내고 하는 자는 후생에 비둘기 같은 새가 되며

- 다른 사람 부려 먹기를 좋아하는 자는 후생에 코끼리가 되며

- 도청이나 군청이나 시청이나 읍 면 동 리에 관장이 되어 관록을 먹는 사람이 죄 없는 사람을 자기의 권리로서 매달거나 묶거나 매질하거나 가두거나 하여 모질게 형벌을 쓰는 자는 죽어서 지옥에 들어가 몸으로 수천억 세의 고통을 받을 것이며 죄가 다하여 나온다 할지라도 다시 소나 말이 되어 배나 구루마를 끌게 하며 매로서 사정 없이 그 볼기와 머리를 때려 옛 죄를 갚게 하나니라.

부처님께서 또 아란에게 말씀하시되,

- 사람이 깨끗지 못한 자는 전생에 돼지가 와서 사람이 된 것이요.

- 사람이 탐심이 많고 염치심이 없는 자는 전생에 개가 와서 사람이 된 것이요.

- 사람이 강강하고 성질이 패악하여 자행하기를 좋아하는 자는 전생에 염소가 와서 사람이 된 것이요.

- 사람이 비린내가 나고 노린내가 나는 자는 전생에 물고기나 자라나 남생이 같은 것이 와서 사람이 된 것이요.

- 사람이 흉악하여 독심을 품고 그 마음속을 알기 어렵게 된 자는 전생에 독사가 와서 사람이 된 거이요.

- 좋은 음식 먹기를 좋아하고 중생 살해하기를 좋아하며 조금도 측은한 마음이 없는 자는 전생에 늑대나 살쾡이나 매 같은 것이 와서 사람이 된 것이요.

- 사람이 단명하여 혹 낙태도 하며 세상에 나올지라도 목숨이 일찍 죽어 마침내 삼악도에 떨어지게 되는 자는 전생에 포수질을 많이 하고 산이나 들에 불 지르기를 좋아하며 또는 날짐승이 사는 장소를 더듬어 모든 새들의 알을 부수고 그물을 던져 중생을 살해하고 그 고기와 가죽을 많이 탐하고 먹은 자이니라.

그러므로 이렇게 단명보를 수천 겁을 받아 길이 나올 기약이 없나니라. 너희들은 이 말을 들어서 조심하고 조심하여라.

내가 중생들의 죄받은 일을 다 말하려면 마음이 아파서 다 못하겠노라.

부처님께서 또 아란에게 말씀하시되 대범공덕을 짓는 것은 다 자기의 몸으로서 하는 것이요 다른 사람을 시켜 나의 공덕을 짓지 못하는 것이니 만일 배

고파 밥을 먹고져 하는 사람이 자기가 직접 밥을 먹지 아니하고 다른 사람을 시켜서 밥을 먹게 한다면 어찌 자기의 배가 부를 것이냐.

그런즉 너희들의 공덕을 닦는 것도 너희들 자신이 직접 실행하여 성심으로서 불법승 삼보를 많이 공양하고 모든 경전을 읽어 행하여 정신으로나 육신으로나 물질 으로나 남에게 은혜를 많이 베푼다면 모든 하늘이 극진히 대접할 것이요.

일만 가지의 악한 것들이 다 물러갈 것이며 뭇 마군들이 다 소멸되어 감히 당할 자가 없으리라.

그러나 게으른 자는 정진심이 없는지라 날마다 헛된 세월을 보낼 것이니 하루아침에 병이 들고 불길한 일이 있어서 아무리 향을 불사르고 기도를 한들 무슨 이익이 있으리오.

이러한 행동을 하는 자에게는 모든 하늘도 강림치 아니할 것이요 뭇 마군이가 더 앞으로 달려들어 여러 가지 변괴를 짓게 될 것이니 너희들의 짓는 바를 따라 죄와 복이 몸에 따라다니는 것이 그림자가 형상을 따라다니는 것과 같으니라.

사람이 복을 짓는 것도 저 이구류 나무가 종자는 본래 하나이나 그 종자가 점점 장성하여 무수한 과실을 많이 따는 것과 같이 남에게 보시하는 한마음 으로서 능히 만 배의 복을 얻게 되는 것이 조금도 허언이 아니니 나의 이 말을 명심하라 하시고 아래와 같은 게를 송하시니 가라사대

- 어진 자는 남에게 보시하기를 좋아하는지라. 천신이 스스로 부조하며 하나를 베풀어 만 배를 얻어 안락한 생활로 오래 사느니라. 오늘에 개심하여 남에게 은덕을 끼친다면 그 복을 가히 헤아릴 수 없을 것이며 마땅히 불도를 얻어 시방세계를 제도하리라.

이 세상 모든 것은 자기가 지은 인연으로 모여진 것이니 무엇을 친할 것이 있으랴.

다만 다섯 가지 계문과 열 가지 선으로 탐진치를 제거할 지니라.

죄와 복을 다른 데서 구하지 말고 오직 나의 마음을 친히 하라.

세상의 모든 영화와 안락은 뜬구름과 같으니라.

모든 생명이 오도에 돌아다니는 것이

수레바퀴와 구르는 것과 같나니

목숨을 탐하고 금과 은을 아끼지 말지니라.

천지도 오히려 무너지거늘 하물며 사람이랴.

경전과 계행을 받들어 갖는 것이 제일 큰 보배니라.

재물과 여색을 탐하고 다른 사람을 욕되게 하지 마라.

삼계의 중생이 욕심부리는 것이 마치 염소 떼와 같느니라.

오도에 가고 오고 하여 몸이 무너지고 상하나니

목숨이 흐르는 물과 같거늘 무엇을 믿을 것이 있으랴.

죄짓기는 심히 쉽고 과보는 오래가나니

지옥 중생들의 고통받는 것을 어찌 입으로 형언하랴.

사심을 제거하고 뜻을 굳게 하여 모든 재화를 멀리 하라.

이에 지옥의 가마에 끓는 물은 당해 낼 자가 없느니라.

이 게송을 마치신 후 부처님께서 또 아란에게 말씀하시되

"세상 사람들은 지혜가 없는지라 만물의 죽고 낳는 것과 죄 되고 복되는 이치를 알지 못하나 내가 도안으로서 무수겁전으로부터 지금 몸을 받기까지 죄받고 복받는 것을

봄이 손바닥 가운데 있는 유리구슬과 같이 내외가 명철하여 터럭 끝만치라도 의심이 없노라 " 하시거늘

아란이 곧 일어나 예배한 후 부처님께서 사뢰어 말씀하되
"방금 법설하신 이 경을 무엇이라 이름 하오리까?"

부처님이 아란에게 말씀하시되
"이 경 이름은 『윤전오도』라고도 하고 『죄복보응』이라고도 한다.
만약 선남자 선여인이 있어 이 경을 많이 읽고 선전하면
그 공덕이 무량하여 마땅히 모든 부처님을 친견하게 되며
삼재팔난三災八難의 고품를 받지 않고 계戒와 정定과 혜慧를 얻으리라."
부처님께서 이 설법을 다 마치시니 모든 제자들이 다
자기의 육신을 잘 조심하고 조심하지 못하는 것과 자기의
마음을 잘 조정하는 법과 조정하지 못하는 법과 복 짓고
죄짓는 법과 세간 일체중생이 천차만별로 선악업보가
각각 다른 이치를 알고 즐거운 마음으로서 곧 일어나
부처님께 절하고 물러가더라.

이상 『佛說罪福報應經불설죄복보응경』에서

만시형통 성공하는 사람들의
운세처방백과

14장 운명 알아차리기 · 운명의 인과응보 · 행복한 인생 | 375

사용된 제품 설명서 1

무량광달마황금불화
우주의 생생한 정기精氣를 모으고 무량한 달마대사의 영통한 원력을 받아 특수 제작 기법으로 금분을 사용하여 만든 불화 액자이다. 이 황금 불화를 집안에 걸어놓으면 큰일을 도모하거나 고위직이나 승진, 성공을 바랄 때라든지 힘든 일이 생겼을 때 효험을 발휘한다.

일월용승천도
일월천지신日月天地神 태양과 달, 하늘과 땅, 자연만물의 조화신神으로부터 받는 신성한 힘 속에서 승천하는 용의 기세를 받는 그림이다. 이 승천도를 집안에 걸어놓으면 가족 모두에게 활기찬 생기를 불어 넣어 주고 소망하는 일을 이루게 해주고, 지치고 부족한 힘을 충족시켜주어 모든 일이 만사형통되게 운을 바꿔준다.

산수목단액자
일월천지신日月天地神 태양과 달, 하늘과 땅, 자연만물의 조화신神으로부터 받는 최상의 신성한 힘 속에 핀 붉은 재화의 탐스러움이 더해져 행복과 재물神의 힘을 받는 그림이다 이 목단도를 집안에 걸어놓으면 늘 웃음이 피어나는 행복한 가정이 되고 재물이 점점 불어나고 금전 걱정이 없게 된다.

재물복신포대화상
재물과 복신의 상징인 미륵보살님의 화신이라 알려진 포대화상은 너그러움과 여유로움으로 만복이 가득 찬 자루를 들러 메고 집안으로 금전 재물을 불러들이는 큰 힘을 내포하고 있다. 사업하는 사람이나 돈을 많이 벌고 싶은 사람이 지니면 부자를 기대해 볼 수 있다.

팔괘음양화
자연계와 인간계의 본질인 음양陰陽의 조화 균형을 맞추어 오복五福을 부르는 팔괘의 신비한 힘으로 인간의 액운과 재앙을 물리쳐주는 신효한 음양화이다. 이 음양화를 집안에 걸어두면 부부가 애정이 돈독해지고 백년해로하고 화목해지며, 불길한 운세일 때 재앙을 없애고 균형을 잡아주는 신효한 힘이 있다.

황금달마분
부처님의 가피와 달마선사의 신비한 원력으로 인간의 모든 액운 액살을 걷어내는 성불의 신력이 담긴 금분을 넣고 빚어 만들어진 도자기이다. 가문에 큰 인물이나 세상에 이름나게 성공하고 싶거나 자손 대대손손 창성하기 원할 때 이 도자기를 집안에 놓으면 효험이 크다.

사용된 제품 설명서 2

귀면인매병
재운을 좋게 한다던가, 액운을 쫓아낸다던가, 재앙이 닥쳤을 때 사용하는 신효한 힘을 가진 사람 형상으로 만들어진 도자기이다. 악운에서 빨리 벗어나고자 할 때 성불을 보고자 할 때 사용하면 속히 효험을 얻을 수 있다.

화타통치병
건강이 안 좋은 사람이나 잡귀나 부정이 타서 아플 때 사용하면 신효한 힘을 얻어 속히 병이 낫고 건강이 좋아지는 도자기이다.

천승목단청자
우주의 생기生氣처에서 생명의 힘을 끌어모아 항상 새롭고 신선함으로 매사 만사형통케 하는 청자 도자기이다. 천연광물질로 신성한 좋은 행운의 빛을 발산하기 때문에, 새로 사업을 시작한다거나 직장에 처음 들어갔다거나 결혼을 하여 새살림을 시작한 신혼부부 집에 매우 필요한 신비한 도자기이다. 새로 태어난 아기의 평생 운수대통에도 효험이 있고, 개업 집이나 사업하는 집에 금전 재물을 부르는 재수도자기이다.

천승산수백자
대선이나 고관직에 오르고 싶다던가, 자손 대대로 창성하길 바랄 때나 직장 취업이나 승진을 속히 이루게 하는 신효한 힘이 있는 도자기이다.

호법동복백자
집안에 부정이 들었든가, 재수가 없을 때, 관재수 손재수로 힘들 때, 액살풀이할 때나 동토를 쳐낼 때 사용하는 악귀 퇴치 힘이 강력한 신효한 동복지도자기이다.

호법신동복백자
집안에 부정이 들었든가, 재수가 없을 때, 관재수 손재수로 힘들 때, 액살풀이할 때나 동토를 쳐낼 때 사용하는 악귀 퇴치 힘이 강한 시효한 동복지도자기이다.

예승쮀병
서태왕의 예능신인기부를 경면주사로 써 넣고 만든 신비한 도자기이다. 연예인이나 방송인이나 운동선수나 인기를 얻어야만 성공하는 사람들은 이 예승쮀병 도자기를 집안에 놓으면 만인의 인기와 명성을 만천하에 떨칠 수 있다.

사용된 제품 설명서 3

복용귀병
태상천령제천왕의 만사대길 재수득재부를 경면주사로 써 넣고 만든 신비한 도자기이다. 부자가 되고 싶거나 돈에 고통을 받을 때 사용하면 신효한 힘을 받을 수 있다.

귀면인매병
태상노군과 제천대성의 보명호신 사귀악령퇴치부를 경면주사로 써넣고 만든 신비한 도자기이다. 불행한 일이나 관재나 재앙이 닥쳤을 때 사용하면 신효한 힘을 받을 수 있다.

천기명당백자
원신천존의 태극 음기를 생기生氣로 발복시키는 특수기법으로 개운진택복운팔진부를 경면주사로 써 천연광물질로 만든 신비한 도자기이다. 특히 죽은 영가 터를 명당터로 바꾸는 신효한 힘을 발산하는 도자기이다.

프라나옴청
우주의 생기生氣처에서 생명의 힘을 끌어모으는 만다라의 불신기佛神氣와 비슈누의 生氣를 받아 소원성취할 수 있는 佛器 금장벽걸이다. 학업성취와 승승장구로 재수대길, 우환소멸, 무병장수로 가족의 건강, 만사형통 기원 빌 때 집안에 걸어둔다.

스투파만달옴청
거룩한 부처님의 세계인 만다라의 강력한 수호의 힘을 증폭 발산하는 금장수호벽걸이이다. 집안에 놓거나 몸에 지니면 가문을 빛내고, 가정을 평안하게 지켜주고 자손창성과 고관대작, 사업번창, 부귀영화를 기원하고 소원하는 일을 속히 성취케 하는 신효한 힘을 받을 수 있다.

108금강저 염주
부정이나 재앙이나 악귀 마귀 퇴치에 최고의 힘을 가진 티벳 밀교의 무기인 금강저를 108개 엮어 만든 염주로써 인간사의 그 어떤 악재라도 물리칠 수 있는 강력한 힘을 지닌 신비의 염주이다.

천수관음만해달
만다라의 강력한 수호의 힘을 증폭 발산하는 금장수호장식품이다. 집안에 놓거나 몸에 지니면 가문을 빛내고, 가정을 평안하게 지켜주고 자손창성과 사업번창, 부귀영화 시험합격을 기원하고, 불행한 일이나 소원하는 일을 속히 성취케 하는 신효한 힘을 받을 수 있다.

사용된 제품 설명서 4

백수정각
희고 투명한 수정을 각이 지게 깎아 놓은 것으로써 천연광물질로 신비한 행운과 청렴한 절개의 힘을 발산하는 신물神物로서 천재횡액 개운팔진 운세를 청정하게 처방하는 수정체이다.

무지개색 은행알
신목神木인 은행나무의 열매로서 복록과 수명, 애정과 사랑, 화합과 아름다움을 행운으로 상징하는 일곱 빛깔 무지개색은행알로 경자 일에 처방한 신성한 은행알이다. 처방할 때 같이 쓰면 악귀 소멸도 되면서 행운을 가져다준다.

나비촙 팬티
재물득재부와 귀인상봉사업번창부를 넣어 신성한 곳에서 특수 제작하여 만든 팬티이다. 부자가 되고 싶거나 돈을 많이 벌고 싶거나 사업하시는 분들이 입으면 재수가 좋다.

옌쮀따랑 팬티
정인애정결성부와 인기인연호감부와 만인연사랑합의부를 넣어 신성한 곳에서 특수 제작하여 만든 팬티이다. 사랑을 구애하던가, 연예인이 인기를 끌고 싶거나 연예인이 되고 싶은 사람이 입으면 속히 효험을 볼 수 있다.

천기복 팬티
광득명총애합격부와 서태왕인기예인부를 넣어 신성한 곳에서 특수 제작하여 만든 팬티이다. 승진 출세하고 싶은 직장인이나 운동선수·예술인으로 성공하고 싶은 분들이 입으면 속히 소원성취 할 수 있다.

스투파부적봉투 금분大, 中, 小
불경을 다층탑에 새겨서 만든 탑다라니와 묘법연화경을 새겨서 만든 보우더나트 불탑를 금박으로 조성해서 만든 부적봉투로 대(A4), 중(편지봉투), 소(명함크기) 3종류가 있다.

호법태극망
복숭아나무, 버드나무, 소나무, 가래나무, 느티나무 등의 다섯 나무 神木의 분쇄가루를 삼베에 입힌 다음, 청룡·적룡을 그려 넣은 삼베부이다. 일반 삼베부와는 차원이 다른 삼베부로서 사주액살풀이나 잡귀·악귀·살귀 귀신퇴치 처방이 빠르다. 일반적인 다른 부정 퇴치보다 3배 이상 강력한 벽사의 힘이 있다.

사용된 제품 설명서 5

황제착응망
복숭아나무, 버드나무, 소나무, 가래나무, 느티나무 등의 다섯 나무 神木의 분쇄가루를 삼베에 입힌 다음, 만사대길부와 부귀번창재물흥왕대통부와 운수대통재수대박부를 그려 제작했다. 최고 자리로 승전을 원하던가, 국회의원이나 장관직에 출마하고 싶을 때나 사업이 잘 되길 바랄 때, 부자가 되고 싶을 때 사용하면 효험이 크다.

구계성취망
복숭아나무, 버드나무, 소나무, 가래나무, 느티나무 등의 다섯 나무 神木의 분쇄가루를 삼베에 입힌 다음, 만사대길부와 장천사당선합격출세부와 복마득리필승부를 그려 제작했다. 고위직 출세나 관직 등용이나 사법고시나 공무원 시험 합격을 기원할 때나 시합이나 경기에서 승리하는데 효험이 크다.

천호관 목걸이
생명의 에너지를 광폭 증대시켜 지혜와 슬기를 주고, 몸에 지니고 있으면 신성한 기운이 감돌아 남에게 친근감을 갖게 하여 타인의 마음을 사로잡게 하는 주술적 힘을 품고 발산하는 목걸이이다.

예승쮀 목걸이
승진 출세하고 싶은 직장인이나 국가대표 운동선수로 유명해지고 싶거나 예술인이나 방송인이나 작가나 소설가로 성공하고 싶고, 소원성취하고 싶은 분들이 걸고 다니면 효험을 본다.

엔쮀따랑 목걸이
연예인이 되고 싶은 사람이나 막상 데뷔는 했는데 인기를 끌지 못하고 부진하게 활동을 하는 사람에게 꼭 필요한 목걸이이다. 또 남에게 관심을 많이 끌고 싶다던가, 가는 곳마다 인기몰이를 하고 싶은 사람이나, 회사나 직장에서 상사의 남다른 관심을 원한다면, 또는 여러 명 중에서 자신만 튀게 선발되고 싶다면 이 목걸이를 꼭 걸고 다닌다.

오벤전 목걸이
사업이 잘 되길 바라거나 부자가 되고 싶을 때, 복권이 당첨되고 싶거나 주식이나 부동산으로 돈 벌고 싶을 때 하는 일이 잘되어 돈을 많이 벌고 싶을 때 이 목걸이를 걸고 다니면 효험이 크다.

사용된 제품 설명서 6

응재착향
생기복덕 일을 골라 신효하다고 이름난 영신향과 신미향, 재복향을 특수병에 넣어 제작한 신효한 향이다. 사업이 잘 되길 바랄 때, 부자가 되고 싶을 때, 복권이 당첨되고 싶거나 주식이나 부동산으로 돈 벌고 싶을 때 이 향을 피운다.

착라전응향
생기복덕 일을 골라 신효하다고 이름난 영신향과 신미향, 재복향을 특수병에 넣어 제작한 신효한 향이다. 새 사업 시작했거나 남의 돈 빌려서 장사를 시작했거나 빌린 돈 갚아야 할 때 이 향을 피운다. 뜬금없는 돈이 들어온다.

오벤전향
생기복덕 일을 골라 신효하다고 이름난 영신향과 신미향, 금전초향을 특수병에 넣어 제작한 신효한 향이다. 복권이 당첨되고 싶거나 주식으로 큰돈을 벌길 바라거나 추첨에 당첨되기 바랄 때나 돈 빌리러 갈 때 이 향을 피우면 뜻대로 된다.

제랑훠샹향
생기복덕 일을 골라 신효하다고 이름난 영신향과 신미향, 자등금회향을 특수병에 넣어 제작한 신효한 향이다. 상대에게 또는 경쟁자에게, 선의든 악의든 꼭 이겨야 할 때 이 향을 피운다. 친구든 동료든 경쟁에서 꼭 이기고 싶을 때 사용한다.

퀄라화향
생기복덕 일을 골라 신효하다고 이름난 영신향과 신미향, 귀인속회향을 특수병에 넣어 제작한 신효한 향이다. 사업이 잘 되길, 부자가 되고 싶을 때, 영업집에 손님이 안 들어오거나 손님을 기다릴 때 손님이 빨리 오게 하고 싶을 때 이 향을 피운다.

구계성향
생기복덕 일을 골라 신효하다고 이름난 영신향과 신미향, 구성취향을 특수병에 넣어 제작한 신효한 향이다. 소원성취하고 싶거나 공무원 시험이나 취직시험이나 대입시험이나 모든 시험에 합격하고 싶을 때 이 향을 피운다.

황제심향
생기복덕 일을 골라 신효하다고 이름난 영신향과 신미향, 황제심향을 특수병에 넣어 제작한 신효한 향이다. 새 사업을 시작했거나 사업이 잘 되길 바라거나 부자가 되고 싶을 때, 고위직에 오르고 싶을 때 이 향을 피운다.

사용된 제품 설명서 7

훼이치향
생기복덕 일을 골라 신효하다고 이름난 영신향과 신미향, 훼이치향을 특수병에 넣어 제작한 신효한 향이다. 악운이 겹쳐 일어나거나 일이 잘못되었거나 불행이 겹칠 때나 좋은 운으로 바꾸고 싶을 때 이 향을 피운다.

훈치퇴향
생기복덕 일을 골라 신효하다고 이름난 영신향과 신미향, 훈치퇴향을 특수병에 넣어 제작한 신효한 향이다. 부정이나 불운이 겹치거나 재수가 없을 때, 악귀, 마귀, 사귀, 재앙 등을 퇴치하고 싶을 때 이 향을 피운다.

전승완취향
생기복덕 일을 골라 신효하다고 이름난 영신향과 신미향, 전승취향을 특수병에 넣어 제작한 신효한 향이다. 운동선수나 경기나 시합 등 큰 시합에서 꼭 이겨야 할 때 이 향을 피운다. 또 관재 송사나 재판에서 이기고 싶을 때도 이 향을 피운다.

천통영신향
명향으로 내려오는 이 향은 백단향, 오향, 영능향, 자등향, 현삼, 뇌공두, 감송, 산신 등을 넣고 빚어 만든 신비한 향으로써 기도할 때라든지 위급한 상황이 닥쳤을 때 피우거나 지니면 구천현녀와 천신이 하강하여 해결해주는 신비한 향이다.

백단신미향
신미향은 호신향이라고도 불리며, 이 향을 피우거나 지니면 천문이 열리고, 지호는 닫히며 수명이 길어지고, 영靈을 통하고, 道를 이루는 신비의 향으로써 온갖 재앙과 고뇌가 풀리는 신비의 향이다.

링첸향수
인도에서 신비의 물질로 화금석을 채석하는데 여기에 내포되어 있는 향신료로 만든 향수이다. 링첸이란 소중한 보석이란 산스크리트어로서 이 링첸향수는 악귀를 쫓는 효험이 특수하고 마력이 풍기는 향물 향수이다.

애심주성지
특수 재질로 만든 종이로 이 종이를 사용해 애정이나 사랑을 써서 상대에게 보내면 속히 효험을 볼 수 있다.

사용된 제품 설명서 8

옹제신
황단향과 자등향과 훈육향을 넣고 링첸향수로 반죽해서 사람의 형상으로 빚어 1000℃ 황토가마에서 구워 낸 옹기이다. 이 옹제신을 깨서 버림으로써 그 사람에게 붙은 모든 흉악살을 대신 가지고 가기 때문에 사람은 귀신 장난에서 벗어나고 운이 풀리면서 명도 길어지고 재수도 좋아진다. 흉액살풀이 할 때 허수아비보다 10배 이상 더욱 강력하게 흉액운 퇴치가 된다.

벽사동복판 벽사양류판
庚申일날, 동남쪽으로 뻗은 (복숭아) 버드나무 가지를 엄선하여, 가로 10cm x 세로 7cm로 잘라 만든 판으로서 이 판위에 악귀잡귀사귀퇴치부와 제사마요멸분 처리를 한 비방품으로 각종 불행이 닥쳤을 때 좋은 운으로 바꾸고 싶을 때 사용한다.

마매매 신호목
甲子일날, 일월산에서 채취한 회화나무로 엄선하여 만든 목판에 속매매부와 말편자로 눌러 만든 신호神呼목이다. 부동산이나 상가, 점포 등 속매매를 원할 때 사용하면 신효하게 효과가 있다.

재복신루카
억울한 일을 당했거나 남을 복수하고 싶을 때 사용하는 비방품으로써 상대를 나빠지게 만드는 효력이 있다.

홰제커
억울한 일을 당했거나 남을 복수하고 싶을 때 사용하는 비방품으로써 상대를 나빠지게 만드는 효력이 있다. 잘못 사용하면 자신이 다칠 수 있으니 유의해야 한다.

칠성제천저폐
甲子일날, 태백산에서 채취한 주목과 뽕나무로 엄선하여 만든 목판에 황단향과 자등향과 신비방품을 사용하여 만든 제단 용품이다. 북두칠성께 받치는 기도를 하거나 소원을 빌 때, 특히 건강장수를 위해 빌 때 신효한 기운을 발산한다.

황가목저폐
甲子일날, 태백산에서 채취한 주목과 뽕나무로 엄선하여 만든 목판에 황단향과 자등향과 신비방품을 사용하여 만든 제단 용품이다. 가정의 부귀번창을 바라고, 가정화평을 빌 때 신효한 기운을 발산한다.

사용된 제품 설명서 9

천통상향저폐
甲子일날, 태백산에서 채취한 주목과 뽕나무로 엄선하여 만든 목판에 황단향과 자등향과 신비방품을 사용하여 만든 제단용품이다. 가족의 승진, 발탁, 취직을 간절히 빌 때 상부 도움이나 후원, 귀인도움 요청 시 신효한 기운을 발산한다.

황금래저폐
甲子일날, 태백산에서 채취한 주목과 뽕나무로 엄선하여 만든 목판에 황단향과 자등향과 신비방품을 사용하여 만든 제단용품이다. 부귀재왕과 금전 재물과 부자가 되길 바랄 때 신효한 기운을 발산한다.

수복금저폐
甲子일날, 태백산에서 채취한 주목과 뽕나무로 엄선하여 만든 목판에 황단향과 자등향과 신비방품을 사용하여 만든 제단용품이다. 터주신께 가정의 화평과 만사형통 자손번창과 무사건강을 빌 때 신효한 기운을 발산한다.

전승취승저폐
甲子일날, 명산에서 채취한 동복목으로 엄선하여 만든 목판에 황단향과 자등향과 신비방품을 사용하여 만든 제단용품이다. 모든 시합 경기 대회 경쟁에서 승리를 바라고, 우승을 빌 때 신효한 기운을 발산한다.

재원곤곤저폐
甲子일날, 명산에서 채취한 동복목으로 엄선하여 만든 목판에 황단향과 자등향과 신비방품을 사용하여 만든 제단용품이다. 가정의 부귀번창을 바라고, 금전재물이 끊임없이 들어오길 빌 때 신효한 기운을 발산한다.

예귀착황저폐
甲子일날, 명산에서 채취한 동복목으로 엄선하여 만든 목판에 황단향과 자등향과 신비방품을 사용하여 만든 제단용품이다. 예술재능이 탁월하길 바라고, 연예인이 되어 만인의 인기를 끌고 싶을 때, 애정관심을 원할 때 신효한 기운을 발산한다.

광득명합격저폐
甲子일날, 명산에서 채취한 동복목과 양류목으로 엄선하여 만든 목판에 황단향과 자등향과 신비방품을 사용하여 만든 제단용품이다. 고관직 승진이나 스카우트를 바라거나 모든 시험합격을 빌 때 신효한 기운을 발산한다.

사용된 제품 설명서 10

천선낭양연저폐
甲子일날, 태백산에서 채취한 주목과 뽕나무로 엄선하여 만든 목판에 황단향과 자등향과 신비방품을 사용하여 만든 제단용품이다. 진정한 사랑을 원할 때, 사랑하는 이의 마음 돌리고 싶을 때, 인연합의 맺고 싶을 때 신효한 기운을 발산한다.

순천성모저폐
甲子일날, 태백산에서 채취한 주목과 뽕나무로 엄선하여 만든 목판에 황단향과 자등향과 신비방품을 사용하여 만든 제단용품이다. 아기를 원할 때, 임신, 시험관아기 성공하길 빌 때 신효한 기운을 발산한다.

신장옹호관저폐
경신(庚申)일 날, 태백산에서 채취한 동복목과 양류목으로 엄선하여 만든 목판에 황단향과 자등향과 신비방품을 사용하여 만든 제단용품이다. 가정이 불운할 때, 관재구설에 휘말릴 때, 재판에서 이기고 싶을 때 신효한 기운을 발산한다.

태상팔방귀목
경신(庚申)일 날, 태백산에서 채취한 동복목과 양류목으로 엄선하여 만든 목판에 황단향과 자등향과 신비방품을 사용하여 만든 제단용품이다. 나쁜 운, 불행한 운을 물리치고 싶을 때, 사귀, 악귀, 잡귀, 마귀 퇴치하고 싶을 때 신효한 기운을 발산한다.

탁탑천왕신장목
경신(庚申)일 날, 천왕산에서 채취한 동복목과 양류목으로 엄선하여 만든 목판에 황단향과 자등향과 신비방품을 사용하여 만든 제단용품이다. 운세가 불길할 때, 강력한 힘으로 제압하고 싶을 때, 게임중독, 알코올중독증 퇴치하고 싶을 때 신효한 기운을 발산한다.

문창귀인벽사목
경신(庚申)일 날, 명산에서 채취한 동복목과 양류목으로 엄선하여 만든 목판에 황단향과 자등향과 신비방품을 사용하여 만든 제단용품이다. 박사학위나 학문으로 성공하고 싶거나 모든 시험합격을 빌 때 신효한 기운을 발산한다.

사용된 제품 설명서 11

구천위성모원군목
경신(庚申)일 날, 태백산에서 채취한 동복목과 양류목으로 엄선하여 만든 목판에 황단향과 자등향과 신비방품을 사용하여 만든 제단용품이다. 아들을 간절히 원할 때, 임신, 시험관아기 성공하길 빌 때 신효한 기운을 발산한다.

탑천팔문신장목
팔문신장의 강력한 힘으로 악재를 제압하고 싶을 때, 교통사고나 천재지변이나 돌발 횡액을 면하고 싶을 때 신효한 기운을 발산한다.

금강팔괘목
소원성취를 빌 때나 귀인상봉으로 만사대길을 원할 때, 강력한 호신을 원할 때 금강저의 신효한 기운과 팔괘의 음양의 중화를 조화시키는 신비한 비방품이다.

응재착전목
금전 재물이나, 복권 당첨이나 재수가 좋아지길 바랄 때, 장사가 잘 되길 바랄 때 신효한 기운을 발산한다.

구계성취목
모든 경쟁에서 승리하고 시험 합격을 빌 때 꿈을 이루고 싶을 때 신효한 기운을 발산한다.

애착합심목
애정을 꼭 이루고 싶거나 사랑하는 사람 마음을 얻고 싶을 때, 애인과 결혼에 성공하고 싶을 때 신효한 기운을 발산한다.

옌쭤애심목
만인에게 인기를 얻고 싶거나 어디 가서나 좋은 인상을 받고 좋은 인연을 맺고 싶을 때, 변심해 돌아선 애인 마음 돌리고 싶을 때 신효한 기운을 발산한다.

호법팔진목
팔문신장의 강력한 힘으로 악재를 제압하고 싶을 때, 타인으로부터 공격받을 때, 교통사고나 천재지변이나 돌발 횡액을 면하고 싶을 때 신효한 기운을 발산한다.

사용된 제품 설명서 12

예귀착황목
예술 재능이 탁월하길 바라고, 연예인이 되어 만인의 인기를 끌고 싶을 때, 애정관심을 원할 때 신효한 기운을 발산한다.

보재원곤목
사업번창, 금전 재물이나, 복권 당첨이나 재수가 좋아지길 바랄 때, 장사가 잘 되길 바랄 때 신효한 기운을 발산한다.

오뢰병통치목
만병통치, 암이나 불치병이나 오랜 중병에 시달릴 때, 강력한 힘으로 제압하여 퇴치하고 싶을 때 신효한 기운을 발산한다.

부부합정해로목
부부 애정을 돈독하게 하고 싶거나 서먹한 부부관계나 권태기가 왔을 때 부부 정을 붙이고 싶을 때 신효한 기운을 발산한다.

만병불침목
질병퇴치, 암이나 불치병, 고질병 고치고 싶을 때, 강력한 힘으로 제압하여 살풀이하고 싶을 때 신효한 기운을 발산한다.

슬지인목
자녀의 학업능력 성취하고 싶거나 공부 취미 붙이고 싶을 때, 지혜롭고 총명하길 빌 때 신효한 기운을 발산한다.

호구투란
팔문신장의 강력한 힘으로 악재를 제압하고 싶을 때, 타인으로부터 공격받거나 관재구설을 막고 싶을 때 효험이 크다.

황제착응키
권세 명예상승과 부귀재왕 운으로 상류층과 연계되길 바라고 고관직 승진과 금전재물과 부자가 되길 바랄 때 신효한 기운을 발산한다.

사용된 제품 설명서 13

동목호관직인
권세 명예상승과 관직 승진을 확정짓고 싶을 때, 원하는 모든 일을 내게 유리하게 확답 받고 싶을 때 사용하면 신효하다.

상향호관키
승진과 발탁을 원하거나 임명 등용에 선발되길 바라거나 현 자리보다 윗자리로 성공하고 싶을 때 신효한 기운을 발산한다.

성취원키
사업번창, 금전취득, 직장취업 합격 등 소원하는 일 모두 이루어주는 신효한 기운을 발산한다.

만통구
우환질병 퇴치, 만사형통 순조롭길 바랄 때, 강력한 힘으로 제압하여 살풀이하고 싶을 때 신효한 기운을 발산한다.

압승구
모든 경쟁에서 승리하고 완벽하게 압승하길 빌 때 꿈을 이루고 싶을 때 신효한 기운을 발산한다.

전승취승구
모든 시합 경기 대회 경쟁에서 승리를 바라고, 우승을 빌 때 신효한 기운을 발산한다.

망래랍전
소원성취를 빌 때나 귀인 상봉으로 만사 대길을 원할 때, 금전을 끌어들이고 싶을 때 신효한 기운을 발산한다.

오행목벽피
복숭아나무, 버드나무, 소나무, 가래나무, 느티나무 등의 다섯 나무 神木의 가지를 엄선하여 경신일에 수피를 백단향과 팔괘 속에 숙성시켜 방편물로 제작하였다.

예귀루복피
버드나무, 자작나무, 느티나무 등의 수피를 경신일에 백단향과 팔괘 속에 숙성시켜 방편물로 제작하였다. 예술 재능이 탁월하길 바라고, 연예인이 만인의 인기를 끌고 싶을 때 사용하면 효험이 크다.

사용된 제품 설명서 14

태백동복피
동쪽으로 뻗은 복숭아나무 가지를 엄선하여 경신일에 수피를 백단향과 팔괘 속에 숙성시켜 방편물로 제작하였다. 강력한 힘으로 악귀잡귀를 제압하고 싶을 때, 부정을 풀고 싶을 때 사용한다.

훼골퇴복피
복숭아나무, 버드나무, 소나무, 가래나무, 느티나무, 회화나무, 자작나무, 뽕나무 등 8가지 神木의 가지를 엄선하여 경신일에 수피를 백단향과 팔괘 속에 숙성시킨 방편물로 악귀 잡귀 퇴치에 효험이 크다.

태백동복지
동쪽으로 뻗은 복숭아나무가지를 엄선하여 경신일에 팔문제천부와 신장옹호부를 첨가시켜 제작한 방편물로 사용하면 효험이 크다.

태백동목호리병
동쪽으로 뻗은 복숭아나무가지를 엄선하여 경신일에 영신향과 팔괘를 새겨 제작한 호리병으로 강력한 퇴마의 힘을 지녀 악귀잡귀사귀마귀를 제압하는데 신효하다.

태백동목검
동쪽으로 뻗은 복숭아나무가지를 엄선하여 경신일에 백단향과 팔괘를 새겨 제작한 목검 칼로 강력한 퇴마의 힘을 지녀 악귀 잡귀 사귀 마귀를 제압하는데 신효한 힘을 지녔다.

태백동목부적
동쪽으로 뻗은 복숭아나무가지를 엄선하여 경신일에 신미향과 팔괘 등 구천현녀 신명을 새겨 제작한 목부적으로 강력한 퇴마의 힘을 지녀 악귀 잡귀 사귀마귀를 제압하는데 신효하다.

태백동복못
申年, 申月, 申日에 명산에 있는 복숭아나무에서 동쪽으로 뻗은 가지를 엄선하여 태백산 중턱에 내린 폭설의 눈꽃 속에 100일간 묻어두었다가 庚申일날 방편용 못으로 수가공한 것으로 흉액 퇴치에 효험이 크다.

사용된 제품 설명서 15

동복지 활대와 화살
申年, 申月, 申日에 명산에 있는 버드나무와 가래나무 중에서 북쪽으로 뻗은 가지를 엄선하여 기도처에 100일간 보관하였다가 庚申일날 방편용 활대와 화살로 수가공한 것으로 살풀이 흉악살 퇴치에 효험이 크다.

적광퇴치석
참숯가루를 황토 흙과 백단향을 링첸향수로 반죽해 수공한 뒤, 1000℃가 넘는 황토가마에서 구워 만든 부정퇴치 비방품이다. 강력한 퇴마의 힘을 지녀 악귀 잡귀 사귀 마귀 흉귀 신들을 제압하는데 신효하다.

생기명당토
생기生氣가 뻗어 나오는 생기터에서, 황도길일 중 丙午일 날에 고령토와 오색혈토를 엄선하여 21일간 태백동복지와 영신향을 함께 옹기 안에 넣었다가 생기일에 수공 제작한 신효한 흙이다. 강력한 벽사의 힘이 있고, 나쁜 운을 좋은 운으로 바꿀 때 생기 발복에 최고이다.

재패퇴사
바닷가의 백모래를 씻어낸 후, 영신향을 뿌려 1000℃가 넘는 황토가마에서 구운 다음, 다섯가지 색깔로 가공한 모래로써 木火土金水 오행의 각각 부정대로 확실하게 제압 퇴치해주는 강력한 모래이다. 새로운 생기로 바꿔주는 신효한 비방품이다.

흑훼월석
화산석과 사금석과 백단향을 링첸향수로 반죽해 수공한 뒤, 1000℃가 넘는 황토가마에서 구워 만든 부정퇴치 비방품이다. 강력한 퇴마의 힘을 지녀 악귀 잡귀 사귀 마귀 흉귀 신들을 제압 퇴마하는데 신효하다.

금화퇴석
화산석과 금사와 영신향과 신미향을 링첸향수로 반죽해 수공한 뒤, 1000℃가 넘는 황토가마에서 구워 만든 부정 퇴치 비방품이다. 강력한 퇴마의 힘을 지녀 악귀 잡귀 사귀 마귀 흉귀 신들을 제압 퇴마하는데 신효하다.

사용된 제품 설명서 16

오색천사
바닷가의 백모래를 씻어낸 후, 영신향을 뿌려 1000℃가 넘는 황토가마에서 구운 다음, 다섯가지 색깔로 가공한 모래로써 木火土金水 오행의 부정과 동서남북 중앙 五方의 부정을 확실하게 제압해주는 강력한 모래로서 부정을 퇴치하고 새로운 생기로 바꿔주는 신효한 비방품이다.

저주살못
바늘보다는 굵고 못보다는 가늘게 생긴 것으로 끝이 칼날처럼 날카롭게 예리하게 생겼다. 살귀殺鬼를 찔러서 퇴치해버린다는 의미로 사용하는데, 요즘은 복수하고 싶은 사람이나 원한이 있는 사람이나 미운 사람을 해코지하고자 할 때 많이 사용한다. 액살풀이 할 때도 바늘을 꽂는 것보다 훨씬 강력하게 살풀이가 되어 효험을 볼 수 있다.

화제의 책

나쁜 운을 좋은 운으로 바꾸는 방편비책

크기 190×240 / 482쪽 / 32,000원

갑자기 닥친 불의의 사고, 뜻하지 않은 불상사·재난·질병·이별·죽음 등 불행한 악의 살성 기운으로 놀라고, 고통을 당할 때 어떤 방법으로든 벗어나야만 합니다.
귀신이나 살성을 퇴치퇴방하는 방법론을 처음으로 제시한 책!
구전으로만 내려오거나
남이 비법이라고만 하면서 잘 알려주지 않는 민간양법을 대공개 합니다.

신간

천비묘결 운명통변술
핵심인연래정비법서

사주 명리학의 통변을 현실에 맞게 운기(運氣) 이동과 방향에 맞추어 묘용법에 의거해 설명해 놓았습니다. 또 10천간과 12지지의 글자 한자한자를 투석(透析) 심중상(心中相)으로 분석해 설명되어 있어 좀더 정확하고 면밀하게 통변하실 수 있습니다.

크기 190×260 / 536쪽 / 150,000원

백초귀장술 특비판
십자성래점술과 전생투시론

특비판 152×225 / 양장본 / 2권 300,000원

제1권 사차원운명둔갑술 전생투시론 / 344쪽

제2권 사차원운명둔갑술 십자성래점술 / 352쪽

새로나온책

각종 액운푸는
도액방토술의 비법 대공개

방토비방술

- 부귀창성 권력가가 되고 싶을 때
- 직장취업을 하고 싶을 때 • 시험에 합격하고 싶을 때
- 사업번창하고 싶을 때 • 재수대길해서 대박나고 싶을 때
- 원하는 일 꼭 성취하고 싶을 때
- 사랑하는 사람과 결혼하고 싶을 때 • 부부백년해로하고 싶을 때
- 연예인이 되고 싶을 때 • 횡재수를 바랄 때
- 아기를 임신하고 싶을 때 • 헤어진사람 마음돌리고 싶을 때
- 속히 부동산 매매하고 싶을 때 • 관재구설로 골치 아플 때
- 억울한 누명에서 벗고 싶을 때 • 사기를 잘 당할 때
- 이혼을 방지하고 싶을 때 • 간통녀 첩떼고 싶을 때
- 싫은사람 떼내고 싶을 때 • 직장승진하고 싶을 때
- 악몽에 시달릴 때 • 우울증에 시달릴 때
- 수금이 잘 안될 때 • 경마 게임오락 중독일 때
- 사고를 예방하고 싶을 때 • 이사하고 동토가 났을 때
- 상갓집 갔다와서 동토가 났을 때
- 팔자가 쎄서 재수가 없을 때 • 액운을 쫓고 손재를 막는 법
- 가출자를 속히 돌아오게 하는 법
- 괘씸한 사람 벌주고 싶을 때 • 재앙을 방지하는 법
- 삼재 퇴치하는 법 • 살풀이하는 방법 등 외 다수

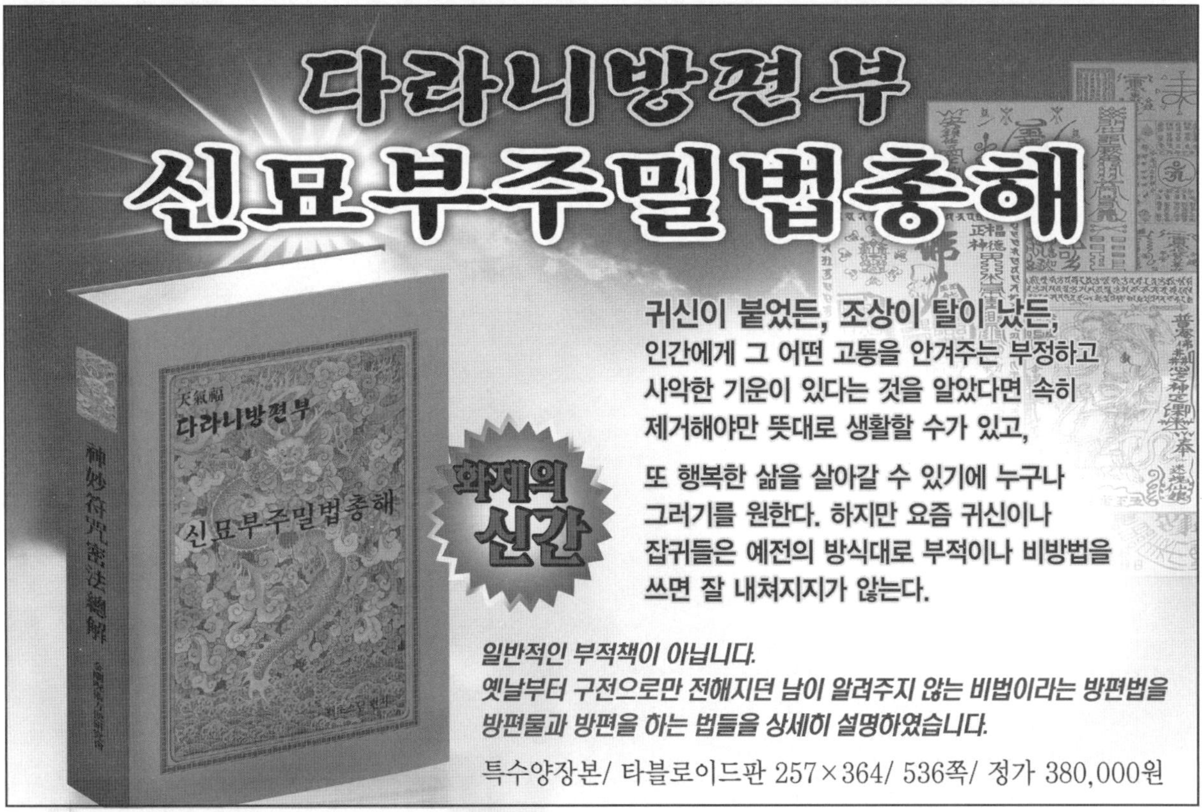
다라니방편부
신묘부주밀법총해
天氣編
다라니방편부
신묘부주밀법총해
神妙符咒密法總解
화제의 신간
귀신이 붙었든, 조상이 탈이 났든,
인간에게 그 어떤 고통을 안겨주는 부정하고
사악한 기운이 있다는 것을 알았다면 속히
제거해야만 뜻대로 생활할 수가 있고,
또 행복한 삶을 살아갈 수 있기에 누구나
그러기를 원한다. 하지만 요즘 귀신이나
잡귀들은 예전의 방식대로 부적이나 비방법을
쓰면 잘 내쳐지지가 않는다.
일반적인 부적책이 아닙니다.
옛날부터 구전으로만 전해지던 남이 알려주지 않는 비법이라는 방편법을
방편물과 방편을 하는 법들을 상세히 설명하였습니다.
특수양장본/ 타블로이드판 257×364/ 536쪽/ 정가 380,000원

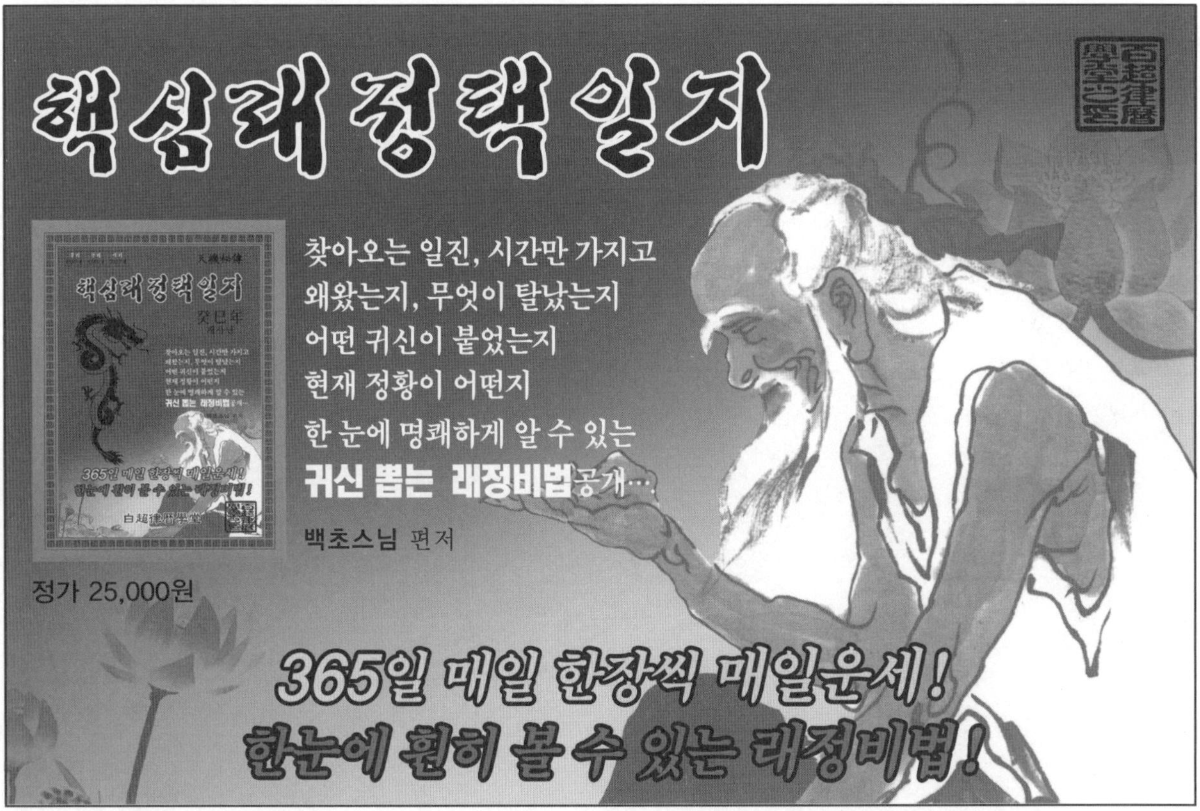
핵심래정택일지
핵심래정택일지
白超律曆學堂
찾아오는 일진, 시간만 가지고
왜왔는지, 무엇이 탈났는지
어떤 귀신이 붙었는지
현재 정황이 어떤지
한 눈에 명쾌하게 알 수 있는
귀신 뽑는 래정비법공개…
백초스님 편저
정가 25,000원
365일 매일 한장씩 매일운세!
한눈에 훤히 볼 수 있는 래정비법!

만사형통 성공하는 사람들의
운세처방백과 징조와 주술과 비방법

초판발행	2016년 9월 9일
초판인쇄	2016년 9월 9일
저 자	淸山 白超백초스님
편 집	(주)이모션티피에스
발 행	상상신화북스
펴낸곳	상상신화북스
출판등록	2009년 2월 16일 제318-2009-26호
주 소	충남 청양군 대치면 주전로 338-106
전 화	041-943-6882
홈페이지	만사형통 재수대길
이메일	Begcho49@naver.com
ISBN	978-89-6863-969-2

값 37,000원

* 이 책의 내용은 저적권법에 따라 보호받고 있습니다.
* 이 책의 내용을 전부 또는 일부를 무단으로 전재하거나 복제할 수 없습니다.
* 파본이나 잘못된 책은 바꿔드립니다.